Dr. med. Ingke Andreae · Dr. med. Bettina Flint · Dr. med. Christine Heins · Madeleine Wittgenstein

KINDER, KINDER

Der etwas andere Ratgeber

Fotos: Madeleine Wittgenstein
Illustrationen: Corry Kittner
Wissenschaftliches Gutachten:
Prof. Dr. med. Christine Bender-Götze
Kinder-Poliklinik der Ludwig-
Maximilians-Unversität München

Vorwort

Das erste Lächeln, der erste Zahn, die ersten Gehversuche – die Zeit der „ersten Male" ist sicher für alle Eltern eine ganz besondere. Und eigentlich geht es bei all diesen „Premieren" immer um ganz einfache und natürliche Dinge.

Trotzdem ist jede aufmerksame Mutter und jeder besorgte Vater ab und an verunsichert: Ist es normal, daß unser Baby so viel weint, wenn die Zähnchen kommen? Warum hat unser Kind so oft Ohrenschmerzen? Wie können wir ihm helfen, wenn es krank ist?

Wenn es um das körperliche Wohlbefinden Ihres Kindes geht, werden Sie sicher mit „Expertenwissen" von Freunden und Verwandten nur so überschüttet – und damit oft noch mehr verunsichert.

Ziel dieses Buches ist es deshalb, Ihnen einen Überblick über die Dinge zu verschaffen, die für die Gesundheit Ihres Kindes wirklich wichtig sind.

Auch wir waren als „frischgebackene Mütter" anfangs unsicher – wir können also Ihre Sorgen und auch Ängste gut nachvollziehen. Deshalb haben wir das Buch geschrieben, das wir gern selbst gehabt hätten, als wir Mütter wurden: Kein umfassendes Nachschlagewerk, das mit Detailwissen überfordert, sondern ein informatives und liebevoll gestaltetes Buch, in dem es Spaß macht zu blättern und zu schmökern – und dabei sozusagen „im Vorbeigehen" alles Wissenswerte zu erfahren.

Sowohl als Ärztinnen als auch als Mütter setzen wir bei ernsthaften Erkrankungen ganz bewußt auf die klassische Schulmedizin, sinnvoll ergänzt durch naturheilkundliche Verfahren: Diese Kombination ist unserer Erfahrung nach am wirkungsvollsten.

In diesem Buch haben wir vor allem Rat und Hilfe zu den ersten drei Lebensjahren Ihres Kindes zusammengetragen. Doch auch Eltern größerer Kinder werden viel Wissenswertes finden.

In den Kapiteln **Pflege**, **Ernährung** sowie **Körper und Krankheiten** haben wir grundlegende Informationen speziell zur gesunden Entwicklung von Babys und Kleinkindern zusammengefaßt. Auch die Themen **Vorsorgeuntersuchungen**, **Impfungen** und **Kinderkrankheiten** beziehen sich besonders auf die Kleinsten.

Das Kapitel **Kind und Umwelt** skizziert Probleme, denen alle Kinder ausgesetzt sind. Sie erfahren darin auch, wie Sie die Umwelt Ihres Kindes möglichst gesund gestalten können. Auch dem Thema **Allergien** haben wir ein Kapitel gewidmet.

In den Seiten zu **Hausmitteln** und **Erster Hilfe** finden Sie konkrete Ratschläge, wie Sie bei Notfällen sicher handeln und wie Sie kleinere und größere „Wehwehchen" richtig und schnell versorgen.

Im Abschnitt **Zum Nachschlagen** schließlich werden grundlegende medizinische Fachbegriffe erklärt. Außerdem finden Sie hier auch Adressen und Literaturtips, die Ihnen weiterhelfen, wenn Sie sich für ein Thema noch genauer interessieren. Beschwerden- und Sachregister schließlich helfen Ihnen, im Krankheitsfall rasch die nötigen Informationen zu finden.

Nicht zuletzt hoffen wir, daß die ansprechenden Kinderfotos und die humorvollen Illustrationen Ihnen das Blättern noch mehr zu einem Vergnügen machen. Schließlich geht es ja in diesem Buch um das Beste, was es auf der Welt gibt: Unsere Kinder.

Wir wünschen Ihnen viel Freude bei der Lektüre.

Dr. Ingke Andreae,
Dr. Bettina Flint,
Dr. Christine Heins und
Madeleine Wittgenstein

Inhalt

10 Pflege

- 12 **Gut gebettet**
  So schläft Ihr Baby sicher und bequem
- 14 **Der Wickelplatz**
  Keine Angst vorm ersten Mal …
- 15 **Windeln und Pflegemittel**
- 16 **Hygiene**
  Nabelpflege
- 17 **Richtig gewickelt**
  Tips und Tricks
- 19 **Wunder Po**
- 20 **Baden**
  Babyschwimmen
  Wasserscheu? So helfen Sie Ihrem Baby
- 22 **Waschen und Nagelpflege**
- 23 **Zahnpflege**
  Kariesvorsorge: Keine Chance für „Zahnteufel"
- 24 **Das Baby fördern**
- 25 **Babymassage**
  Die Entwicklung im 1. Lebensjahr
- 26 **Kleidung**
- 27 **Im Krankenbett**
- 28 **Beim Arzt**
  Ambulantes Operieren
  Das möchte Ihr Arzt wissen
- 29 **Im Krankenhaus**

30 Ernährung

- 32 **Bedarf**
  Ist genug Milch da?
- 34 **Muttermilch**
  Vor- und Hauptspeise: Das Stillmenü
- 35 **Ernährung für Stillende**
  Energiebedarf von Stillenden
- 36 **Stillen**
- 36 Wenn die Milch auf sich warten läßt
  Was tun bei einem Milchstau?
- 37 **Stillhaltungen**
  Stillen: So geht es ganz bequem
- 38 **Stillzeiten**
- 39 **Stillprobleme**
  Nikotin
  Erkrankungen bei Mutter und Kind: Wann darf nicht gestillt werden?
- 41 **Abstillen**
  Was tun, wenn rasch abgestillt werden muß?
- 42 **Fläschchenkost**
  Das steht auf dem Etikett…
- 45 **Fläschchenzubereitung**
  Babys Milch – eine „empfindliche" Delikatesse
- 46 **Fläschchen und Sauger**
- 47 **Probleme mit dem Fläschchen**
  Nur nicht zu dick!
- 48 **Beikost**
  Die leckere Löffelspitze – ein Trick für Süßmäuler
  Wo „wohnen" die Vitamine?
  Was tun, wenn Ihr Kind nichts trinkt?
  Alles zu seiner Zeit
- 51 **Beikost-Rezept**
- 53 **Mischkost für Kleinkinder**
- 54 **Speiseplan für Kleinkinder**
  Energiebedarf
- 55 **Süßigkeiten**
  Zucker – gefährlich für die Zähne
- 56 **Alternative Ernährung**
  Vollkorngetreide? Bitte noch warten!
- 57 **Ernährung bei Durchfall**
- 58 **Ernährung bei Verstopfung**
  Chronische Verstopfung
- 59 **Nahrungsmittelallergien**
  Allergien rasch erkennen und vorbeugen
- 60 **Kuhmilchallergie**
  Wo sich Milch versteckt
- 61 **HA-Nahrung**

Inhalt

62 Körper und Krankheiten

- **64 Augen**
  Was tun bei Augenentzündungen?
- **65 Sehen**
  Wie erkenne ich, ob mein Kind schlecht sieht?
- **66 Hals**
- **67 Polypen**
- **68 Nase**
- **69 Schnupfen**
  Was tun bei Nasenbluten?
- **70 Ohren**
  Beschwerden richtig zuordnen
- **71 Sprechen**
  Stottern
- **73 Zähne**
  Wenn Ihr Kind Zähnchen bekommt
  Fluorid gegen Karies
- **74 Lunge**
- **75 Herz und Kreislauf**
  So tickt die Lebensuhr: Der Pulsschlag
- **76 Bauch**
- **77 Verdauung**
- **78 Blähungen**
  Mögliche Ursachen für Dreimonatskoliken
- **79 Spucken und Erbrechen**
- **80 Verstopfung**
- **82 Durchfall**
  Toddlers Diarrhöe
- **84 Erkrankungen des Darms**
  Darmverschlingung und Darmverschluß
  Blut im Stuhl
- **85 Stoffwechselerkrankungen**
  Galaktosämie
  Fruktose-Intoleranz
  Mukoviszidose
- **86 Unterbauch**
  Fortpflanzungsorgane bei Jungen und Mädchen
  Gut beobachten: Ist der Urin in Ordnung?

- **87 Leistenbruch**
  Mögliche Komplikationen
  Nabelbruch
- **88 Hoden**
  Was ist ein Pendelhoden?
  Was tun bei Hodenhochstand?
- **89 Vorhaut**
  Komplikation Paraphimose
- **91 Nieren und Harnwege**
  Was tun, wenn Ihr Kind Schmerzen beim Wasserlassen hat?
  So beugen Sie Harnwegsproblemen vor
  Feuchtes Bettchen – was tun?
- **93 Knochenaufbau**
  Grünholzfraktur
  So können Knochen größer werden
- **94 Wirbelsäule**
  Muskeln und Sehnen
  Was tun bei Fehlhaltungen?
- **95 Skoliose**
- **96 Rachitis**
  Wichtig: Optimale Vorbeugung
- **97 Radiuskopf-Verrenkung**
- **98 Beine und Hüften**
  Was tun bei X- oder O-Beinen?
- **99 Haut**
  Was tun bei einem Zeckenbiß?
- **100 Angeborene Hautkrankheiten**
  Der Storchenbiß
- **101 Erworbene Hautkrankheiten**
  Sonnenbrand – eine „Sünde" mit Spätfolgen
- **102 Windeldermatitis**
- **103 Pilze und Würmer**
- **104 Haare**
  Kopfläuse
  Pilzinfektionen der Kophaut
- **105 Nägel**
  Was tun bei Nagelbettentzündung?
  Was tun bei Nagelpilz?

Inhalt

106 Kinderkrankheiten

- 108 **Diphtherie**
- 109 **Dreitagefieber**
- 110 **Haemophilus influenzae (Hib)**
  Hirnhautentzündung
  Kehldeckelentzündung
- 111 **Keuchhusten**
- 112 **Kinderlähmung**
- 113 **Masern**
- 114 **Mumps**
- 115 **Plötzlicher Kindstod**
  Mögliche Ursachen und Risikofaktoren
  Near SIDS
- 116 **Pseudokrupp**
- 117 **Röteln**
  Gefahr für ungeborene Kinder
- 118 **Scharlach**
- 119 **Windpocken**

120 Vorsorgeuntersuchungen

- 122 **Neun Untersuchungen**
  Neugeborenen-Gelbsucht
- 123 **U1 und U2**
  Hüftgelenksuntersuchung
- 124 **U3 bis U5**
  Was tun, wenn Ihr Kind fremdelt?
- 125 **U6 bis U9**

126 Impfungen

- 128 **Grundlagen**
  Aktive und passive Immunisierung
- 129 **Pro und Contra**
- 130 **Impfrisiko**
- 131 **Empfohlene Impfungen**
  Der Standard-Impfplan
- 133 **Spezialfälle**

134 Kind und Umwelt

- 136 **Grundlagen**
- 137 **Trinkwasser**
- 138 **Luft**
  Schadstoff Nikotin
- 139 **Kinderkleidung**
  Einkaufstips für ein unbelastetes Modevergnügen
- 140 **Schadstoffe in der Nahrung**
- 141 **Schadstoffarme Ernährung**
  Belastungen vermeiden
  Muttermilch: So bleibt sie schadstoffarm
- 142 **Elektrosmog**
- 143 **Umwelterkrankungen**

144 Allergien

- 146 **Grundlagen**
  Was ist eine Allergie?
- 147 **Vier Typen**
- 148 **Ursachen**
  Ist Ihr Kind allergiegefährdet?
- 149 **Auslöser**
  Die häufigsten Allergene in Nahrungsmitteln
- 150 **Symptome**
- 151 **Diagnostik**
- 152 **Asthma**
- 153 **Heuschnupfen**
  Pollenflugkalender
- 154 **Nahrungsmittelallergien**

Inhalt

155 Neurodermitis
Milchschorf – oft eine Form der Neurodermitis
156 Vorbeugung
Pollen ausweichen
157 Therapien
Allergie und Gefühl – das empfindet Ihr Kind

158 Hausmittel

160 Grundlagen
Vorsicht bei Allergien!
Bewährte Helfer aus dem Haushalt
161 Wickel und Umschläge
Wadenwickel
Gut gewickelt – das brauchen Sie
162 Wickel für Brust und Bauch
163 Halswickel und Ohrkompresse
164 Bäder
Wasser – richtig eingesetzt
Zusätze zum Vollbad
166 Heilende Tees
Tee bei:
• Fieber und Erkältungen
• Husten und Halsschmerzen
• Schlafstörungen
• Durchfall
• Magen-Darm-Beschwerden
168 Tricks und Handgriffe
So geben Sie:
• Ohrentropfen
• Nasentropfen
• Augentropfen
• ein Zäpfchen
Das Auge auswischen
Wärmflasche
Fiebermessen
Wie Sie Ihr Baby oder Kleinkind „verarzten"

170 Erste Hilfe

172 Hausapotheke
173 Bewußtlosigkeit
Stabile Seitenlage
174 Elektrounfälle
175 Ertrinken
176 Fremdkörper und Ersticken
177 Insektenstiche
178 Kopfverletzungen
Gehirnerschütterung
Schädel-Hirn-Trauma
Schädelbasisbruch
179 Schock
Schocklage
180 Unterkühlung
181 Verbände
Pflaster
Richtig verbunden: So versorgen Sie kleinere Verletzungen
182 Verbrennungen und Verbrühungen
183 Vergiftungen
184 Verletzungen und Blutungen
Bißwunden
185 Wiederbelebung
Symptome für Atem- und Herzstillstand
ABC-Schema für Sofortmaßnahmen
Atemspende
Herzmassage

188 Zum Nachschlagen

190 Glossar
194 Beschwerdenregister
203 Sachregister
206 Adressen und Literatur
208 Impressum

Pflege

Umsorgt und geborgen von Anfang an

Ein Baby ist unterwegs oder schon geboren – die jungen Eltern sind überglücklich. Aber es gibt nun auch viel zu tun. Einiges davon können Sie schon vor der Geburt erledigen: Nutzen Sie jetzt Ihren „Nestbautrieb". Später werden Sie froh sein, wenn alles schon bestens für Ihr Kleines vorbereitet ist. So können Sie Ihrem Baby noch mehr Zeit und Liebe schenken – gerade in den ersten gemeinsamen Wochen.

Gut gebettet

Oft beginnen junge Eltern schon vor der Geburt ihres Kindes, mit viel Liebe ein aufwendig ausgestattetes Kinderzimmer einzurichten. Dabei braucht ein Neugeborenes gar nicht viel Platz für sich allein: Es fühlt sich am wohlsten in Ihrer Nähe, in Ihrem Arm oder in Ihrem Bett, in dem alles so gut nach der Mutter riecht.

Lassen Sie Ihr Baby deshalb am Anfang ruhig mit in Ihrem Bett schlafen. Sie müssen keine Angst davor haben, Ihr Kleines im Schlaf zu erdrücken: Ihr Mutterinstinkt verhindert das.

Gerade wenn Sie nachts stillen, ist es eine große Erleichterung, nicht ständig aufstehen zu müssen. Sie sollten aber Ihr Kind in entspannten Momenten auch immer wieder einmal in der Wiege oder im eigenen kleinen Bett schlafen legen, damit es lernt, auch allein einzuschlafen.

Wenn Sie oder Ihr Partner sich durch den kleinen „Mitschläfer" im Ehebett gestört fühlen, ihn aber dennoch in Ihrer Nähe wissen möchten, können Sie sich für eine rollbare **Wiege** oder einen **Stubenwagen** entscheiden. Am besten leihen Sie sich eines von beiden, denn bald wird es Ihrem Kind darin sowieso zu eng werden.

Der Stoffhimmel schützt Ihr Baby vor Zugluft und grellem Licht. Ein sogenanntes Babynest polstert die Seiten der Wiege ab.

Ein **Kinderwagen** in der Wohnung sieht ungewöhnlich aus, ist aber ein geeigneter Schlafplatz – jedoch nur mit einer guten Matratze. Ist das Oberteil abnehmbar, können Sie es außerdem als Tragetasche nutzen. Das ist nicht nur ein praktisches Transportmittel: Viele Babys lassen sich durch die schaukelnde Bewegung gut in den Schlaf wiegen.

Sie können auch einen Wäschekorb oder gar eine Kommodenschublade in ein

Babybettchen verwandeln.

Spätestens ab dem vierten Monat braucht Ihr Kind mehr Bewegungsfreiheit. Es kann sich jetzt wahrscheinlich schon drehen und wird bald versuchen, sich überall hochzuziehen. Der sicherste Platz dafür ist ein **Gitterbett**. Die Matratze sollte höhenverstellbar, die Seitenteile des Bettes austauschbar sein. Viele Modelle von 1,40 mal 0,70 Meter lassen sich später zum Kinderbett umbauen. Die Stäbe sollten höchstens 7,5 Zentimeter voneinander entfernt sein,

damit sich das Köpfchen des Kindes nicht verklemmen kann. Zwei Stäbe müssen herausnehmbar sein, so daß Ihr Kind das Bett später problemlos verlassen kann.

Ihr Baby kann auch schon von Anfang an im Gitterbett schlafen. Teilen Sie in diesem Fall jedoch mit Hilfe eines Babynestes einen kleineren Schlafbereich im Bett ab, damit sich Ihr Kind nicht allzu „verloren" in der großen Schlafstatt fühlt.

Pflege

Gut gebettet

Zum Schlafen braucht Ihr Baby kein Kopfkissen. Legen Sie ein weiches Baumwolltuch oder eine Stoffwindel an das Kopfende. Später geben Sie Ihrem Kind ein dünnes Allergikerkissen.

Zum Zudecken eignet sich eine **Wolldecke** oder eine leichte, luftdurchlässige Daunendecke mit Baumwollbezug. Ist Ihr Kind allergisch, muß die Decke aus Synthetik sein.

Anfangs müssen Sie Ihr Baby sicher noch nachts wickeln. Deshalb eignet sich ein Wickelkleidchen als „Schlafanzug": Es läßt sich im Schritt aufknöpfen, so daß Sie die Windeln wechseln können, ohne daß Ihr Baby auskühlt oder mehr als nötig gestört wird.

Vom dritten Monat an sind **Schlafsäcke** – im Sommer aus Baumwolle, im Winter aus Daunen – eine gute Alternative zu Decken. Sie verhindern, daß sich das Kind freistrampelt und frierend aufwacht.

Die **Matratze** für das Kinderbett sollte aus Latex sein. Ist Ihnen das zu teuer, verwenden Sie eine aus Schaumgummi, die Belüftungskanäle haben sollte. Schaumgummi eignet sich besonders bei einer Veranlagung zu Allergien, Latex ebenso. Viele andere Naturprodukte sind zu hart.

Wählen Sie eine Matratze der Härte 3, die 10 bis 15 Zentimeter dick ist. Sie können sie im Fachhandel passend zuschneiden lassen.

MANCHE MÖGEN'S WEICH

Es gab nur diese eine Möglichkeit, Jakob zum Schlafen zu bringen: Wir mußten ihn in der Tragetasche des Kinderwagens herumschleppen – oft stundenlang. Seine einladend schankelnde Wiege verschmähte er laut und beharrlich. Nach zwei rückenstrapazierenden Monaten legten wir ihn schließlich entkräftet im Gitterbett ab – und es zog schlagartig himmlische Ruhe ein. Das Geheimnis: Die Matratze in der Wiege, eine zwei Zentimeter dünne Roßhaarunterlage, war hart wie eine alte Fußmatte: Jakob bevorzugte offensichtlich die weichen Seiten des Lebens – und hochwertige Matratzen, wie die in seinem Gitterbett.

So schläft Ihr Baby sicher und bequem

- Legen Sie Ihr Baby im ersten Lebensmonat abwechselnd auf die rechte und die linke Seite. Stützen Sie seinen Rücken mit einer Handtuchrolle ab (Illustration Seite 12). Das Neugeborene fühlt sich oft am wohlsten, wenn es zusätzlich straff in ein Tuch oder eine Decke gewickelt wird. So stören Reflexbewegungen weniger, und die Enge erinnert an die Geborgenheit im Mutterleib.
- Nach etwa vier Wochen sollten Sie Ihr Kind auch auf dem Rücken schlafen lassen. So entwickelt sich die Muskulatur gleichmäßig, und Wirbelsäule und Organe werden entlastet. Schlafen in Bauchlage kann zu einer falschen Fußstellung, den sogenannten „Charlie-Chaplin-Füßen" führen. Vor allem werden dadurch unter Umständen Atmung und Herzfunktion eingeschränkt, was zum plötzlichen Kindstod (Seite 115) beitragen kann. Legen Sie Ihr Baby jedoch immer wieder einmal auf den Bauch, wenn es wach ist. Das ist wichtig, weil Ihr Kind aus dieser Position heraus beginnt, den Kopf zu heben, zu robben und schließlich zu krabbeln.
- Wichtig: Ihr Baby darf nicht zu warm liegen. Die Raumtemperatur sollte nachts nicht höher als 18 °C sein. Vorsicht: Neben einer Heizung oder in der Sonne bildet sich schnell gefährliche Stauwärme. Auch dickes Federbett und Babyfell zusammen sind oft zuviel des Guten.

Sehr wohl fühlen sich Babys auf einem **Lammfell**. Es wärmt im Winter, kühlt im Sommer und „transportiert" die vertraute Gemütlichkeit auch an ungewohnte Schlafplätze. Lammfelle werden jedoch auch von Staubmilben bevorzugt; sie eignen sich also nicht für Allergiker.

Schläft Ihr Baby ohne Lammfell, braucht die Matratze unter dem Laken einen Nässeschutz. Ein dickes Molton- oder Baumwollstepptuch eignet sich besser als eine Gummiauflage, die nicht luftdurchlässig ist und deshalb die Körperatmung behindert.

Der Wickelplatz

Nur selten können sich die Eltern eines Neugeborenen vorstellen, wieviel Zeit sie in den nächsten drei Jahren mit Wickeln verbringen werden. Sparen Sie daher nicht an einem guten und bequemen Wickeltisch.

Die Wickelfläche muß sich auf Bauchhöhe befinden – so wird Ihr Rücken geschont. Zur **Standardausrüstung** gehören Schubladen für Kleidung und eine Ablage für Windeln, Pflegemittel und Waschschüssel. Außerdem benötigen Sie eine weiche Wickelauflage aus Plastik, auf die Sie zusätzlich ein Handtuch legen.

Platz- und kostensparende Alternativen sind Wickeltürme, Badewannen- oder auch Gitterbettaufsätze. Achten Sie darauf, daß sich die Wickelfläche ebenfalls auf Hüfthöhe befindet und der Platz stabil und sicher ist.

Vielleicht haben Sie auch eine alte Kommode, die sich mit einem festen Rand ausstatten und so zum Wickeltisch umfunktionieren läßt.

Es ist für Sie und Ihr Baby wichtig, daß der Wickelplatz zweckmäßig und sicher ist. Ihr Kind genießt hier die Bewegungsfreiheit ohne Windeln. Sie können es beim Wickeln liebkosen und mit ihm sprechen.

Damit sich Ihr Baby richtig wohl fühlt, sollte die Raumtemperatur zwischen 22 und 24 °C betragen. Ein **Heizstrahler** über dem Wickeltisch muß fachgemäß installiert sein und darf nicht zu tief hängen. Heizlüfter müssen in ausreichender Entfernung und vom Kind abgewandt stehen.

Neben den Wickeltisch gehört der **Windeleimer**. Er sollte unbedingt einen fest schließenden Deckel haben, besonders wenn Sie oder Ihr Baby auch in dem Raum schlafen, in dem sich der Wickelplatz befindet.

Keine Angst vorm ersten Mal …

- Natürlich können Sie sich auf die „Premiere am Wickeltisch" vorbereiten. Meist werden in den Geburtskliniken Wickelkurse angeboten. Und zwar für Mütter und Väter! Auch auf der Wochenstation wird man Ihnen zeigen, wie Sie Ihr Baby gut versorgen können.
- Auf den täglichen Hausbesuch einer Nachsorgehebamme haben Sie in den ersten zehn Tagen nach der Geburt gesetzlichen Anspruch. Die Kosten dafür trägt Ihre Krankenkasse. Haben Sie Probleme, zum Beispiel beim Stillen (Seite 39 und 40), können Sie noch bis zu acht weitere Besuche der Hebamme in Anspruch nehmen.
- Verabreden Sie mit der Hebamme frühzeitig einen Termin zum Kennenlernen. Sympathie und Vertrauen sind wichtig, und auch schon vor der Geburt können Sie von ihr wertvolle Tips und Hilfe bekommen.

Pflege

Windeln und Pflegemittel

Pflege und Wohltat für Babys zarte Haut

Welche Pflegemittel Sie für Ihr Baby auswählen, hängt von Ihren Vorlieben ab. Alle erhältlichen Marken sind dermatologisch getestet. Sie müssen lediglich darauf achten, daß die Produkte speziell für Baby- oder Kinderhaut geeignet sind.
Oft wählt die Mutter unbewußt die Marke, mit der sie selbst gepflegt wurde. Sie erinnert sich an den Duft – das schafft Vertrauen. Nicht zu Unrecht, denn man nimmt heute an, daß Unverträglichkeiten vererbt werden.
Von folgenden Pflegemitteln sollten Sie immer einen kleinen Vorrat zu Hause haben:
- Eine Wundschutzcreme mit zäher Konsistenz, die auf Babys Haut einen Schutzfilm gegen Feuchtigkeit bildet.
- Babyöl und eine leichte Hautcreme für Gesicht und Hände im Winter.
- Bei Ausflügen sind Feuchttücher praktisch, weil man mit ihnen nicht auf eine „Wasserquelle" angewiesen ist. Benutzen Sie diese Tücher aber nicht zu oft. Sie können bei häufigem Gebrauch die Haut Ihres Kindes reizen und Pilzinfektionen fördern.

Wegwerf- oder **Einmalwindeln** haben zu Recht den Markt erobert. Sie sind leichter zu handhaben und halten außerdem Ihr Baby auf Dauer trockener als andere Windeln. Deshalb schützen Sie Ihr Kind mit Einmalwindeln auch besser vor Soor und Windeldermatitis (Seite 102f.) als mit Stoffwindeln.

Mit etwa 50 Pfennig pro Stück wird Ihr Budget bei täglich fünf bis zehn Windeln stark belastet. Unsere Erfahrung ist aber leider: Die teuersten Windeln sind die besten. Am preisgünstigsten kaufen Sie, wenn Sie Großpackungen nehmen.

Leider schaffen Sie mit der Verwendung von Wegwerfwindeln enorme **Müllberge**. Doch auch wenn Sie waschbare Mullwindeln oder Windelhöschen mit diversen Einlagen benutzen, entlasten Sie weder die Umwelt, noch sparen Sie selbst Kosten. Zwar wird auf diese Art weniger Müll produziert als mit Einmalwindeln, dafür verbrauchen Sie jedoch viel Wasser, Strom und Waschmittel.

Windeldienste versorgen Sie regelmäßig mit umweltschonend gewaschenen Stoffwindeln. Diese Alternative spart Ihnen Arbeit und ist relativ preisgünstig.

Umsorgt und geborgen von Anfang an

Hygiene

In einem Krankenhaus gibt es viele Krankheitserreger. Deshalb wird hier natürlich besonders auf Hygiene geachtet. Zu Hause können Sie auf zusätzliches **Desinfizieren** verzichten, denn hier gibt es in der Regel nur unbedenkliche Haushaltskeime. Es genügt, wenn Sie sich die Hände waschen und auf saubere Kleidung und Umgebung achten.

Fläschchen und Sauger sollten Sie in einem eigenen Küchenfach aufbewahren und nach jeder Mahlzeit gründlich reinigen (Seite 45).

Gönnen Sie Ihrem Säugling in den ersten sechs Lebenswochen einen gemächlichen Übergang aus der Geborgenheit und Keimfreiheit des Mutterleibes in diese Welt. Vermeiden Sie deshalb in dieser Zeit den Kontakt zu Kranken. Auch vor Lärm, grellem Licht und extremer Witterung sollten Sie Ihr Baby schützen.

In den ersten Lebenstagen ist die **Nabelpflege** sehr wichtig. Nach der Geburt wird die Nabelschnur des Babys durchtrennt, der kleine Stumpf mit einer Plastikklemme versorgt und vorbeugend gegen Infektionen behandelt. Nabelbinden oder spezielle Pflaster sind nicht nötig.

Sie dürfen Ihr Baby zwar schon bald nach der Geburt baden, doch heilt der Nabel wie jede andere Wunde schneller, wenn er nicht naß wird und möglichst oft an der Luft ist.

Wenn Sie Ihr Baby baden, tupfen Sie danach den Nabel mit einem Papiertuch vollständig trocken. Wichtig ist auch, daß die Windel straff unter dem Nabel geschlossen wird, damit die Wunde nicht mit Urin oder Stuhl in Berührung kommt.

Wenn der Nabel des Neugeborenen leicht näßt oder ein wenig blutet, ist das kein Grund zur Sorge: Die Nachsorgehebamme (Kasten Seite 14) kontrolliert die Heilung. Treten Entzündungen oder andere Probleme auf, wird sie den Nabel entsprechend versorgen. Etwa am fünften Tag wird die Plastikklemme im Krankenhaus oder von der Hebamme gelöst. Nach circa zwölf Tagen sollte die kleine Wunde vollständig abgeheilt sein.

KEIME LAUERN ÜBERALL

Gleich nach der Geburt ging es los: Lucas war kaum einen Tag auf dieser Welt, schon wurde ihm mit „Keimgefahr" gedroht. Auf der Wochenstation machte uns Schwester Inge umgehend mit einer kleinen Flasche bekannt. Bevor ich mein Kind hochnähme, sollte ich mir damit die Hände desinfizieren, vor dem Stillen auch die Brustwarzen – wegen der Infektionsgefahr. Trotz des „Keimtöters" hatte ein besonders zäher Bursche überlebt: In Lucas' Urin wurde ein Keim entdeckt – vermutlich hatte er ihn sich irgendwo in der Klinik eingefangen oder bereits im Geburtskanal.

Sieben Tage lang wagte ich mich nicht aus dem Krankenhaus. Wie sollte ich mein Kind vor all diesen Erregern daheim schützen, wenn er noch nicht einmal hier im Krankenhaus sicher war? Eine Freundin bestärkte mich nur noch in dem Gefühl, dem Ansturm der Killerkeime auf mein winziges Baby nicht gewachsen zu sein: Dem kleinen Erdenbürger sollte man ihrer Meinung nach ohnehin nur im weißen Kittel und mit gründlich desinfizierten Händen entgegentreten.

Als wir aus dem Krankenhaus nach Hause kamen, verfolgten uns die Keime auch dahin: Meine Schwiegermutter war angereist, um ihren ersten Enkel zu sehen. Sie empfing uns mit Mundschutz vermummt. Zuvor hatte sie nämlich ihren Bruder im Krankenhaus besucht, wo eine schwere Darminfektion grassierte. Das hinderte sie aber nicht daran, uns mit offenen Armen zu empfangen. Und auch ich konnte dabei endlich meine Bedenken vergessen: Hygiene ist wichtig, klar. Aber sich deshalb verrückt machen lassen!

Pflege

Richtig gewickelt

Eine nasse Windel ist nicht nur unangenehm, sie reizt außerdem die Haut und kann deshalb zu einem wunden Po (Seite 19) führen. Wickeln Sie Ihr Baby deshalb immer gleich, wenn Sie merken, daß es naß ist.

Auch nach dem Aufwachen, nach jedem Füttern (es besteht eine Verbindung von Saug- und Entleerungsreflex), bevor Sie das Haus verlassen und vor dem Schlafengehen sollte Ihr Kind eine frische Windel bekommen. Spuckt Ihr Baby viel, wechseln Sie die Windel nicht sofort nach dem Füttern, denn durch die Bewegung würde die Milch nach oben gedrückt werden – so würde das Baby noch mehr spucken.

Gehen Sie beim **An- und Ausziehen** sehr behutsam mit Ihrem Neugeborenen um. Die Hautnerven sind noch sehr empfindlich, und viele Babys reagieren auf zu festes Zugreifen berechtigt mit empörtem Geschrei.

Zum Windelwechseln reicht es aus, das Oberteil der Babykleidung nur leicht hochzuziehen und dann die Windel vorsichtig zu öffnen. Heben Sie den Po des Babys leicht an, indem Sie die Füßchen mit einer Hand umfassen. Wischen Sie den Babypo mit dem sauberen Teil der gebrauchten Windel ab. **Papiertücher** oder weiches Toilettenpapier eignet sich zum Nachwischen. Besonders bei Mädchen ist es wichtig, daß immer von vorn nach hinten gesäubert wird, damit keine Keime in die Genitalien gelangen und dort Infektionen auslösen (Seite 86). Ziehen Sie auch nicht bei Mädchen die inneren Schamlippen auseinander oder bei Jungen die Vorhaut zurück.

Waschen Sie den Windelbereich nur mit warmem Wasser und einem Waschlappen. Cremereste lassen sich gut mit einem Wattebausch und etwas Babyöl entfernen.

Trocknen Sie Ihr Baby behutsam ab, und lassen Sie es eine Weile nackt strampeln. Zum Schluß kommt eine dünne Schicht Creme in die Pospalte, auf den Po und in die Leisten. **Cremen** Sie auch alle geröteten Hautstellen ein (Seite 19).

Nun können Sie die neue Windel anlegen. Sie darf nicht zu eng sitzen, damit es bei Blähungen nicht auch noch von außen drückt.

Die scharfkantigen Klebestreifen dürfen nicht am Rand überstehen, sie könnten Ihr Baby verletzen. Kontrollieren Sie auch den Sitz der elastischen Bündchen an den Beinen: Ist die Beinöffnung zu groß, wird Ihr Baby naß. Ist sie zu eng oder ist der Rand nach innen geschlagen, kann es zu Druckstellen kommen.

Anfangs müssen Sie Ihr Kind sicher auch nachts wickeln. Sie sollten es dabei möglichst wenig ausziehen und nicht mit ihm spielen. Je aktiver Sie sich dem Baby dann dafür am Tag zuwenden, desto schneller lernt es, Tages- und Schlafenszeit zu unterscheiden.

> **Tips und Tricks**
> - Legen Sie sich vor dem Wickeln alles zurecht, was Sie dazu brauchen.
> - Lassen Sie Ihr Baby nie unbeaufsichtigt, auch nicht „für einen Augenblick". Genau dann könnte es sich bewegen und vom Wickeltisch stürzen. Falls Sie etwas holen müssen, nehmen Sie es deshalb lieber mit.
> - Ein Mobile oder ein anderer interessanter „Blickfang" über dem Wickelplatz ist eine gute Ablenkung.

17

Pflege

Wunder Po

Die häufigste Ursache für Wundsein in den ersten zehn Tagen nach der Geburt ist **Soor** (Seite 103). Dieser Hefepilz wird oft durch eine Schmierinfektion im Krankenhaus oder sogar schon im Geburtskanal der Mutter übertragen.

In den meisten Fällen verbreiten sich die schuppenden roten, Pickel schmetterlingsförmig vom After aus über Genitalien und Po. Mundschleimhaut und Lippen sind oft gleichzeitig von weißen Belägen bedeckt.

Bitte gehen Sie zum Arzt, der dann ein Antimykotikum verordnen und wenn nötig auch den Darm Ihres Babys mitbehandeln wird.

Kinder mit Soor müssen auf zuckerhaltige Getränke und Speisen verzichten, denn diese fördern das Pilzwachstum.

Kaufen Sie neue Schnuller und Sauger, und desinfizieren Sie sie besonders sorgfältig (Seite 46). Waschen Sie die Leibwäsche des Babys und Handtücher im Kochwaschgang.

Eine **Windeldermatitis** (Seite 102) entsteht besonders schnell, wenn Sie Ihr Baby zu selten wickeln. Auch Darminfektionen (Seite 76ff.) können einen wunden Po verursachen. Zuviel Obstsäure (etwa im Apfelsaft), Vitamin C oder Gewürze können ebenfalls dazu beitragen, daß Babys Po wund wird. Wenn Sie Ihr Baby stillen, sollten Sie daher auch auf Ihre eigene Ernährung achten (Seite 35).

Ein Po muß nicht unbedingt rot sein, um weh zu tun. Hatte Ihr Baby länger keinen Stuhlgang, kontrollieren Sie bitte sehr vorsichtig die kleinen Hautfalten an seinem After. Vielleicht haben sich dort winzige, aber schmerzhafte **Hautrisse** (Seite 80) gebildet. Ihr Baby hält dann wahrscheinlich den Stuhl zurück und hat Bauchweh.

Wunder Po – was tun?
- Der beste Wundschutz ist häufiger Windelwechsel.
- Wenn der Po Ihres Babys doch wund geworden ist, wechseln Sie die Windeln noch öfter.
- Verzichten Sie auf Stoffwindeln – Wegwerfwindeln halten trockener (Seite 15).
- Benutzen Sie keinen Waschlappen, keine Watte mit Öl oder Feuchttücher, sondern spülen Sie den Po lediglich mit klarem Wasser ab.
- Noch schonender: Tauchen Sie Babys Po in eine Schüssel mit warmem Wasser.
- Tupfen Sie auch die Hautfalten am After sorgfältig trocken – auf keinen Fall dürfen Sie dabei reiben!
- Vielen Babys ist es auch angenehm, wenn ihr wunder Po vorsichtig trockengeföhnt wird. Fönen Sie aus 50 Zentimeter Entfernung, und zwar auf niedrigster Stufe.
- Lassen Sie Ihr Baby möglichst oft ohne Windel strampeln oder krabbeln – etwa nach dem Windelwechsel. Dabei sollte das Zimmer eine Temperatur von mindestens 24 °C haben.

Baden

Wenn es Ihnen und Ihrem Baby Freude macht, können Sie es täglich baden.

Falls Sie zu Anfang etwas unsicher sind, bitten Sie Ihren Partner, das Baby nach dem Baden mit dem Handtuch entgegenzunehmen.

Weil die meisten Kinder vom Baden müde werden, ist der Abend sehr gut dafür geeignet. Wenn Sie den Zeitpunkt zur Regel machen, signalisiert das Ihrem Baby außerdem, daß nun bald die Nachtruhe beginnt.

Der ideale Badeplatz ist eine **Babywanne** auf einem stabilen Badewannenaufsatz. Sie können die Wanne aber auch auf einen Tisch stellen – oder die große Badewanne benutzen. Ein Neugeborenes paßt oft sogar noch in ein Handwaschbecken.

Manche Babys fühlen sich besonders geborgen, wenn Mutter oder Vater mit in die Wanne steigen. Aus hygienischen Gründen sollten Sie jedoch erst gemeinsam mit dem Neugeborenen baden, wenn sein Nabel vollständig abgeheilt ist (Seite 16).

Ist Ihr Baby etwas älter und sitzt schon sicher, kann es auch mit größeren Geschwistern baden. Selbstverständlich müssen „große Badegefährten" sehr vorsichtig und behutsam dabei sein.

Achten Sie darauf, daß es in Badezimmer und Wickelraum etwa 24 °C warm ist. Das Badewasser sollte genau 37 °C warm sein. Bei zu warmem Wasser werden Herz und Kreislauf belastet. Ist es zu kalt, macht Ihrem Kind das Baden keinen Spaß. Prüfen Sie die **Temperatur** stets mit dem Thermometer, verlassen Sie sich nicht auf Ihr Gefühl.

Damit Ihr Baby nicht friert, sollte es bis zur Schulter vom Wasser bedeckt sein. Verzichten Sie auf **Badezusätze**, die lediglich die Haut austrocknen. Wenn Sie Ihr Kind regelmäßig baden, wird es auch ohne Zusätze ausreichend sauber.

Vorsicht Badefallen!

- Die meisten Kinder mögen es nicht, wenn sie Spritzer ins Gesicht oder in die Ohren bekommen.
- Lassen Sie auch ältere Babys und Kleinkinder nie allein in der Badewanne.
- Die meisten Kinder baden gern. Es gibt jedoch auch Babys, die einfach Angst davor haben: Sie schreien jämmerlich und wehren sich. Zwingen Sie Ihr Baby nicht zum Baden, Sie könnten es sonst traumatisieren (auch Kasten Seite 21).

Pflege

Baden

Babyschwimmen

- Wenn Ihr Baby sich gern im Wasser bewegt, können Sie mit ihm vom dritten Lebensmonat an zum Babyschwimmen gehen. Alle Bewegungen sind im Wasser leichter auszuführen als „an Land". Babyschwimmen fördert deshalb die motorische Entwicklung. Es ist auch gut für die Sinne des Babys, wie etwa den Tastsinn und den Gleichgewichtssinn. Durch das Schwimmen werden zusätzliche Bereiche im Gehirn aktiviert: So wird die geistige Entwicklung des Kindes ebenfalls gefördert.
- Kinder mit einer Bewegungsschwäche (Seite 24f.) werden angeregt, hyperaktive Kinder können sich im Wasser richtig austoben und sind danach ausgeglichener.
- Die Bewegungskoordination des Babys wird positiv beeinflußt, so daß den Kindern weitere Entwicklungsschritte wie Krabbeln und Laufenlernen leichter fallen.
- Auch Haltungsschäden treten bei Kindern, die eine Bewegungsschulung im Wasser mitgemacht haben, weniger häufig auf. Herz, Kreislauf und Atmung werden durch das Babyschwimmen ebenfalls gestärkt.
- Fragen Sie jedoch Ihren Arzt, bevor Sie mit Ihrem Baby schwimmen gehen – und vertrauen Sie sich und Ihr Kind nur einem erfahrenen Baby-Schwimmlehrer an.
- Außerdem wichtig: Achten Sie darauf, daß der Chlorgehalt im Babybecken möglichst niedrig ist.

Wasserscheu? So helfen Sie Ihrem Baby

- Sobald es allein sitzen kann, können Sie Ihr wasserscheues Baby spielerisch an das Wasser heranführen. Stellen Sie eine Wanne mit Wasser und Spielzeug auf den Boden, und setzen Sie das Kleine nackt daneben. Bestimmt besiegen bald Spieltrieb und Neugier die Angst, und Ihr Baby freundet sich mit dem nassen Element an. Achten Sie aber darauf, daß sich Ihr Kind nicht verkühlt.

Bevor Sie Ihr Baby baden, legen Sie alles zurecht, damit Sie das Kleine später recht zügig wickeln und anziehen können.

Und so halten Sie Ihr Kind beim Baden sicher: Unterstützen Sie mit einem Arm den Nacken des Babys, die Hand umfaßt seinen Oberarm dicht an der Achsel (siehe Abbildung). So ruht der Kopf Ihres Kindes sicher auf Ihrem Unterarm, und der kleine Körper kann nicht wegrutschen. Stützen Sie mit der anderen Hand Po und Hüfte, indem Sie zwischen den Beinen Ihres Babys hindurchfassen.

Schauen Sie dem Baby in die Augen, und sprechen Sie mit ihm, während Sie es langsam ins Wasser legen.

Jetzt können Sie seinen Po loslassen und mit der freigewordenen Hand Kopf und Körper waschen. Ihr Kind kann ruhig mit Armen und Beinen strampeln. Halten Sie es aber während der ganzen Badezeit sicher unter dem Nacken hindurch am Oberarm fest.

Ein **Neugeborenes** sollte nicht länger als drei Minuten gebadet werden, ein älteres Baby darf doppelt so lange im Wasser bleiben.

Nach dem Baden hüllen Sie Ihr Baby sofort in ein vorgewärmtes Handtuch und trocknen es sorgfältig und behutsam ab.

Danach können Sie Ihr Kind von Kopf bis Fuß einölen – vielleicht bei einer kleinen Massage (Seite 24f).

Waschen und Nagelpflege

Wenn Sie Ihr Kind täglich oder etwa jeden zweiten Tag baden, reicht zwischendurch eine „Katzenwäsche": Wischen Sie dabei einfach Gesicht, Kopf und Hände mit einem feuchten Waschlappen ab, und trocknen Sie Ihr Baby dann behutsam ab. Den Windelbereich sollten Sie bei jedem Wickeln mit Wasser reinigen.

Wischen Sie die **Augen** stets von außen nach innen. Hinter den **Ohren** sammelt sich leicht alte Milch und andere Ablagerungen.

Säubern Sie auch die Ohrmuschel, aber nicht den Gehörgang. Besonders mit Wattestäbchen könnten Sie Ihr Kind verletzen.

Ohrenschmalz in der Ohrmuschel und Nasenschleim können Sie gut mit etwas zusammengedrehter Watte entfernen.

Wenn Sie Ihr Kind nicht so oft baden möchten, sollten Sie es täglich von Kopf bis Fuß abwaschen. Ziehen Sie es dazu vollständig aus, und waschen Sie es mit einem warmen Waschlappen von oben nach unten ab. Vergessen Sie auch den Rücken nicht.

Damit das Kleine dabei nicht friert, trocknen Sie es zwischendurch ab und ziehen ihm das Hemdchen schon über, bevor Sie die Beine und Füße waschen.

Falls Sie Hände und Windelbereich mit Babyseife reinigen, waschen Sie diese danach unbedingt gründlich wieder ab. **Haarewaschen** mit Shampoo ist im ersten Lebensjahr meist unnötig. Hat Ihr Baby schon etwas volleres Haar, verwenden Sie ein Babyshampoo, das nicht in den Augen brennt.

Maniküre für die Kleinsten

- Kleine Kinder kratzen sich häufig selbst. Dem können Sie vorbeugen, indem Sie Ihrem Baby ein Hemd mit überlangen Ärmeln anziehen.
- In den ersten Lebenstagen des Kindes sollten Sie die Nägel nicht schneiden, sondern lediglich vorsichtig mit den Fingern abzupfen. Babys Nägel sind noch so weich, daß sie beim Schneiden schnell einreißen würden (Seite 105).
- Zum Nägelschneiden verwenden Sie am besten eine Babynagelschere, die an den Spitzen abgerundet ist. Besonders unkompliziert ist das Nägelschneiden, wenn Sie Babys Nägel kürzen, während das Kleine schläft.

Pflege

Zahnpflege

Sobald sich bei Ihrem Kind die ersten Zähne (Seite 73) zeigen, können Sie mit dem Putzen beginnen. Zunächst reiben Sie mit einem feuchten **Wattestäbchen** oder einer um den Finger gewickelten Stoffwindel Zähne und Zahnfleisch ab.

Ist Ihr Kind ein Jahr alt, können Sie ihm eine **Kinderzahnbürste** kaufen, die Sie mindestens alle drei Monate erneuern sollten.

Putzen Sie nach den Mahlzeiten jeweils drei Minuten mit einer **aminfluoridhaltigen Zahncreme**. Lassen Sie Ihr Kind möglichst bald allein die Zähne putzen. Achten Sie aber unbedingt darauf, daß es wirklich „korrekt" und lange genug putzt. Wenn nötig, sollten Sie bis zum sechsten Lebensjahr immer noch einmal nachputzen.

Richtiges Zähneputzen muß gelernt werden. Loben Sie Ihr Kind schon bei den ersten Putzversuchen: Vielleicht zeigt auch eine Sanduhr die „Zahnputzminuten" an, eine besonders schicke Zahnbürste motiviert zum Putzen, oder Sie putzen die Zähne gemeinsam mit Ihrem Kind.

Am besten nehmen Sie Ihr Kind zu Ihrem nächsten **Zahnarzttermin** mit. So lernt es in ungezwungener Atmosphäre Arzt und Praxis kennen. Wird Karies rechtzeitig erkannt, kann er rasch und schmerzlos entfernt werden – so können die ersten Zahnarztbesuche relativ „entspannt" verlaufen.

Ein guter Arzt wird Ihr Kind auch nicht zwingen, den Mund zu öffnen, sondern versuchen, dem Kind die Angst zu nehmen.

Kariesvorsorge: Keine Chance für „Zahnteufel"

- Geben Sie Ihrem Kind nicht zuviel Süßes (Seite 55). **Vorsicht:** Auch Milchzucker und der Zucker im Saft greifen die Zähne an.
- Ständiges Nuckeln (Seite 46) an der Flasche verändert den pH-Wert im Mund des Kindes. Das führt zu vermehrter Kariesbildung – vor allem an den Schneide- und Eckzähnen. Lassen Sie Ihr Kind deshalb so bald wie möglich aus dem Becher trinken.
- Um die Zähne Ihres Kindes vor Karies zu schützen, sollten Sie außerdem auf folgendes achten:
- Regelmäßige Mahlzeiten
- Danach grundsätzlich immer die Zähne putzen
- Zweimal im Jahr zum Zahnarzt gehen
- Regelmäßig Fluorid geben (Seite 73)

Umsorgt und geborgen von Anfang an

Das Baby fördern

Im ersten Lebensjahr lernt Ihr Kind zu greifen, aufrecht zu sitzen, zu krabbeln und eventuell schon zu laufen. In dieser Zeit können Sie einiges tun, um seine Entwicklung anzuregen – mit viel Zuwendung, einfachem Bewegungstraining und Babymassage.

Auch **Bewegungsstörungen** können Sie damit vorbeugen. Solche Störungen sind gerade im Kleinkindalter nicht deutlich ausgeprägt und deshalb sehr schwer zu diagnostizieren.

Typische Anzeichen sind eine zu hohe oder zu niedrige Muskelanspannung: Das Kind wirkt dadurch verkrampft oder schlaff. Haltungs- und Bewegungsmuster, die in den ersten Lebensmonaten normal sind, behält das Kind bei einer Bewegungsstörung oft über die ersten drei Monate hinaus bei. Auch eine besonders niedrige oder eine deutlich erhöhte Reizschwelle des Nervensystems kann auf eine Bewegungsstörung hinweisen. Sie bemerken dann wahrscheinlich, daß Ihr Kind entweder lethargisch wirkt oder sehr nervös ist. Ebenso kann eine seitlich unterschiedliche Körperhaltung bei einer Bewegungsstörung auftreten.

Die Störung wird meist in einer gezielten Bewegungs- und Physiotherapie behandelt. Der Arzt erstellt für das Kind ein individuelles Programm. In diesem Zusammenhang sind die Vorsorgeuntersuchungen (Seite 120ff.) wichtig: Dabei kann der Arzt eventuelle Störungen gut erkennen.

Ein **gesundes Baby** können Sie jedoch selbst fördern: Gerade in den ersten Monaten ist die Berührung eine der wichtigsten Wahrnehmungen für Ihr Baby. Es nimmt dadurch Kontakt zur Umwelt auf.

Diese Berührungsreize beeinflussen die Psyche des Babys und sogar die Funktion seiner inneren Organe: Ihr Baby wird sich bei und nach der Massage sichtlich wohl fühlen. Auch unbewußte Vorgänge wie die Darmfunktion (Seite 77) werden positiv beeinflußt.

Sie können mit Massagen verschiedene Körperbereiche aktivieren oder beruhigen: Die Massage von Kopf und Gesicht lindert Erkältungen und baut Spannungen ab. Eine kreisende Massage an Po und Rücken wirkt **schlaffördernd**.

Eine Fuß- und Beinmassage stimuliert die Muskulatur. In Wachstumsphasen können Sie so später auch lästige Wachstumsschmerzen des Kindes mildern.

Pflege

Babymassage

Die Entwicklung im 1. Lebensjahr

Die hier angegebene Skala zeigt einige Schritte in der „normalen" Entwicklung der motorischen Fähigkeiten. Das soll natürlich nur eine Orientierungsmöglichkeit sein – die individuelle Entwicklung variiert von Kind zu Kind. Bei auffälligen Abweichungen sollten Sie jedoch in jedem Fall Ihren Kinderarzt konsultieren.
- 1. Monat: Ihr Baby bevorzugt die Beugehaltung: Arme und Beine sind angewinkelt, die Hände zu Fäustchen geballt, und das Köpfchen ist zur Seite gedreht.
- 2. Monat: Beim Hochziehen zum Sitz versucht das Baby, den Kopf „mitzunehmen". Es versucht auch, schwankende Bewegungen auszugleichen.
- 3. Monat: Aus der Rückenlage kann es sich nach rechts und links drehen und den Kopf aufrecht halten.
- 4. Monat: Das Baby spielt mit den eigenen Fingern.
- 5. Monat: In Bauchlage stützt sich das Baby nun sicher ab, durch die Streckung der Arme und Beine erinnern die Bewegungen ans Schwimmen.
- 6. Monat: Das Baby greift mit der ganzen Hand.
- 7. Monat: Es kann sich allein umdrehen.
- 8. Monat: Das Baby sitzt mindestens eine Minute allein und beginnt zu krabbeln.
- 9. Monat: Ihr Kind fängt an, sich selbst an Gegenständen hochzuziehen.
- 10. Monat: Das Kind tastet sich an Möbeln entlang.
- 11. Monat: Mit Unterstützung kann es nun laufen.
- 12. Monat: Es macht die ersten eigenen Gehversuche.

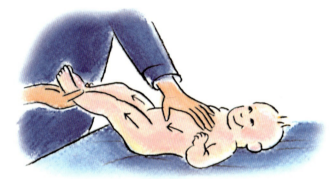

Massage für Brust und Oberkörper: Verspannungen wegstreichen

- Vom Brustkorb des Babys aus streichen Sie mit der flachen Hand sanft zum Bauch hinunter und weiter zu den Oberschenkeln. Sie können dabei mit beiden Händen abwechselnd massieren oder mit einer Hand die Füßchen Ihres Babys halten.
- Um die Bauchdecke besser zu entspannen, können Sie bei der Massage die Beine Ihres Babys etwas anheben und gegen Ihren Körper legen.

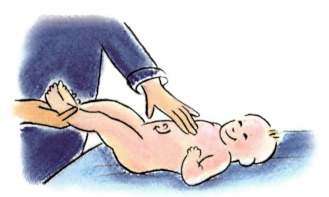

Sanfte Wohltat für den Bauch

- Streichen Sie behutsam im Uhrzeigersinn rund um den Nabel herum, das entspricht dem Verlauf des Dickdarms (Neugeborene massieren Sie natürlich erst, wenn der Nabel restlos verheilt ist; Seite 16).

Umsorgt und geborgen von Anfang an

Kleidung

Für den kleinen Babykörper ist der Moment der Geburt eine gewaltige Umstellung: Aus der gleichmäßigen Wärme von 37 °C im Mutterleib geht es in eine viel kältere Umgebung. Der Körper muß sich schwankenden Außentemperaturen anpassen, seine Wärmeregulierung beginnt zu arbeiten.

Damit dafür möglichst wenig Energie gebraucht wird – die ja ebenso zum Wachsen und Gedeihen nötig ist – sollten Sie das Neugeborene warm anziehen.

Bis zum vierten Monat braucht es in der kalten Jahreszeit neben **Hemdchen** und **Strampler** eine **Wolljacke** und **Wollsöckchen**. Wickeln Sie Ihr Baby in eine leichte Wolldecke, wenn Sie es aus der Wiege nehmen, etwa zum Stillen.

Achten Sie jedoch auch darauf, daß Ihr Baby nicht schwitzt. Das können Sie am besten im Nacken prüfen: Fühlt er sich heiß und verschwitzt an, ist es Ihrem Baby zu warm.

Neugeborene mögen Kopfbedeckungen. Wird ihr Köpfchen von etwas berührt, erinnert sie das an die Geborgenheit im Mutterleib. Ideal sind ganz dünne **Baumwollmützchen**. In den ersten Monaten verliert das Baby viel Wärme über den Kopf, auch deshalb ist eine Mütze nötig.

Andererseits stört es Babys, wenn ihnen ein Kleidungsstück über den Kopf gezogen wird. Es gibt daher für die Erstlingsausstattung Hemdchen, die sich hinten binden lassen. Sehr praktisch sind auch Bodys, die im Schritt aufgeknöpft werden können.

Achten Sie beim **Kleiderkauf** darauf, daß die Sachen hautverträglich (Seite 139) und bequem sind. Auf der Babykleidung sollten keine Applikationen sein, die drücken oder sich lösen und vom Kind verschluckt werden könnten.

Wenn sie Babys Kleidung wechseln, tun Sie das am besten nach und nach: So wird es für Ihr Kind weder zu kalt, noch fühlt es sich ungeschützt.

Am Anfang wird das Kleine sicher sehr zappeln. Sprechen Sie mit Ihrem Baby, und fassen Sie es zart, aber bestimmt an. Schieben Sie Hosenbeine und Ärmel zusammen, bevor Sie sie überstreifen, und umfassen Sie die Händchen, damit sich die Finger nicht verhaken.

Ziehen Sie Ihr Baby immer um, wenn größere Teile der Kleidung von Urin oder Spucke durchnäßt sind. Die Feuchtigkeit und die Säure greifen sonst die Haut an.

Solange Ihr Baby vorwiegend schläft, brauchen Sie es für die Nacht nicht extra umzukleiden. Später hilft ein **Schlafanzug** dem Baby, Mittagsschlaf und Nachtruhe zu unterscheiden.

Bis Ihr Kind zu laufen beginnt, braucht es gar keine **Schuhe**. Es sollte auch später so oft wie möglich ohne Schuhe unterwegs sein. In der Wohnung genügen zum Beispiel Stoppersocken oder Hüttenschuhe.

Lederschuhe sollten stets eine biegsame Sohle und ein ausgearbeitetes Fußbett haben. Übrigens: Sogenannte Lauflernschuhe sind vollkommen überflüssig.

Pflege

Im Krankenbett

Kranksein gehört einfach zu einer normalen Kindheit: Bis zum sechsten Lebensjahr wird das Kind von mehreren Hundert Viren angegriffen, die vor allem Infekte der oberen Luftwege, Husten, Schnupfen oder Halsentzündungen verursachen.

Wenn Ihr Kind krank ist, braucht es noch ein bißchen mehr **Liebe**, Zärtlichkeit und **Verständnis** als sonst. Deshalb sollte es auch in Ihrer Nähe sein – im Kinderwagen, im Wohnzimmer oder in Ihrem Bett.

Zwingen Sie Ihr krankes Kind nicht zur Bettruhe. Es bleibt schon von selbst im Bett, wenn es ihm wirklich richtig schlecht geht.

Hat Ihr Kind **Fieber**, ist aber trotzdem munter, darf es aufstehen und in der Wohnung spielen. Wenn Ihr Arzt allerdings ausdrücklich Bettruhe verordnet hat, muß das Kind selbstverständlich liegenbleiben.

Einem fiebernden Kind ist es eher zu heiß als zu kalt. Überhitzen Sie sein Zimmer nicht: Tagsüber genügt eine Temperatur von 18 °C, nachts reichen 15 °C. Viel frische Luft regt den Kreislauf an und sorgt für einen guten Schlaf.

Ist Ihr Kind etwa drei Jahre alt, kann es Ihnen zwar sagen, daß es ihm schlecht geht, aber noch nicht, welche Symptome es hat. Selbst wenn sein Fuß schmerzt, sagt es vielleicht, daß ihm der Bauch weh tut, und Halsschmerzen werden häufig als Ohrenschmerzen empfunden. Deshalb sollten Sie bei Unsicherheit immer einen Arzt aufsuchen.

Kranke Kinder haben oft **wenig Appetit**, besonders wenn sie Fieber haben. Zwingen Sie Ihr Kind nicht zum Essen: Da es sich jetzt nicht viel bewegt, braucht es auch weniger Kalorien.

Weil kranke Kinder oft einen trockenen Mund und eine belegte Zunge haben, sollten Sie Ihrem Patienten regelmäßig die **Zähne putzen**. Ist Ihr Kind schon alt genug, können Sie etwas zu trinken an sein Bett stellen. Säuglingen geben Sie verdünnten Salbeitee.

Gegen **Langeweile** helfen Malstifte und Papier, Bausteine, Bücher, Kataloge oder Hörspielkassetten.

Ihr krankes Kind genießt es ganz besonders, wenn Sie sich die Zeit nehmen, ihm vorzulesen.

Viele Kinder fallen während einer Krankheit eine Entwicklungsstufe zurück: Entwöhnte Babys schreien nach Brust oder Flasche, bereits saubere Kinder machen wieder in die Hose. Das ist ganz normal und kein Grund zur Sorge.

Tricks und Handgriffe für die Medikamentengabe finden Sie im Kapitel Hausmittel ab Seite 158.

Beim Arzt

Ein Besuch beim Arzt ist für ein Kind meist beängstigend und unangenehm. Versuchen Sie, Ihrem Kind die Angst zu nehmen: Bereiten Sie es so weit wie möglich auf die Untersuchung vor, indem Sie ihm möglichst ehrlich – und altersgemäß – erklären, was wahrscheinlich geschehen wird.

Wenn Sie regelmäßig alle Vorsorgetermine (Seite 120ff) wahrnehmen, lernt Ihr Kind den Arztbesuch und die Untersuchungen als ganz normale Sache kennen. Ein weiterer Vorteil bei diesen Arztterminen: Sie laufen meist ohne Schmerzen oder Beschwerden ab.

Auch einem neuen Arzt sollten Sie Ihr Kind vorstellen, solange es gesund ist. So kann es ihn streßfrei kennenlernen.

Um lange Wartezeiten zu vermeiden, vereinbaren Sie Ihren Termin möglichst nicht zu den „Stoßzeiten".

Während der Untersuchung sollten Sie immer nur den Körperteil Ihres Kindes frei machen, der gerade untersucht werden soll.

Lassen Sie den Arzt Ihrem Kind ruhig etwas Süßes schenken, das macht den nächsten Besuch für Ihr Kind – und Sie – einfacher.

Gemeinsam mit Ihrem Arzt sollten Sie entscheiden, ob ein Hausbesuch sinnvoll ist. Das ist zum Beispiel der Fall, wenn Ihr Kind eine ansteckende Krankheit hat.

Ambulantes Operieren

- Der Vorteil einer ambulanten Operation liegt auf der Hand: Ihr Kind kommt nach dem Eingriff und dem Abklingen der Narkose noch am selben Tag wieder nach Hause. Sie können es in seiner vertrauten Umgebung selbst pflegen. Zur Kontrolle gehen Sie einfach zu Ihrem Arzt in die Sprechstunde und beachten seine Anweisungen sehr genau.
- Andererseits bedeutet eine ambulante Operation für Sie mehr Pflegeaufwand. Für eine Behandlung im Krankenhaus spricht außerdem, daß bei Komplikationen sofort ein Arzt zur Stelle ist.
- Ambulante Operationen an Nasenpolypen, Paukenerguß, Vorhautverengung sowie Nabel- oder Leistenbruch sind heute meist problemlos möglich.

Das möchte Ihr Arzt wissen

- Bei einer akuten Erkrankung sollte Ihr Arzt grundsätzlich über folgende Symptome Bescheid wissen: Leidet Ihr Kind an Fieber, Bauchweh, Erbrechen, Durchfall, Husten, Kopfschmerzen, Nackensteife, Benommenheit, Schwindel- oder Krampfanfällen?

Pflege

Im Krankenhaus

Tips für den Aufenthalt im Krankenhaus

- Versuchen Sie ein Zimmer zu bekommen, das nicht in der Nähe von Schwesternzimmer oder Notaufnahme liegt: Dort geht es wahrscheinlich Tag und Nacht „rund".
- Seien Sie darauf gefaßt, daß Ihr Kind vielleicht übel gelaunt und Ihnen keineswegs immer dankbar ist, daß Sie bei ihm sind. Immerhin hat es Angst und Schmerzen.
- Nehmen Sie sich nichts anderes vor, beispielsweise die Lektüre dicker Romane oder das Arbeiten am Krankenbett. Sie werden wahrscheinlich nicht dazu kommen.
- Optimal ist es, wenn Sie bis zur Narkose bei Ihrem Kind bleiben. Das ist leider oft nicht möglich. Seien Sie hartnäckig, und klären Sie eine Möglichkeit vorher ab.
- Nicht vergessen: Neben Alltagsdingen wie Schlafanzug und Schnuller sollten Sie auch Schlaftier, Schmusedecke, Bilderbücher und ein Familienfoto mitnehmen.

Ein Aufenthalt im Krankenhaus ist für niemanden angenehm, erst recht nicht für ein kleines Kind.

Deshalb sollten Sie Ihr Kind auf die ungewohnte Situation **einfühlsam und altersgemäß vorbereiten**. Sprechen Sie mit Ihrem Kind – auch über eventuelle Schmerzen. Vielleicht lesen Sie gemeinsam ein Bilderbuch zu diesem Thema.

Die Pflege im Krankenhaus ist natürlich Sache des Personals. Doch für Ihr Kind sind Sie die wichtigste Bezugsperson. Wenn Sie bei ihm bleiben, können Sie ihm so durch die schwere Zeit im fremden Krankenhaus helfen. Das unterstützt auch die rasche Genesung des kleinen Patienten.

Zu zweit gegen den Schmerz

Ich hatte mir alles so nett vorgestellt: Hanna und ich im Krankenhaus – zwei verschworene Freundinnen im Kampf gegen Schmerzen, Angst und Spritzen. Ich würde endlich einmal ausschließlich für sie da sein: Kein kleiner Bruder, kein Haushalt, keine Arbeit würden stören. Hier sollte nicht nur ein medizinisches Problem gelöst werden, nein: Unsere Mutter-Tochter-Beziehung sollte gestärkt aus diesem Abenteuer hervorgehen. Schon bei der Aufnahme mußte ich die ersten Illusionen begraben: Hanna wehrte sich energisch gegen die Blutabnahme, und der junge Assistenzarzt setzte sich schimpfend und unsensibel durch. Natürlich nahm Hanna es mir übel, daß ich sie nicht davor bewahrt hatte. Schlimmer noch: Indem ich sie auf dem Arm hielt, war ich in ihren Augen sogar zur Mittäterin geworden. Wäre es doch besser gewesen, das Kind mit dem Arzt allein zu lassen? Eine Überlegung, die ich direkt vor der Operation wieder beiseite wischte: Hier verwehrte man mir den Zutritt zu Hanna, und ich mußte hilflos zuhören, wie sie trotz Beruhigungsmitteln weinte. Natürlich fühlte sie sich von mir im Stich gelassen. Was ich daraus gelernt habe? Bei einem Klinikaufenthalt braucht mich mein Kind – aber ich darf nicht darauf hoffen, als „beste Mutter der Welt" gefeiert zu werden.

Deshalb sollten Sie gemeinsam mit Ihrem Säugling oder Kleinkind im Krankenhaus bleiben, am besten rund um die Uhr. Dafür gibt es in vielen Kliniken **Mutter-und-Kind-Zimmer**.

Ist das nicht der Fall, sollten Sie wenigstens den ganzen Tag über bei dem kleinen Patienten sein. Für Ihr Kind ist auch wichtig, daß es immer verläßlich weiß, wann Sie da sein werden.

Ihr Kind wird sich auch über Besuch von Freunden freuen, es vielleicht sogar genießen, einmal im Mittelpunkt zu stehen und Geschenke zu bekommen. Lassen Sie es ruhig ein wenig der **„Star" sein**, damit es besser über seine Beschwerden hinwegkommt.

Ernährung

So wird jedes Kind groß und stark

Vom Stillen über den ersten Löffel Brei bis zum Kleckern mit Spaghetti – wenn Sie ein paar grundsätzliche Dinge beachten, ist die Ernährung Ihres Kindes ganz einfach. Selbst dann, wenn es einmal krank ist. Vertrauen Sie vor allem auf Ihr Gefühl. Und denken Sie daran, daß jedes Kind seinen eigenen Rhythmus hat: Es wird Ihnen deutlich zeigen, was es wann mag.

Bedarf

Der Körper von Säuglingen und Kleinkindern ist ein wahrer „Hochleistungssportler": Nie wieder im späteren Leben entwickelt er sich so rasant wie in den ersten Jahren.

Zum ersten Geburtstag wiegt ein Kind etwa dreimal soviel wie bei der Geburt, die **Körperlänge** hat sich um die Hälfte erhöht. In den folgenden zwei Jahren kommen noch rund 25 Zentimeter Länge und vier bis fünf Kilogramm **Gewicht** hinzu.

Allein in den ersten drei Monaten wächst ein Säugling um etwa zehn Zentimeter: Die Erstlingssachen passen deshalb ganz schnell nicht mehr!

Besonders wichtig ist die Entwicklung des **Kopfumfangs** – und damit verbunden die Gehirnentwicklung: Ungefähr elf bis zwölf Zentimeter nimmt der Kopfumfang im ersten Jahr zu, weitere sieben Zentimeter in den nächsten beiden Jahren. Das Gehirn wird dabei um rund 35 Prozent schwerer.

In den ersten Lebensjahren verschieben sich auch die **Körperproportionen** deutlich. Der Kopf – bei Neugeborenen im Vergleich zum Körper sehr groß – wächst langsamer als die Beine. Mit drei Jahren sind die Proportionen des Kindes schließlich denen eines Erwachsenen ähnlich.

Für den enormen Wachstumsprozeß braucht der kleine Körper nicht nur viel Energie, sondern auch ausreichend Nähr- und Aufbaustoffe – eben eine ausgewogene Ernährung.

Die wichtigste Voraussetzung für eine normale Nahrungsaufnahme, das **effektive Saugen**, entwickelt sich schon ab der 34. Schwangerschaftswoche im Mutterleib: Babys kommen mit einem angeborenen Saug- und Suchreflex auf die Welt.

Ein Neugeborenes ist in der Lage, gleichzeitig zu saugen, zu schlucken und zu atmen. Es kann deshalb die Brust oder das Fläschchen leer trinken, ohne zwischendurch abzusetzen.

Säuglinge brauchen im Verhältnis zum Körpergewicht bedeutend mehr Wasser als Erwachsene – rund 0,7 Liter pro Tag. Da die Nieren eines Babys noch unreif sind, benötigen sie **viel Wasser**, um die Abfallprodukte des Stoffwechsels mit dem Harn auszuscheiden. Außerdem ist die Körperoberfläche im Verhältnis zum Gewicht bei einem Baby noch deutlich größer als beim Erwachsenen.

Neben dem erhöhten Wasserbedarf haben Säuglinge und Kleinkinder – wieder in Relation zum Körpergewicht gesehen – auch einen wesentlich höheren **Energiebedarf** als erwachsene Menschen.

So braucht ein Neugeborenes täglich rund 120 bis 140 Kilokalorien pro Kilogramm Körpergewicht, ein sechs Monate altes Baby etwa 120 Kilokalorien. Ein einjähriges Kind benötigt immerhin noch ungefähr 100 Kilokalorien pro Kilogramm und Tag.

Zum Vergleich: Ein Erwachsener kommt täglich mit rund 35 bis 40 Kilokalorien pro Kilogramm Körpergewicht aus.

Ernährung

Bedarf

Ein reifes Neugeborenes ist gut für die Welt gerüstet: Sein Organismus ist optimal auf Muttermilch eingestellt. Und für die Nährstoffe, von denen die Muttermilch nur wenig enthält, hat sich der Babykörper bereits vorsorglich Reserven angelegt. Diese Vorräte – etwa an Eisen und mehrfach ungesättigten Fettsäuren – reichen etwa vier Monate.

Die Muttermilch bietet Ihrem Baby in den ersten vier bis sechs Lebensmonaten alles, was es an Nährstoffen braucht. Nur Vitamin D (Seite 96) und Fluor (Seite 73) sollten Sie ihm zusätzlich geben.

Saft oder Obst sind vor Ende des vierten Monats nicht nötig. Ein Säugling braucht in der Regel auch keine zusätzliche Flüssigkeit. Lediglich bei hohen Außentemperaturen, Fieber oder Durchfall sollten Sie Ihrem Baby noch etwas zu trinken anbieten. Am besten speziellen – zuckerfreien – Säuglings- oder Kindertee oder abgekochtes Wasser.

Bis zu sechs schwere, nasse Windeln täglich sind ein sicheres Zeichen dafür, daß Ihr Kind ausreichend Flüssigkeit bekommt.

Ist genug Milch da?
- Normalerweise müssen Sie nicht ständig das Gewicht Ihres Kindes kontrollieren. Ist Ihr Baby jedoch nach dem Stillen oft unzufrieden und gedeiht es nicht, sollten Sie es vor und nach dem Stillen wiegen. Die Differenz zeigt an, wieviel Ihr Baby getrunken hat.
- Haben Sie Bedenken, ziehen Sie auf jeden Fall Ihre Hebamme (Seite 14) oder Ihren Kinderarzt zu Rate.

Die Gewichtszunahme liegt in den ersten Wochen bei 200 bis 250 Gramm pro Woche. Meist ist es nicht nötig, ein Kind wöchentlich zu wiegen. Die Gewichtskontrollen bei den Vorsorgeuntersuchungen reichen in der Regel aus (siehe auch Kasten oben).

In den ersten Monaten produziert der Körper noch wenig Magensäure, die für den Abbau von Eiweiß, aber auch als Barriere gegen Krankheitskeime wichtig ist. Deshalb sind Babys in dieser Zeit recht anfällig für Erkrankungen.

Stillkindern wird der Kampf gegen Krankheiten etwas leichter gemacht: Sie profitieren teilweise von den Abwehrstoffen in der Muttermilch.

Da der Magen des Säuglings nur winzige Mengen aufnehmen kann, scheint das Baby ständig Hunger zu haben. Das kann in den ersten Wochen durchaus achtmal am Tag sein – oder sogar noch häufiger.

Weil ein Babymagen so klein ist, muß viel Energie in kleine Mengen „verpackt" werden – ein Grund für den hohen Fettgehalt der Muttermilch. Immerhin enthält sie etwa die Hälfte ihrer Energie als Fett.

So schnell wie die Nahrung aufgenommen wird, verläßt sie den Körper auch wieder. Ungefähr sieben bis acht Stunden beträgt beim Säugling die sogenannte Darmpassagezeit – die Zeit, die die Nahrung vom Mund bis zum Darmausgang braucht. Beim Kleinkind dauert das etwa 30 bis 34 Stunden, beim Erwachsenen bis zu 48 Stunden.

Entsprechend nimmt auch die Zahl der Stühle ab: Beim gestillten Neugeborenen ist unter Umständen noch jede Windel voll, nach der Umstellung auf andere Nahrung dann meist nur noch eine oder zwei pro Tag.

Muttermilch

In anderen Kulturen ist das Stillen selbstverständlich. Bei uns hängt die Einstellung dazu eher von Trends ab: Wurde eine Frau in den sechziger Jahren fast verächtlich angesehen, wenn sie ihr Kind stillte, ist Stillen im Moment wieder „in".

Muttermilch wird bei uns heute wieder als die beste Ernährung für ein Kind in den ersten Lebensmonaten angesehen. Viele Vorteile der Muttermilch wurden erst in den letzten Jahren erkannt, etwa die für das **Immunsystem** des Kindes.

Beim Stillen sind zwei Hormone für die Bildung und Ausscheidung der Milch von Bedeutung: das Prolactin und das Oxitocin.

Prolactin regt die Drüsenbäumchen in der Brust an, Milch zu bilden. Die Produktion von Prolactin wird ganz entscheidend durch den Saugreiz beeinflußt. Je stärker ein Kind saugt und je häufiger es angelegt wird, desto mehr Prolactin wird gebildet und desto größer kann die Milchproduktion sein.

Oxitocin ist verantwortlich für den **Milchspendereflex** (Let-down-Reflex). Auch dieses Hormon wird indirekt über den Saugreiz freigesetzt. Oxitocin bewirkt, daß sich die Muskelzellen zusammenziehen, die die Brustdrüsen umgeben. Durch die Kontraktion wird die Milch herausgepreßt.

Die Bildung von Oxitocin ist stark stimmungs- und umweltabhängig. Ärger, Streß und Verunsicherung können dazu führen, daß die Milch im wahrsten Sinne des Wortes versiegt. Andererseits bringt oft schon das Schreien des Kindes die Milch zum Fließen.

Noch ein weiterer Reflex ist beim Stillen mit im Spiel: der **Brustwarzen-Reflex**. Nur wenn sich die Brustwarzen aufrichten, kann das Kind sie richtig mit dem Mund umfassen und gut trinken. Dieser Reflex wird durch Berührung ausgelöst. Manche Babys streichen deshalb vor dem Trinken einige Male mit dem Mund über die Brustwarze.

Die Muttermilch verändert sich während der Stillzeit. Die Milch, die in den ersten Tagen nach der Geburt gebildet wird, das sogenannte **Kolostrum**, ist sehr reich an Abwehrstoffen. Es ist fast eine Art individuelle Schutzimpfung für das Neugeborene. Jede Frau hat ihren eigenen „Cocktail" aus spezifischen und unspezifischen Abwehrstoffen.

Zwischen dem 5. und dem 15. Tag verändert sich die Milch mehr und mehr zur **reifen Muttermilch**. Der Gehalt an Kohlenhydraten, Fett und Energie steigt, der Eiweißgehalt dagegen nimmt ab.

Beim Stillen halten sich **Angebot und Nachfrage** die Waage: Je häufiger Sie Ihr Kind anlegen, desto mehr Milch wird produziert. Etwa 800 bis 900 Milliliter kann eine gesunde Frau ihrem Kind pro Tag geben. Diese Menge reicht aus, um ein Baby in den ersten vier bis sechs Lebensmonaten zu ernähren.

Vor- und Hauptspeise: Das Stillmenü

- Auch innerhalb einer Stillmahlzeit verändert sich die Milch und paßt sich perfekt den Bedürfnissen des Kindes an: Die Milch, die das Baby sofort beim Anlegen trinkt, die Vormilch, ist dünnflüssig und fettarm – der richtige „Durstlöscher". Nach etwa zehn Minuten kommt die Nachmilch: Sie ist fettreicher und damit sättigender.
- Das Kind sollte immer mindestens zehn Minuten angelegt werden, damit es nicht nur seinen Durst löschen, sondern sich auch satt trinken kann. Sonst meldet es sich nämlich kurze Zeit später erneut – und bekommt wieder nur den „Durstlöscher".

Ernährung für Stillende

Darf eine stillende Mutter Obst essen? Oder verursacht die Fruchtsäure einen wunden Babypo? Führen Hülsenfrüchte, Kohl und Zwiebeln zu Blähungen? Muß man viel trinken?

Die Ernährung der Stillenden wurde zu jeder Zeit und in jeder Kultur mit vielen Anweisungen, Empfehlungen und Verboten belegt.

Untersuchungen haben gezeigt, daß **Obst** die Zusammensetzung der Muttermilch nicht negativ verändert. Stillende Mütter sollten Obst essen, denn sie brauchen viel Vitamin C.

Es gibt auch keinen Beweis dafür, daß **Hülsenfrüchte** beim gestillten Baby Blähungen hervorrufen. Trotzdem kann es im Einzelfall so sein – da hilft nur ausprobieren. Lassen Sie ein „verdächtiges" Nahrungsmittel eine Zeitlang weg: Bessern sich Blähungen und wunder Po bei Ihrem Baby, sollten Sie den Auslöser während der Stillzeit nicht mehr essen.

Wenn Sie stillen, benötigen Sie etwa zwei bis drei Liter Flüssigkeit pro Tag. Ein Teil davon ist schon in Ihrer festen Nahrung enthalten. Trinken Sie vor allem Mineralwasser, Kräuter- und Früchtetee, verdünnten Saft und Buttermilch.

Kaffee und **schwarzer Tee** enthalten Koffein, das in geringen Mengen in die Milch übergeht, aber auch die Milchbildung fördert. In Maßen getrunken, spricht nichts dagegen.

Sekt und Wein steigern ebenfalls die Milchbildung. **Alkohol** geht aber sehr rasch in die Muttermilch

Energiebedarf von Stillenden

■ Rund 630 Kilokalorien pro Tag werden für die Milchproduktion zusätzlich benötigt. Davon werden etwa 35 Kilokalorien aus Fettreserven mobilisiert, 180 Kilokalorien werden aufgrund des verringerten Energiebedarfs bereitgestellt. Die stillende Mutter muß also zusätzlich noch etwa 400 Kilokalorien aufnehmen. Das entspricht etwa einem Glas Milch mit einem großen Apfel und einer Praline.

über. Möchten Sie ein Glas Sekt oder Wein trinken, sollten Sie das deshalb nur kurz nach dem Stillen tun, damit der Alkohol bis zur nächsten Stillmahlzeit abgebaut ist. Alkohol in größeren Mengen oder starke alkoholische Getränke sollten Sie in der Stillzeit meiden.

Milchbildungstees – eine Mischung aus Anis, Kümmel und Fenchel – fördern sowohl die Milchbildung als auch die Verdauung. Sie sollten davon aber nicht mehr als drei Tassen täglich trinken, da es sonst unter Umständen zu Durchfällen kommen kann.

Ihre Milch ist nur dann das Beste für Ihr Kind, wenn Sie sich **ausgewogen ernähren**, also ausreichend Eiweiß, Vitamine, Kalzium und Eisen zu sich nehmen. Um einem **Eisenmangel** vorzubeugen, sollten Sie auch Fleisch essen.

Die Beschaffenheit Ihrer Nahrung spiegelt sich in der Zusammensetzung der Muttermilch wieder. So ist die Milch drei bis vier Stunden nach der Hauptmahlzeit am fettreichsten.

Schlankheitskuren während der Stillzeit sollten Sie unbedingt vermeiden. Da-

durch wird nämlich zusätzlich Fettgewebe abgebaut. Die darin eingelagerten **Schadstoffe** werden freigesetzt und gehen in die Muttermilch über.

Solche Schadstoffe, zum Beispiel Pestizide (Seite 140) sind meist fettlöslich und sehr langlebig. Ihr Baby steht am Ende der Nahrungskette und nimmt mit der Muttermilch eine viel höhere Konzentration an Pestiziden auf als mit anderen Lebensmitteln.

In den letzten Jahren ist jedoch der Pestizidgehalt der Muttermilch deutlich gesunken, so daß das Stillen heute wieder uneingeschränkt empfohlen werden kann. Lediglich Frauen, die häufiger mit diesen Stoffen in Berührung gekommen sind, sollten ihre Milch untersuchen lassen. In einigen deutschen Bundesländern ist das kostenlos bei den Gesundheitsämtern möglich.

Stillen

Kaum auf der Welt, machen sich die meisten Babys sofort langsam, aber unbeirrt auf den Weg: Sie suchen instinktiv die Brust der Mutter, Milchquelle und Ort der Geborgenheit. Legen Sie Ihr Baby am besten jetzt gleich zum ersten Mal an, denn etwa 20 bis 30 Minuten nach der Geburt ist der Saugreflex besonders intensiv. Er ist erst 40 Stunden später wieder so stark.

Bei diesem ersten Anlegen unmittelbar nach der Entbindung fließt zwar noch keine Milch, aber durch sein Saugen regt Ihr Baby die Milchbildung an.

Gerade in den ersten Lebenstagen ist der Energiebedarf des Babys sehr hoch: Das Kind muß sich von der warmen Umgebung im Mutterleib auf die niedrigen Temperaturen außerhalb einstellen. Es muß atmen und seinen Stoffwechsel selbst regulieren. Deshalb sollten Sie Ihr Neugeborenes in den ersten Tagen möglichst oft anlegen.

So schützen Sie sich auch vor einem schmerzhaften Milchstau (siehe Kasten). In den ersten drei Tagen nach der Geburt werden nämlich die Brüste stärker durchblutet und damit die Brustdrüsen angeregt: Es kommt zum Milcheinschuß. Wenn Ihr Baby in dieser Situation keinen Oxytocin-Reiz durch Saugen gibt (Seite 34), kann die Brust die Milch nicht abgeben: Die Milch staut sich in Ihren Brüsten.

Deshalb sollten Sie jetzt mindestens alle vier Stunden beide Brüste vollständig entleeren – entweder indem Sie Ihr Baby stillen oder die Milch abpumpen (Seite 40).

Schläfrige Kinder sollten

zum Stillen geweckt werden, damit die Milchproduktion in Gang kommt und das Baby sein Geburtsgewicht schnell wieder erreicht (Stillzeiten Seite 38).

Wenn die Milch auf sich warten läßt

- Steht noch keine Muttermilch zur Verfügung, muß der Flüssigkeits- und Energiebedarf des Babys eventuell mit Traubenzucker- oder Maltodextrin-Lösung gedeckt werden. Fragen Sie dazu Ihre Hebamme oder Ihren Arzt um Rat.
Oder Sie füttern Ihrem Baby Säuglingsnahrung zu (Seite 42).

Was tun bei einem Milchstau?

- Wenn sich die Brust nach der Geburt (am dritten Tag oder später) prall und heiß anfühlt, schmerzt und sich nicht durch Stillen oder Abpumpen entleeren läßt, ist es wahrscheinlich zum Milchstau gekommen. Das kann helfen:
- Gehen Sie zum Arzt.
- Legen Sie öfter an.
- Kühlen Sie die Brust.
- Schonen Sie sich!

Ernährung

Stillhaltungen

Bei den ersten Stillmahlzeiten weiß man gar nicht so genau: Wie soll das Baby liegen? Setze ich mich auf das Sofa oder auf einen Stuhl? Oder doch besser hinlegen? Nach einigen Wochen klappt jedoch alles wie von selbst.

Es gibt im wesentlichen drei Haltungen, ein Kind zu stillen: Im **Sitzen, Liegen oder im Schneidersitz**.

Kind nicht nur die Brustwarze, sondern den gesamten dunklen Warzenhof umfaßt, also im wahrsten Sinne des Wortes „den Mund voll" hat. Nur so kann es richtig saugen, ohne Ihre Brustwarzen zu verletzen.

Achten Sie darauf, daß Ihr Baby bequem liegt und gut Luft bekommt, sonst hört es zu trinken auf, bevor es wirklich satt ist.

Stillen: So geht es ganz bequem

- Im Schneidersitz (oben): Ein Kissen zwischen Arm und Bein beugt Verspannungen vor.
- Im Liegen (rechts): Das Köpfchen Ihres Babys liegt in Höhe Ihrer Achselhöhle, Ihr Baby und Sie liegen Bauch an Bauch – die ideale Stillposition für die Nacht.
- Im Sitzen (unten): Sitzen Sie entspannt. Stellen Sie Ihre Beine möglichst hoch, etwa auf eine Fußbank.

Wichtig ist, daß Sie dabei entspannt sind. Stützen Sie den Arm gut ab, auf dem Ihr Kind liegt (siehe Abbildungen). Verwenden Sie dazu Kissen, zum Beispiel spezielle Stillkissen.

Wenn Sie **außerhalb Ihrer Wohnung** stillen, suchen Sie sich einen ruhigen Platz, an dem Sie und Ihr Baby nicht gestört werden.

Wichtig ist auch, daß Ihr

Beobachten Sie den **Trinkrhythmus** Ihres Babys: Hält es inne, ist das oft der richtige Moment für sein „Bäuerchen". Halten Sie Ihr Kind dafür aufrecht, leicht an Ihre Schulter gelehnt, und bewegen Sie es ein wenig, oder klopfen Sie ihm sacht auf den Rücken.

Manche Babys müssen nach dem Trinken auch gar nicht aufstoßen.

Stillzeiten

Stillen ist ein Fulltime-Job: Eine Stillmahlzeit wird am Anfang zwar nur etwa zehn Minuten dauern, dafür aber alle zwei Stunden fällig sein. Das läßt praktisch keine Zeit für etwas anderes und strengt auch sehr an.

Die meisten Säuglinge reduzieren ihre Mahlzeiten aber schnell auf sechs bis sieben pro Tag, einige kommen bald auch mit fünf Mahlzeiten aus.

Bis vor wenigen Jahren fand man in Elternratgebern ein recht starres **Zeitschema**, nach dem Säuglinge gefüttert werden sollten. Meist war dabei ein Vier-Stunden-Rhythmus vorgegeben. Dieser Mahlzeitenabstand ist übrigens aus der Not geboren: Nur so konnte in den Waisenhäusern Ende des vorigen Jahrhunderts die Versorgung aller Kinder geregelt werden.

Heute hat man sich von dieser starren Einteilung gelöst: Kein Mensch, auch kein kleiner, hat immer zur gleichen Zeit gleich viel Appetit – und nicht jeder Schrei bedeutet Hunger.

Dieser feste Rhythmus zwingt einerseits die Eltern, ihr Kind nachts zu wecken – auch wenn es vielleicht gern noch weiterschlafen würde. Andererseits führt eine solche starre Regelung dazu, daß das Baby vor Hunger schreit. Beides ist unnötig und strapaziös für Eltern und Kind.

Füttern nach Bedarf (ad-Libitum-Fütterung) ist die richtige Art, sein Kind zu ernähren (Ausnahme Seite 36), darin ist man sich heute einig. Rund zwei bis fünf Stunden ist der normale Abstand zwischen zwei Stillmahlzeiten. Leider halten sich Babys dabei selten an einen festen, kalkulierbaren Rhythmus.

Meist finden Sie als Eltern schnell heraus, was Ihr Kind Ihnen signalisieren möchte, wenn es weint: Vielleicht hat es Hunger oder nur Durst, zum Beispiel, wenn ihm zu warm ist. Möglicherweise ist seine Windel voll, oder Ihr Baby hat Blähungen. Manchmal hat es auch schlicht und einfach nur Langeweile, fühlt sich einsam oder möchte in Ruhe gelassen werden.

Wie lange soll nun eine Stillmahlzeit dauern? Ganz einfach: So lange, bis Ihr Kind satt ist. Meist dauert das etwa 20 Minuten. Manche Kinder brauchen aber auch 45 Minuten.

Am Anfang der Mahlzeit, bevor der Milchspendereflex ausgelöst ist, saugt Ihr Kind, ohne zu schlucken. Fließt die Milch, folgt dann das Schlucken – oft als deutlich hörbares Geräusch. Ist Ihr Kind satt, nuckelt es oft noch ein bißchen.

Wenn es Ihnen körperlich und seelisch möglich ist, sollten Sie Ihr Baby mindestens vier, besser sechs Monate stillen. Nach dem vierten Monat können Sie langsam beginnen, **Beikost** (Seite 48ff.) zuzufüttern.

Spätestens mit sechs Monaten sollte zugefüttert werden, da der Nährstoffgehalt der Muttermilch nun allein nicht mehr ausreicht.

Wie lange noch – zusätzlich zur Beikost – weitergestillt wird, liegt an Mutter und Kind. Die „goldene Regel" lautet hier: Stillen Sie weiter, solange es Ihnen beiden Spaß macht.

Ernährung

Stillprobleme

Sicher ist das Stillen für Sie und Ihr Baby eine wunderschöne Zeit der Zweisamkeit. Doch leider können dabei auch kleine Probleme auftreten.

Am besten bereiten Sie Ihre Brüste schon vor der Entbindung durch sehr sanfte **Bürstenmassagen** behutsam auf die ungewohnte Beanspruchung beim Stillen vor. Bürsten Sie dabei jedoch die Brustwarzen selbst nicht mit.

Besondere Brustwarzenformen, wie zum Beispiel **Hohlwarzen**, müssen kein Stillhindernis sein: Sprechen Sie am besten noch während der Schwangerschaft mit Ihrem Frauenarzt darüber, wie Sie sich optimal auf die Stillzeit vorbereiten können und was Sie beachten sollten.

Wenn Ihr Baby **unruhig** ist und ständig an die Brust will, sollten Sie prüfen, ob es tatsächlich noch hungrig ist oder ob es nur sein Saugbedürfnis befriedigen möchte. Dauerndes Anlegen strapaziert nämlich nicht nur Ihre Brustwarzen, es gelangt auch immer wieder Milch in Babys Magen, so daß der kleine Bauch gar nicht mehr zur Ruhe kommt.

Möchte Ihr Baby nur saugen, ohne hungrig zu sein, können Sie ihm einen **Schnuller** anbieten. Anfangs wird Ihr Kind ihn wahrscheinlich wieder ausspucken, denn die natürliche Saugbewegung beim Stillen ist eine andere – Zunge und Schnuller sind sich dabei „im Weg". Halten Sie den Schnuller deshalb kurz fest, bis Ihr Kind selbst damit zurecht kommt.

Ein Schnuller kann das Baby besonders bei **Blähungen** beruhigen. Der Haken an der Sache: Ihr Baby verliert den Schnuller oft und schreit nun deshalb. Das kann beim Daumen nicht passieren: Einmal „gefunden", kann Ihr Kind ihn nicht mehr verlieren – allerdings ist der Daumen für den kindlichen Kiefer ungünstiger als der Schnuller.

Will Ihr Baby plötzlich viel mehr trinken als vorher, hat es vermutlich einen

TRINKEN UNTER HOCHDRUCK

Kaum hatte ich Dominic zum Stillen angelegt, verschluckte er sich und hustete furchterregend. Er trank nur wenig und spuckte das Getrunkene beim Husten wieder aus. Da er nicht richtig satt wurde, meldete er sich meist schon nach zwei Stunden zur nächsten Mahlzeit, und die erfolglose Prozedur ging von neuem los.
Als Dominic schließlich nicht mehr zunahm, stillte ich enttäuscht ab. Die restliche Milch strich ich mit der Hand aus. Und dabei fand ich den Grund für Dominics Trinkprobleme: Mein Milchspendereflex war einfach zu stark! Wie aus einem Springbrunnen spritzte die Milch in alle Richtungen. Statt sanft in den Babymund zu fließen, hatten die heftigen Fontänen Dominics Gaumen gekitzelt, so daß er unter Husten und Schnauben die Mahlzeiten unfreiwillig abbrechen mußte.

Wachstumsschub. Legen Sie es einfach häufiger an. Das versteht Ihr Körper als Signal, mehr Milch zu produzieren – was er auch nach zwei bis drei Tagen tut. Ihr Baby kehrt dann zu den alten Stillabständen zurück.

Bleibt Ihr Kind unzufrieden, wiegen Sie es einige Tage lang jeweils vor und nach dem Stillen und führen darüber **Protokoll** (Seite 33). Bekommt es offensichtlich zuwenig, denken Sie bitte auch über Ihre eigene Ernährung nach (Seite 35).

Recht oft kommt es in der Stillzeit zu **Rissen** (Rhagaden) **an den Brustwarzen**. Dieses Problem läßt sich am besten behandeln oder verhindern, wenn Sie immer nach dem Stillen das letzte bißchen Muttermilch auf der Brustwarze trocknen lassen und die Brust erst danach wieder „einpacken".

Auch Rotlicht oder Sonnenlicht können helfen. Heilende Salben und Öle haben den Nachteil, daß sie nicht nur vom Baby beim Trinken aufgenommen werden, sondern auch die Haut aufweichen können. Um schmerzende Brustwarzen einige Tage zu schonen, können Sie auch Stillhütchen aus der Apotheke verwenden.

Dringen durch die Risse Keime ein, kann es zu einer **Brustentzündung** (Mastitis) kommen. Meist bilden sich gerötete, schmerzempfindliche Stellen an der Brust – sie müssen unbedingt vom Arzt oder von der Hebamme untersucht werden.

Stillprobleme

Das **seelische Befinden** der Mutter spielt beim Stillen eine große Rolle. Bleibt die Milch weg, versuchen Sie deshalb ganz bewußt, sich zu entspannen. Widmen Sie sich nur Ihrem Baby und sich selbst: Ein Tag im Bett wirkt oft Wunder.

Möglicherweise belastet Sie manchmal die Vorstellung, daß dieses kleine Wesen so sehr von Ihnen abhängig ist. Vergessen Sie nicht, daß Kinder auch mit Säuglingsnahrung gedeihen, und setzen Sie sich beim Stillen auf keinen Fall unter „Leistungsdruck".

Vielleicht muß Ihr Baby noch in der Kinderklinik bleiben. Gerade dann sollte es nicht auf Muttermilch verzichten müssen. Mit Hilfe einer **Milchpumpe**, die man gegen Gebühr in Apotheken ausleihen kann, können Sie die Milch für Ihr Baby gewinnen. Auch wenn Sie arbeiten oder einmal eine Stillmahlzeit auslassen möchten, ist das Abpumpen eine Alternative.

Auf der Wochenstation kann man Ihnen die Handhabung erklären. Zu Hause ist die ideale Ansprechpartnerin – wie auch zu allen anderen Fragen rund ums Stillen – die Nachsorgehebamme (Kasten Seite 14).

Die abgepumpte Milch füllen Sie in sterile Glasfläschchen. Die Milch kann so bei 4 °C im Kühlschrank 24 Stunden lang aufbewahrt werden, tiefgekühlt bis zu acht Wochen. Die Pumpe muß nach jedem Gebrauch sterilisiert werden.

DER UNFREIWILLIGE HUNGERSTREIK

Lena schrie viel und hatte oft Blähungen. Sie war mein erstes Kind – und ich noch entsprechend unsicher. Aber ich hatte mich glücklicherweise belesen: Füttert man Babys weiter, wenn sie sowieso schon Blähungen haben, führt das zu noch mehr Blähungen. Ich wußte es also besser: Nach zehn Minuten wurde konsequent der „Hahn zugedreht". Lena schrie weiter – ich war ratlos. Beim nächsten Untersuchungstermin machte mich der Arzt darauf aufmerksam, daß sie fast gar nicht mehr zugenommen hatte. Da wurde mir klar, warum mein Baby so oft geweint hatte: nicht vor Schmerzen, sondern aus Hunger!

Nikotin

- Nikotin – schon für das Ungeborene eine starke Belastung – ist auch für einen Säugling eine Zumutung. Rauchen ist einer der Hauptauslöser für allergische Erkrankungen wie Asthma (Seite 152) und Bronchitis. Der Säugling raucht nicht nur passiv mit, über die Muttermilch erhält er auch noch zusätzlich Nikotin. Wenn in einem Haushalt mit einem Säugling oder Kleinkind schon geraucht wird, dann bitte nie in Gegenwart des Kindes.
- Nikotin hemmt außerdem die Milchbildung. Säuglinge von Raucherinnen haben also nicht nur einen schlechteren Start ins Leben – viele beginnen es als sogenannte Mangelgeborene – sie bekommen auch weniger Muttermilch. Verschiedene Untersuchungen zeigten deutlich, daß Raucherinnen weniger Milch haben, ihre Babys weniger zunehmen und die Stilldauer im Durchschnitt kürzer ist als bei nichtrauchenden Müttern.

Erkrankungen bei Mutter und Kind: Wann darf nicht gestillt werden?

- Absolute Stillhindernisse von seiten des Kindes sind selten. Dazu gehören angeborene Stoffwechselerkrankungen wie die Galaktosämie (Seite 85).
- Stillhindernisse von seiten der Mutter bestehen beispielsweise, wenn diese an Hepatitis B oder C erkrankt ist. Der Virus wird lange mit Körperflüssigkeiten ausgeschieden, und die Gefahr einer Übertragung auf den Säugling beim Stillen ist sehr groß.
- Auch wenn die Mutter HIV-infiziert ist, wird wegen der hohen Übertragungsgefahr vom Stillen abgeraten.
- Eine Mutter mit Diabetes mellitus sollte nicht stillen, wenn sie orale Antidiabetika nimmt. Das gilt nicht, wenn sie sich das Insulin spritzt.

Ernährung

Abstillen

Was tun, wenn rasch abgestillt werden muß?

Manchmal ist es nötig, das Kind sehr schnell abzustillen. So beugen Sie Problemen vor:
- Nehmen Sie die vom Arzt verschriebenen Medikamente.
- Auch homöopathische Mittel sind oft sehr wirksam.
- Trinken Sie etwas weniger.
- Trinken Sie Salbeitee: Er hemmt die Milchproduktion.
- Drücken Sie wenn nötig ab und an etwas Milch aus.
- Binden Sie die Brust hoch und kühlen Sie sie mit Quark- oder Eiswickeln. Tips dazu und zum Abstillen überhaupt wird Ihnen Ihre Nachsorgehebamme (Kasten Seite 14) sicher gern geben.

Sobald Ihr Kind andere Nahrung als Muttermilch bekommt, geht Ihre Milchmenge stetig zurück. Passiert das allmählich, stellt sich Ihre Brust selbst auf die sinkende Nachfrage ein.

Vielleicht müssen Sie aber rascher abstillen, etwa weil Sie wieder arbeiten. Oder Sie möchten die Nachtmahlzeiten dem Vater Ihres Kindes überlassen und selbst mal wieder durchschlafen.

Um abzustillen, **ersetzen** Sie nach und nach **je eine Stillmahlzeit** durch eine Beikost- oder Flaschenmahlzeit. Am besten füttern Sie dabei immer zuerst die Beikost. Hat das Baby dann noch Hunger, legen Sie es zusätzlich an. Lassen Sie sich jeweils mindestens vier bis sechs Tage Zeit, ehe Sie eine weitere Stillmahlzeit wegfallen lassen.

Oft verweigern gestillte Kinder Fläschchen und Sauger, wenn sie sie von der Mutter bekommen. Sie haben ja sozusagen die Alternative vor Augen und können die vertraute Muttermilch riechen. Also streiken sie so lange, bis die genervte Mutter endlich nachgibt und ihr Kind wieder anlegt. Hier hilft oft nur eines: Drücken Sie Kind und Fläschchen dem Vater oder jemand anderem in den Arm, und lassen Sie die beiden allein. So vereinfachen Sie sich und Ihrem Kind die Umstellung. Will es die Flasche trotzdem nicht, probieren Sie **verschiedene Sauger** aus.

Bei größeren Säuglingen kann man die Flasche häufig ganz „überspringen": Die Kinder trinken dann gleich aus **Tasse oder Becher**.

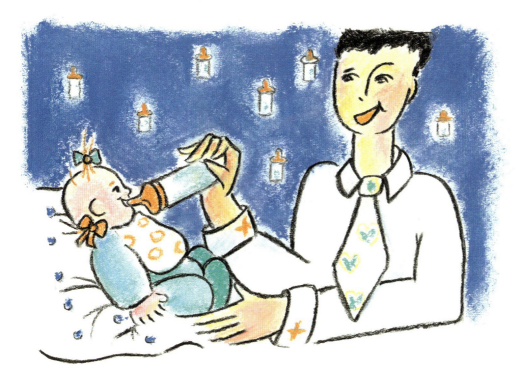

Fläschchenkost

Lassen Sie sich kein schlechtes Gewissen einreden, wenn Sie früher als von „besserwissenden" Mitmenschen empfohlen mit dem Stillen aufhören möchten: Eine Frau, die nicht oder nicht mehr stillt, ist deshalb keine schlechte Mutter.

Achten Sie nur auf Ihr Gefühl und auf Ihr Baby: Wenn Sie nicht mehr stillen möchten, ist es besser, Ihr Kind zärtlich und liebevoll mit dem Fläschchen zu ernähren, als widerwillig weiterzustillen. Außerdem: Fläschchen füttern können auch Väter ganz wunderbar.

Bei dem riesigen Angebot an Säuglingsnahrung kann man schon unsicher werden: Dauermilch, Pre, HA, Folgemilch ...? Was ist das Richtige für mein Kind?

Säuglingsmilchnahrung läßt sich in zwei Kategorien einteilen: Es gibt **Säuglingsanfangsnahrung** für Babys von Geburt an und **Folgenahrung**, die frühestens nach dem vierten Monat gefüttert werden kann.

Bei den Säuglingsanfangsnahrungen werden wiederum zwei Stufen unterschieden: die **Pre-Nahrung** und die **Nahrung Typ 1**, die sogenannte Dauermilch.

Pre-Nahrungen sind in ihrer Zusammensetzung der Muttermilch am nächsten. Der Eiweißgehalt ist wie bei Muttermilch niedrig, die Qualität hoch. Pre-Nahrun-

gen enthalten ein sogenanntes adaptiertes Eiweiß, das ähnlich aufgebaut ist wie das in der Muttermilch. Diese enthält nämlich mehr Molkeneiweiß und weniger Kasein als Kuhmilch.

Genau wie ihr „Vorbild" Muttermilch enthalten Pre-Nahrungen als einziges Kohlenhydrat Milchzucker. Das macht sie sehr dünnflüssig und leicht verdaulich.

Pre-Nahrungen sind ideal zum Zufüttern, als Ernährung von Anfang an oder nach dem Stillen. Wie Muttermilch werden sie nach Bedarf gefüttert, also immer, wenn Ihr Kind Hunger hat. ▶

Das steht auf dem Etikett ...

- **Adaptiert:** Die enthaltene Eiweißkombination muß mehr als 50 Prozent Molkeneiweiß enthalten, der Eiweißgehalt der Nahrung darf nicht höher als 2,5 Gramm pro 100 Kilokalorien sein.
- **Nur Lactose enthalten:** Es darf nur Milchzucker enthalten sein. Steht auf dem Etikett außerdem „adaptiert", handelt es sich um eine Pre-Nahrung.
- **Saccharosefrei:** Es ist kein Kristallzucker enthalten.
- **Mit Eisen angereichert:** Fehlt dieser Hinweis, muß nach Ende des vierten Monats eisenangereicherte Beikost gefüttert werden.

Achtung!

- Völlig ungeeignet für Säuglinge sind unbehandelte Kuh-, Ziegen- und Stutenmilch sowie Kondensmilch.

Ernährung

Fläschchenkost

Solange Sie und Ihr Kind mit der **Pre-Nahrung** zufrieden sind, Ihr Baby sie gut verträgt und damit ausreichend satt wird, gibt es keinen Grund, die Ernährung auf eine Folgemilch umzustellen.

Die Pre-Nahrung kann in diesem Fall problemlos die ganze Säuglingszeit hindurch – also bis zum Ende des ersten Lebensjahres – gefüttert werden.

Viele Eltern erwarten jedoch beim Füttern einer Flaschennahrung, daß sie ihr Kind „richtig satt" macht, so daß es zwischen den einzelnen Mahlzeiten längere Pausen als beim Stillen gibt. Da Pre-Nahrungen aber ebenso dünnflüssig sind wie Muttermilch, haben die meisten Babys schon nach kurzer Zeit wieder Hunger.

Sie können Ihrem Kind dann eine sogenannte **Nahrung Typ 1** geben. Diese Nahrung, auch **Dauermilch** genannt, enthält im Gegensatz zur Pre-Nahrung ein zweites Kohlenhydrat, meistens Maltodextrin oder vorbehandelte Stärke. Dieser Zusatz macht die Nahrung sämiger, sie bleibt länger im Magen und wirkt deshalb sättigender.

Die Dauermilch können Sie Ihrem Baby auch schon in den ersten Monaten geben. Sie eignet sich jedoch nicht, wenn Sie stillen und Ihrem Baby lediglich Säuglingsnahrung zufüttern. In diesem Fall verwenden Sie eine Pre-Nahrung.

Sowohl Pre- als auch Dauernahrungen enthalten alles, was ein Säugling in den ersten vier bis sechs Lebensmonaten braucht, bis auf Vitamin D (Seite 96) und Fluorid (Seite 73).

Zusätzliche Getränke sind ebenfalls nicht nötig, außer bei Fieber, hohen Außentemperaturen oder in überheizten Räumen.

Folgenahrungen oder **Folgemilch (Typ 2)** sind auf den Bedarf des älteren Säuglings abgestimmt. Ihr Baby sollte diese Nahrungen nicht vor Ende des vierten, besser erst nach dem fünften Monat bekommen.

Folgenahrungen werden oft zusätzlich zur Breinahrung gefüttert. Sie können ebenso wie Dauernahrungen ein adaptiertes Eiweiß enthalten. Sie sind jedoch meist eiweißreicher und auch sämiger als diese. Einige Folgenahrungen enthalten auch Kristallzucker. ▶

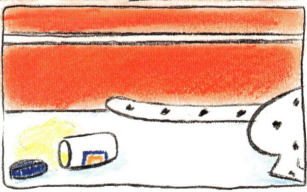

Fläschchenkost

Babys brauchen „Power". Ein Argument für Folgemilch ist deshalb der höhere Eiweiß- und Energiebedarf des wachsenden Säuglings. Mit der **Beikost** (Milchbrei oder Gemüse-Fleisch-Gläschen) bekommt Ihr Baby jedoch schon sehr viel Eiweiß (Seite 48ff.).

Wenn Sie dazu noch eine Folgemilch geben möchten, wählen Sie eine adaptierte Milch mit möglichst wenig Eiweiß. Sie sollte unter 2 Gramm – besser weniger als 1,8 Gramm – Eiweiß pro 100 Milliliter enthalten.

Kinder haben – wie Erwachsene auch – nicht immer gleich viel Hunger. Darüber hinaus haben die meisten Babys zwischen dem sechsten und zehnten Lebenstag, zwischen der fünften und achten Woche und mit drei Monaten einen Wachstumsschub: Mit der bisherigen Milchmenge wird Ihr Baby also auf einmal nicht mehr satt. Beim Stillen legen Sie jetzt öfter an (Seite 39), um den erhöhten Bedarf zu decken – in das Fläschchen kommt einfach mehr Milch hinein.

Die Angaben auf den Packungen sind **Richtwerte**. Im Einzelfall kann ein Kind durchaus etwas mehr oder weniger benötigen. Kinder haben meist noch ein ganz natürliches Gefühl für das, was sie brauchen. Deshalb sollten Sie Ihrem Baby nie mehr aufdrängen, als es im Moment möchte.

Wenn die auf der Packung angegebene Menge Ihrem Kind nicht genügt, sollten Sie es genau beobachten: Hat es wirklich Hunger? Vielleicht hat Ihr Baby auch nur Durst, weil eventuell die Nahrung zu konzentriert zubereitet wurde? Geben Sie ihm etwas Flüssigkeit, am besten Wasser oder Tee.

Reicht auch das nicht, gibt es doch noch einen kleinen „Nachschlag" – und bei der nächsten Mahlzeit etwas mehr ins Fläschchen. Mehr als 200 bis 250 Milliliter pro Mahlzeit sollten es aber auf keinen Fall sein.

Verlangt Ihr Kind weiterhin nach mehr, können Sie seine Ernährung auf eine Dauernahrung und später auf Folgemilch umstellen.

Ist Ihr Baby sehr groß und schwer, reicht ihm vielleicht schon mit drei Monaten die Flasche allein nicht mehr. Sprechen Sie bei einer Vorsorgeuntersuchung mit Ihrem Kinderarzt darüber. Eventuell können Sie bereits jetzt mit Beikost (Seite 48ff.) anfangen.

Faustregel

- Ein Baby sollte in den ersten drei bis vier Lebensmonaten rund ein Sechstel bis ein Siebtel seines Körpergewichts an Milch trinken. Bezogen auf Muttermilch sind das pro Tag zwischen 500 und 900 Milliliter.
- Für die bei uns gebräuchlichen Säuglingsnahrungen ergibt sich eine tägliche Trinkmenge von etwa 620 bis 920 Milliliter.

Ernährung

Fläschchenzubereitung

Das Fläschchen richtig zubereiten

- Wasser frisch abkochen und auf die empfohlene Zubereitungstemperatur – meist 50 bis 60 °C – abkühlen lassen. Das Wasser hat die richtige Temperatur, wenn man die Flasche gerade wieder anfassen kann.
- Das Pulver nicht in den Meßlöffel hineinpressen, sondern mit einem sauberen Messerrücken abstreifen.
- Mengen exakt nach Angaben auf der Packung abmessen.
- Die Nahrung nicht zu stark schütteln – sonst bildet sich viel Schaum, der Blähungen verursachen kann.
- Abkühlen lassen: Flasche an die Wange halten oder ein paar Tropfen auf die Pulsgegend oder an die Lippen. Die Nahrung darf sich weder kalt noch warm anfühlen.
- Nahrungsreste nicht wiederverwenden (siehe Kasten unten).

Babys Milch – eine „empfindliche" Delikatesse

- Wie sieht es mit etwas Milch in der Thermoskanne für die Fahrt zur Oma? Oder fertig für die Nacht im Kühlschrank aufbewahrt? Die Antwort lautet ganz klar: nein! In der vorbereiteten Milchnahrung gedeihen Bakterien nämlich prächtig. Aus diesem Grund sollten Sie einmal erwärmte und nicht verbrauchte Milchnahrung oder Brei auch kein zweites Mal warm machen.
- Die „gesunde" Alternative zur Vorratsflasche: Wasser für zwei bis drei Fläschchen abkochen und in eine saubere Thermoskanne geben. Das nötige Pulver in eine trockene Flasche füllen. Bei Bedarf geben Sie nur noch das heiße Wasser dazu, schütteln – fertig ist das Fläschchen!
- Sie sollten die Milchnahrung auch nicht in der Mikrowelle erwärmen, denn der Flascheninhalt erhitzt sich dabei ungleichmäßig. So fühlt sich das Fläschchen außen zwar richtig temperiert an, im Inneren können sich aber sogenannte „heiße Felder" befinden. Ihr Baby kann sich beim Trinken daran den Mund verbrennen.

Bei der Zubereitung eines Fläschchens sollten Sie sich immer möglichst genau an die Anleitung auf der Verpackung halten (siehe auch Kasten links).

Die Hygiene ist dabei ebenfalls ganz wichtig. Deshalb sollten Fläschchen und Sauger nach dem Gebrauch gründlich mit der Flaschenbürste gereinigt, mit Salz ausgerieben und mehrmals gut ausgespült werden.

Danach kochen Sie das „Trinkzubehör" etwa zehn Minuten lang aus. Das geht am besten in einem Vaporisator (Dampfdrucktopf). Er kostet etwa 80 Mark. Diese Anschaffung kann sich lohnen, denn wenn Sie die Sauger im normalen Topf sterilisieren, sind sie rasch einmal vergessen und „verkochen" dann.

Kunststoff-Flaschen vertragen meist nicht mehr als 120 °C, deshalb sollten Sie sie nicht im Dampfdrucktopf sterilisieren. Fläschchen und Sauger sollten in einem eigenen Küchenfach aufbewahrt werden.

Sobald Ihr Kind mehr und mehr mobil wird und alle möglichen Gegenstände in den Mund nimmt, reicht es, wenn Sie Flaschen und Sauger gründlich mit heißem Wasser spülen.

Das Trinkwasser in Deutschland hat fast überall eine gute Qualität und kann meist problemlos verwendet werden. Haben Sie trotzdem Bedenken, können Sie sich an das zuständige Wasserwerk wenden: Es bietet für Familien mit Babys oft die kostenlose Analyse einer Wasserprobe an.

Erkundigen Sie sich gegebenenfalls auch, ob in Ihrem Haus alte Kupfer- oder gar Bleirohre liegen: Diese belasten das Trinkwasser unter Umständen sehr hoch.

Möchten Sie ganz sicher gehen, daß Ihr Baby nicht mit Nitraten oder anderen Schadstoffen belastet wird, verwenden Sie Mineralwasser, das zur Zubereitung von Säuglingsnahrungen geeignet ist (Seite 137).

Fläschchen und Sauger

Babyeltern werden „heiß umworben": Wie bei Babykleidung, Spielzeug und vielen anderen Artikeln rund ums kleine Kind haben Sie auch bei Flaschen und Saugern die Qual der Wahl: Das Angebot ist nahezu unüberschaubar.

Es gibt **Babyflaschen** aus Glas und aus Kunststoff. Die Kunststoff-Flaschen sind deutlich leichter und unzerbrechlich.

Bei den Saugern können Sie zwischen Silikon (durchsichtig) und Kautschuk (gelblich) wählen. **Silikonsauger** behalten ihre Form, verfärben sich aber schneller. Bei **Kautschuksaugern** kann das Saugerloch mit

Hilfe einer heißen Nadel bei Bedarf vergrößert werden. Besser ist es jedoch, gleich den passenden Sauger für die jeweilige Nahrung zu kaufen.

Sauger mit kleiner Lochung **(Feinlochsauger)** sind geeignet für Tee und dünnflüssige Pre-Nahrung. **Milchsauger** haben meist die richtige Lochung für sämigere Nahrung.

Kreuzschlitz- oder Breisauger eignen sich gut für dickflüssige Nahrung wie Brei oder Heilnahrung.

Wichtig ist, daß die Nahrung stets langsam aus dem Sauger tropft: Nur dann hat das Saugerloch die richtige Größe. Fließt die Milch heraus, sollte ein Sauger mit kleinerer Lochung verwendet werden.

Das Kind soll sich beim Saugen an der Flasche genauso anstrengen wie beim Trinken an der Mutterbrust.

Ein zu großes Loch kann außerdem auch dazu füh-

ren, daß Ihr Kind zuviel Luft schluckt. Daraufhin muß es möglicherweise vermehrt spucken oder bekommt schmerzhafte Blähungen. Für welche Saugerform Sie sich entscheiden, hängt von Ihren Vorlieben ab – oder von denen Ihres Babys.

Viele Kinder haben einen Beruhigungssauger mit fla-

cher **Saugerkirsche** (so heißt der vordere Teil des Saugers) und nehmen auch zum Trinken nur diesen Typ. Andere unterscheiden genau zwischen Trinken und Nuckeln und nehmen nur Sauger, die vorn rund sind.

Wichtig ist, daß Sie Ihrem Kind das Fläschchen – egal mit welchem Inhalt – nicht

als Ersatz für einen Beruhigungssauger zum Dauernuckeln überlassen. Auf diese Weise kann es zu schweren Zahnschäden kommen.

Auch wenn Ihr Kind noch keine Zähne hat, sollte es daran gar nicht erst gewöhnt werden (Seite 73).

Ernährung

Probleme mit dem Fläschchen

Spuckt Ihr Baby, kann das ein ganz normaler Vorgang sein: Ein Kind, das zwar spuckt, dabei aber gut gedeiht, braucht keine ärztliche Hilfe. Lediglich wenn Ihr Baby schlecht oder gar nicht zunimmt, muß umgehend der Arzt zu Rate gezogen werden.

Trotzdem ist vielen Eltern das Spucken lästig, und sie möchten gern etwas dagegen tun.

Je dünnflüssiger eine Nahrung ist, desto schneller verläßt sie den Magen auch wieder. Das erklärt, warum bei vielen Kindern das Spucken deutlich zurückgeht, sobald der erste Brei auf dem Speiseplan steht.

Wenn Sie möchten, können Sie deshalb auf eine **sämigere Nahrung** umstellen. Oder Sie geben ein kalorienfreies Andickungsmittel aus der Apotheke in die Nahrung. Manchmal hilft es auch schon, wenn Sie den Kopf Ihres Babys beim Füttern höher lagern.

Viele Säuglinge leiden in den ersten Lebenswochen unter **Blähungen** (Seite 78). Häufig bessert sich das, wenn Sie die Nahrung für Ihr Baby mit Fenchel- oder Kümmeltee statt mit Wasser zubereiten.

Wichtig ist auch, daß Ihr Kind nicht zu lange schreien muß, bevor es sein Fläschchen bekommt. Wie beim hastigen Trinken oder beim Trinken mit einem zu großen Saugerloch schluckt es nämlich auch beim Schreien viel Luft, die dann im Darm Krämpfe und Schmerzen verursachen kann. Achten Sie auch darauf, daß der Sauger immer vollständig mit Nahrung gefüllt ist, wenn Ihr Kind trinkt. Sonst kann das Baby beim Trinken ebenfalls zusätzliche Luft mit einsaugen.

Um möglichst schonend von einer Nahrungsstufe auf die nächste oder von einer Marke auf eine andere zu wechseln, sollten Sie die Ernährung Ihres Kindes flaschenweise **umstellen**. Geben Sie am besten mit der letzten Flasche des Tages schon die neue Nahrung, zu den übrigen Mahlzeiten wird die bisherige Nahrung gefüttert. Verträgt Ihr Baby die neue Nahrung gut, ersetzen Sie am nächsten Tag zwei Flaschen und so weiter, bis schließlich alle Mahlzeiten umgestellt sind.

Vollmilch enthält sehr viel Eiweiß und viele Mineralstoffe. Beides belastet die noch unreifen Nieren des Säuglings. Deshalb ist Vollmilch erst ab dem zweiten Lebensjahr zur Ernährung geeignet. Bis dahin sollten Sie Ihrem Baby eine Säuglingsnahrung füttern.

VON DER WIRKUNG KLEINER DINGE

Nur schnell zur Nachsorge-Untersuchung ohne das anspruchsvolle Baby! Patentante Tini, noch kinderlos, übernahm Dominic samt vorbereiteter Milchflasche gern – und ich verschwand beruhigt zum Arzt.

Bei meiner Rückkehr zwei Stunden später bot sich mir ein Bild des Grauens: Eine verzweifelte Tante mit einem völlig aufgelösten Baby! Dominic war vom vielen Schreien schon ganz schweißgebadet und krebsrot. Er saugte hektisch an einer noch vollen Milchflasche. Immer wieder spuckte er den Sauger aus und brüllte empört: Tini hatte vergessen, den Zwischendeckel aus der Flasche zu nehmen!

Nur nicht zu dick!

Alle Säuglingsnahrungen enthalten ausreichend Vitamine und Mineralstoffe. Das Andicken der Flaschennahrung mit Getreideschleim, Schmelzflocken oder Speisestärke macht die Flaschennahrung zwar dickflüssiger – und die Kinder auch satter – verschiebt aber die Zusammensetzung der Nährstoffe gewaltig, und die Nahrung wird zu stark konzentriert. Das kann zu Problemen mit den noch unreifen Nieren führen. Außerdem bekommt das Kind nicht genug Flüssigkeit. Es wird dann wahrscheinlich häufig aus Durst schreien – was oft als Hungerschreien fehlgedeutet wird. Aufgrund des Flüssigkeitsmangels kann es auch zu Verstopfung (Seite 80f.) kommen.

Beikost

Großwerden ist schwierig – und schmierig. Während einige Kinder vom ersten Löffel an problemlos mit der neuen Ernährung zurechtkommen, dauert es bei anderen etwas länger. Der Brei ist eben ungewohnt, und auch Vom-Löffel-Essen will gelernt sein. Unterstützen Sie Ihr Kind mit viel Liebe und Geduld dabei.

Klappt es anfangs noch gar nicht, versuchen Sie es ein paar Tage später noch einmal. Vielleicht ist Ihr Kind noch nicht soweit oder einfach müde und hungrig. Das sind denkbar schlechte Voraussetzungen, um etwas Neues zu lernen. Denn Löffeln geht langsamer als Saugen. Das kann einen kleinen hungrigen Kerl schon ziemlich wütend machen.

Die besten Startbedingungen sind gegeben, wenn Sie und Ihr Kind beide ausgeruht sind und der größte Hunger bereits mit etwas Milch gestillt ist.

Viele Kinder entwickeln schnell **Vorlieben und Abneigungen**. Und auch das Interesse an Eßbarem ist bei jedem Baby unterschiedlich stark: Während das eine mit großem Appetit seinen Brei ißt, läßt sich ein anderes nur mit Überredung und Tricks dazu bringen.

Jeden Tag das gleiche zu essen – für uns Erwachsene ein Greuel – ist für Babys kein Problem: Sie brauchen noch **keine Abwechslung** auf dem Menüplan. Haben

Sie herausgefunden, was Ihrem Kind schmeckt, können Sie also ruhig einige Zeit dabei bleiben.

Die **Menge** einer Breimahlzeit entspricht ungefähr einer Milchmahlzeit, etwa 180 bis 250 Gramm. Allerdings enthält der Brei mehr Nährstoffe und Kalorien als die vergleichbare Menge Milch und sättigt dadurch anhaltender.

Gerade für den Anfang eignen sich **Gläschen**: Ihr Baby ißt noch sehr wenig, und Sie müßten relativ viel Aufwand betreiben, um die winzigen Mengen zuzubereiten. Der Inhalt der Gläschen gehört ebenso wie Säuglingsnahrung zu den diätetischen Lebensmitteln. Nach deutschem Recht gelten dafür ganz besonders strenge Bestimmungen: Deshalb sind sie praktisch rückstandsfrei.

Der Gesetzgeber berücksichtigt mit diesen strengen Auflagen die besondere Empfindlichkeit von Säuglingen und Kleinkindern.

Die Hersteller müssen die Rohstoffe besonders sorgfältig auswählen – zum Teil aus biologischem Anbau –, speziell lagern und sehr schonend verarbeiten, um den hohen Anforderungen zu genügen.

Industriell hergestellte Beikost hat deshalb in der Regel einen deutlich niedrigeren Schadstoffgehalt als selbsthergestellte Beikost aus „normalen" Lebensmitteln (Seite 141).

Achten Sie bei den Gläschen stets auf den **„Klick"** beim Öffnen. Dann können Sie sicher sein, daß das Glas noch original verschlossen und keimfrei ist.

Tiefgefrorene Breiportionen müssen immer direkt vor dem Füttern und möglichst schnell aufgetaut werden. Rühren Sie den aufgewärmten Brei gut um, und testen Sie die Temperatur (Verbrühungsgefahr!).

Für übriggebliebenen Brei gilt das gleiche wie für die Milchfläschchen: Nicht wieder aufwärmen, sondern die Reste wegwerfen.

Übrigens: Babys brauchen noch **keine Gewürze!** Auch wenn Ihnen der Brei mit etwas Salz besser schmeckt – für Kinder ist auch eine Prise oft schon zu viel. ▶

Die leckere Löffelspitze – ein Trick für „Süßmäuler"

■ Wenn Ihr Baby nur Süßes mag, tauchen Sie den Löffel erst in den herzhaften Brei und nur mit der Löffelspitze in etwas Obstbrei. Ihr Kind schmeckt so zuerst süß und sperrt den Mund weit auf. Einige Löffel essen die meisten Kinder so – bis sie den Trick durchschauen und protestieren.

Ernährung

Beikost

Karotten sind etwas süßlich und erinnern wohl daher ein wenig an die Milch, die dem Baby schon vertraut ist: Jedenfalls ist **Karottenmus** für „hiesige" Babys das klassische Einsteigermenü, wenn es an die Beikost geht. Karotten werden von den meisten Kindern gern gegessen. Manche Kinder vertragen sie jedoch nicht. Sie bekommen davon Blähungen oder müssen vermehrt aufstoßen. Bei einigen wird auch der Stuhl fest.

Wenn Ihr Kind mit diesen Symptomen auf Karotten reagiert, lassen Sie sie einfach weg. Andere für Babys geeignete Gemüsesorten sind zum Beispiel Fenchel, Blumenkohl, Brokkoli, Kohlrabi und Pastinaken.

Haben Sie einen Gemüsebrei gefunden, den Ihr Kind gut verträgt und auch gern ißt, können Sie dem Mus nach einer „Eingewöhnzeit" von mindestens einer Woche erstmals Kartoffeln zufügen. Danach folgt der Brei aus Gemüse, Kartoffeln und Fleisch (Seite 50).

Sobald Ihr Kind zu mehreren Mahlzeiten am Tag feste Kost ißt, sollten Sie

ihm nun auch zusätzlich etwas zu trinken anbieten. Abgekochtes Wasser reicht zwar, ist aber bei den Kleinen nicht sehr beliebt.

Viele Kindern mögen **Kindertee** oder verdünnten **Saft** als Durstlöscher. Bitte überlassen Sie aber Ihrem Kind die Flasche nicht zum Dauernuckeln: Das begünstigt Karies (Seite 73).

Als Richtwert für den Flüssigkeitsbedarf gilt: Ein vier bis zwölf Monate altes Kind sollte täglich ungefähr 400 Milliliter Wasser durch Getränke zu sich nehmen. Etwa 500 Milliliter Wasser sollten in der festen Nahrung enthalten sein.

Bedenken Sie dabei auch, daß Obst und Gemüse zu etwa 70 bis 80 Prozent aus Wasser bestehen. ▸

Wo „wohnen" die Vitamine?

■ Spinat hat jede Menge Eisen ... – wir wissen längst, daß es gar nicht so viel ist. Und wie sieht es mit den Vitaminen in der Apfelschale aus? Die Bundesforschungsanstalt für Ernährung hat es ermittelt: Vitamine, Mineralien und Eiweiße sind bei Äpfeln und Birnen vor allem in der Schale. Lassen Sie Ihre Kinder das Obst also ungeschält – aber gründlich gewaschen – essen. Anders ist es bei Kartoffeln: Hier „sitzen" mehr Vitamine im Inneren.

Was tun, wenn Ihr Kind nichts trinkt?

■ Wenn ein Kind nichts oder nur wenig trinkt, muß das nicht immer ein Grund zur Sorge sein: Wenn Ihr Kind viel Obst und Gemüse ißt, nimmt es auf diesem Wege vielleicht schon ausreichend Flüssigkeit zu sich. Oder Ihr Kind mag keinen Fenchel, der in den meisten Tees enthalten ist. Bieten Sie Ihrem Kind auch einmal Wasser an.

Beikost

Unter Beikost versteht man alle Lebensmittel, die ein Baby zusätzlich zur Milch bekommt, anfangs meist Saft oder Karottenmus.

Muttermilch reicht als alleinige Nahrungsquelle nur etwa vier bis fünf Monate, dann benötigt Ihr Baby mehr. Nach ungefähr vier Monaten sind darüber hinaus auch die Eisenreserven, mit denen Ihr Kind auf die Welt gekommen ist, aufgebraucht (Seite 33). Eine Eisenzufuhr mit Beikost wird notwendig.

Bei uns sind drei Beikost-Arten üblich: der Gemüse-Kartoffel-Fleisch-Brei (nächste Seite), der Getreide-Milch-Brei – zum Teil mit Obst angereichert – und der Getreide-Obst-Brei.

Das Forschungsinstitut für Kinderernährung empfiehlt, zu Beginn einen Gemüsebrei zu geben (zum Beispiel Karottenmus, Seite 49), dann einen Gemüse-Kartoffel-Brei, später den Gemüse-Kartoffel-Fleisch-Brei.

Das Fleisch sollten Sie einmal pro Woche durch ein gekochtes Eigelb ersetzen, um Ihr Baby mit Lecithin und Cholesterin zu versorgen. Diese Mahlzeit geben die meisten Eltern – deutschen Gewohnheiten entsprechend – mittags.

Der Brei deckt den Bedarf an Eisen und Ballaststoffen und trägt zur Eiweiß- und Fettversorgung bei. Ernährungsfachleute sind sich heute einig, daß Fleisch die beste Eisenquelle für ein Baby ist. Der Eisenbedarf eines Säuglings ist mit fleischloser Ernährung nur schwer zu decken. Der Entwicklung Ihres Kindes zuliebe sollten Sie deshalb im ersten Lebensjahr wirklich nicht darauf verzichten.

Die zweite Milchmahlzeit wird durch einen Getreide-Milch-Brei ersetzt, ab dem sechsten Monat kann das ein Vollmilchbrei sein.

Viele Eltern füttern ihn als Abendbrei, da er gut sättigt und so oft für eine ruhige Nacht sorgt. Der Brei hilft, den Bedarf an Kalzium, Eisen, Jod (bei Fertigprodukten) und Eiweiß zu decken.

Die dritte Breimahlzeit ist ein milchfreier Getreide-Obst-Brei mit Fettzusatz. Das Fett ist nötig, damit Ihr Kind auch wirklich satt wird. Dieser Brei wird meist am Nachmittag gefüttert. Er enthält Vitamine, Ballaststoffe und leicht verdauliche Kohlenhydrate, die wichtige Energielieferanten für das Gehirn sind. Er sollte möglichst eiweißarm sein, da Ihr Baby mit den übrigen Mahlzeiten bereits ausreichend Eiweiß bekommt.

Als Zwischenmahlzeiten eignen sich Kekse, Zwieback, kleingeschnittenes Obst oder Gemüse.

Die tageszeitlichen Vorgaben sind kein „Muß". Ist Ihr Kind abends zu müde zum Löffeln, kann zum Beispiel der Milchbrei auch morgens oder am Nachmittag gegeben werden.

Meist wird nach kurzer Zeit der Speiseplan Ihres Kindes mehr und mehr an die Ernährungsgewohnheiten der Familie angepaßt.

Alles zu seiner Zeit

- Die erste Beikost sollte Ihr Baby frühestens mit vier, spätestens mit sechs Monaten bekommen. Ersetzen Sie am besten etwa alle vier Wochen eine weitere Mahlzeit. Sie können das „neue" Essen natürlich auch in kürzeren Abständen einführen.
- Wichtig ist aber, daß Sie Ihrem Kind jeweils mindestens eine Woche Zeit lassen, um sich an ein unbekanntes Nahrungsmittel zu gewöhnen (Seite 59).

Ernährung

Beikost-Rezept

Rezept für einen Gemüse-Kartoffel-Fleisch-Brei				
	ab 4. Monat	**6. Monat**	**7. bis 9. Monat**	**10. bis 12. Monat**
Karotten oder anderes Gemüse (aus dem Gläschen)	90 Gramm	90 Gramm	100 Gramm	100 Gramm
Kartoffeln	40 Gramm	40 Gramm	50 Gramm	60 Gramm
Obstsaft* oder Wasser	30 Gramm	30 Gramm	30 Gramm	45 Gramm
Fleisch	20 Gramm (1mal pro Woche ohne Fleisch)	25 Gramm (evtl. 1mal pro Woche 1 Eigelb)	30 Gramm (evtl. 1mal pro Woche 1 Eigelb)	35 Gramm (evtl. 1 mal pro Woche 1 Eigelb)
Fett	10 Gramm (4mal Butter, 3mal Sojaöl pro Woche)	10 Gramm (4mal Butter, 3mal Sojaöl pro Woche)	10 Gramm (4mal Butter, 3mal Sojaöl pro Woche)	10 Gramm (Sojaöl)

* Vitamin-C-reicher Saft, zum Beispiel Orangensaft, verbessert die Aufnahme von Eisen.

Zubereitung

- Das Fleisch in wenig Wasser etwa 20 Minuten lang weichkochen, anschließend kleinschneiden und pürieren.
- Inzwischen die Kartoffeln schälen, zerkleinern und weichkochen. Danach mit einer Gabel fein zerdrücken und mit dem Gemüse aus dem Gläschen mischen.
- Das pürierte Fleisch unter die Mischung geben, alles zusammen aufkochen.
- Dann den Brei mit Obstsaft oder Wasser verrühren.
- Zum Schluß das Fett unterrühren.
- Wird dem Brei anstelle von Fleisch einmal pro Woche Eigelb zugegeben, achten Sie ganz besonders darauf, daß die Mischung nicht nur erwärmt, sondern wirklich nochmals aufgekocht wird, damit das Eigelb fest wird (eventuell vorhandene Salmonellen werden so abgetötet).

Ernährung

Mischkost für Kleinkinder

Um den ersten Geburtstag herum ist es soweit: Ihr Kind kann – und will – nun mehr und mehr von der Familienkost bekommen.

Kleinkinder sind neugierig und möchten alles ausprobieren – auch beim Essen. Das ist gut so, denn nur so können sie lernen. Eltern und große Geschwister sind dabei **Vorbilder**, denen alles eifrig nachgeahmt wird.

Lassen Sie Ihr Kind von Anfang an am Familientisch mitessen und auch alles probieren. Damit die Verdauung des kleinen Genießers nicht überfordert wird, müssen Sie lediglich darauf achten, daß die Speisen nicht zu stark gewürzt sind.

Solange es noch „Kauprobleme" gibt, wird das Essen etwas zerkleinert. **Brot** schneiden Sie in mundgerechte Stücke.

Eine abwechslungsreiche Mischkost aus pflanzlichen und tierischen Lebensmitteln ist am gesündesten – in jedem Alter (siehe Kasten).

Haben Sie Bedenken, daß Sie Ihr Kind nicht ausgewogen ernähren, wenn Sie selbst kochen, oder sind Sie unsicher, welche Mengen Ihr Kind überhaupt braucht, gibt es durchaus Alternativen: Viele Mütter finden es sicherer und zeitsparender, Kleinkind-Menüs zu verwenden, als für ihr Kind extra zu kochen.

Kochen Sie selbst, nehmen Sie Lebensmittel, die **reich an Nährstoffen** sind. Achten Sie also darauf, daß Sie möglichst frisches Obst und Gemüse verwenden, da beides rasch Vitamine und Nährstoffe verliert, wenn man es zu lange lagert. Kaufen Sie möglichst oft Produkte aus kontrolliert biologischem Anbau (Seite 141).

Auch **Milch** hat viele wertvolle Nährstoffe: Sie versorgt den Körper mit Kalzium, Eiweiß und Vitamin B2. Milch bleibt daher auch im Kleinkindalter wichtig. Etwa einen halben Liter pro Tag sollte Ihr Kind trinken. Deshalb ist auch nichts gegen die morgendliche oder abendliche Flasche Milch einzuwenden, die Zweijährige oft noch bekommen.

Aber was kann man tun, wenn das Kind keine Milch mehr mag? Als **Alternativen** eignen sich Milchmixgetränke, Quark, Joghurt, Pudding auf Milchbasis und Kefir. Im Sommer darf es auch einmal ein Eis sein.

Oft reicht es schon, wenn der Geschmack der Milch etwas verändert wird: Geben Sie Schokopulver oder Fruchtsirup dazu – so wird die Milch wieder interessanter für Ihr Kind. Außerdem mögen einige Kinder ihre Milch jetzt nur noch kalt.

Lebensmittel mit geringer Nährstoffdichte, wie etwa **Süßigkeiten** (Seite 55), sollte Ihr Kind nur in kleinen Mengen essen.

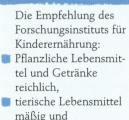

Gesunde Mischkost

Die Empfehlung des Forschungsinstituts für Kinderernährung:
- Pflanzliche Lebensmittel und Getränke reichlich,
- tierische Lebensmittel mäßig und
- fettreiche Lebensmittel sparsam verzehren.

Speiseplan für Kleinkinder

Spaghetti, Spaghetti, Spaghetti und Fischstäbchen – die meisten Kleinkinder haben zeitweise recht einseitige Vorlieben.

Viele Mütter haben dann Bedenken, daß ihr Kind sich nicht vollwertig und **ausgewogen** ernährt. Untersuchungen zeigen aber, daß Kinder ihr Essen recht ausgewogen zusammenstellen, wenn man sie selbst entscheiden läßt. Vielleicht essen sie nicht jeden Tag abwechslungsreich, aber im Durchschnitt über mehrere Tage bekommen sie meist alles, was sie brauchen.

Also lassen Sie Ihr Kind ruhig ein paar Tage hintereinander Fischstäbchen essen, irgendwann bekommt jedes Kind Lust auf neue Geschmackserlebnisse. Und wenn es einfach nur einmal ausprobieren möchte, wie das Gemüse auf Mamas Teller schmeckt.

Auch **Fastfood** kann ein Bestandteil der gesunden Küche sein, wenn die übrigen Mahlzeiten dafür eiweiß- und fettärmer sind.

„Mein Kind ißt nichts." – Das stimmt meist nicht, denn freiwillig verhungert kein Kind. Aber häufig ißt das Kind nicht dann, wenn es sollte: zu den Mahlzeiten.

Wichtig ist, daß das gemeinsame Mittag- oder Abendessen nicht zum Kampf wird. Dabei setzen Sie lediglich Ihre Autorität aufs Spiel, und schließlich soll das Essen ja auch zuallererst Vergnügen bereiten.

Bieten Sie Ihrem Kind deshalb einfach **regelmäßige Mahlzeiten** an. Wenn es dann nicht ißt, nehmen Sie es ohne großen Ärger zur Kenntnis. Aber bleiben Sie konsequent, wenn sich der kleine „Suppenkasper" kurz darauf mit Hunger meldet.

Zwingen Sie Ihr Kind bei den Mahlzeiten auch nicht, den Teller leer zu essen. Kinder haben noch ein sehr natürliches Gefühl dafür, wann sie satt sind. Wird das wegtrainiert, ist die Voraussetzung für späteres Übergewicht geschaffen.

Überprüfen Sie auch einmal, was Ihr Kind sonst noch alles bekommt – hat es zu den Mahlzeiten vielleicht überhaupt keinen Hunger, weil es zwischendurch ständig nascht? Vergessen Sie auch nicht, die Getränke mitzuzählen: Manche Kinder trinken sich satt.

Mag Ihr Kind partout kein **Gemüse**? Dann fragen Sie sich am besten zuerst, ob Sie selbst gern essen, was Sie Ihrem Kind anbieten – Eltern sind nun mal das natürliche Vorbild.

Möchte Ihr Kind kein gekochtes Gemüse essen, versuchen Sie es doch einmal mit einer frischen Zwischenmahlzeit aus rohem Gemüse: Knackige Karotten oder frischen Kohlrabi – vielleicht mit einem leckeren Joghurt-Dip – probiert Ihr Kind sicher gern!

Energiebedarf

- Während der Zeit intensiven Wachstums, also mit etwa ein bis zwei Jahren, braucht ein Kind pro Tag circa 1 1/2 Liter Wasser, viel Eiweiß (6 Gramm) und genügend Energie (1300 Kilokalorien). Ebenso wichtig ist eine ausreichende Menge an Kalzium – 600 Milligramm pro Tag sollten es etwa sein. Das entspricht ungefähr einem halben Liter Milch.

Ernährung

Süßigkeiten

Der tägliche Kampf um Schokolade, Bonbon & Co. – eine unendliche Geschichte im Leben von Kindern und Eltern.

Die **Vorliebe** für Süßes ist **angeboren**. Das ist entwicklungsphysiologisch vernünftig, denn die erste Nahrung des Neugeborenen, die Muttermilch, ist süß. Bereits Neugeborene geben gesüßtem Wasser den Vorzug vor neutralem oder bitterem. Sogar den gefürchteten „Pieks" beim Arzt überstehen Babys besser, wenn ihnen etwas Zuckerwasser auf die Lippen geträufelt wird. Werden Kinder so auf die Impfung vorbereitet, schreien sie weniger vor Schmerz: Süßes tröstet also schon die Kleinsten.

Die meisten Menschen behalten ihre Vorliebe für Süßes auch im späteren Leben bei. Und gegen Süßigkeiten in Maßen ist auch gar nichts einzuwenden.

Kleinkinder holen sich Süßigkeiten noch nicht selbst, sie bekommen sie von Eltern, Geschwistern und anderen. Täglich einige Gummibärchen, ein Schokoriegel oder etwas Eis – am besten als Nachtisch – sättigen den Appetit auf Süßes.

Vereinbaren Sie mit Ihren Verwandten und Freunden, daß diese sich mit Ihnen absprechen, ob Süßigkeiten als Geschenk mitgebracht werden sollen. Ein völliges **Verbot** von Süßigkeiten wird spätestens beim ersten Kindergeburtstag oder im Kindergarten gebrochen. Der Nachholbedarf ist dann oft um so größer.

Überprüfen Sie auch Ihren eigenen Süßigkeitsverzehr kritisch: Verlangen Sie von Ihrem Kind Verzicht auf Süßes, während Sie sich selbst gern ab und an etwas „Gutes" gönnen? Dann legen Sie lieber regelmäßig einmal gemeinsam mit Ihrem Kind eine **„Abstinenzwoche"** ein.

Der Appetit auf Süßes kann auch gut durch **Obst** oder **Vollkornkekse** gestillt werden. Es ist alles eine Frage der Gewöhnung.

Seien Sie aber auch nicht allzu enttäuscht, wenn Ihr Kind zeitweise trotzdem ganz wild hinter Bonbons oder Schokoküssen her ist: Vielleicht hat es auf dem letzten Kinderfest mit den süßen Verführern Bekanntschaft geschlossen.

Zucker – gefährlich für die Zähne

- Egal, ob Süßes oder nicht: Nach jeder Mahlzeit sollte sich Ihr Kind gründlich die Zähne putzen! So haben die Bakterien in der Mundhöhle keine Chance, sich über die Speisereste herzumachen und die Grundlage für Karies und Parodontose zu legen (Seite 73).
- Für die Zähne ist es übrigens gleich, ob der Zucker in Form von Kristallzucker, Traubenzucker oder so „gesunden" Dingen wie Honig oder Ahornsirup aufgenommen wird. Ohne gründliche Zahnpflege und mit der entsprechenden genetischen Veranlagung können all diese Lebensmittel zu Karies führen.

Alternative Ernährung

Es gibt verschiedene Ernährungsformen, die bestimmten Nahrungsmitteln den Vorzug geben, andere einschränken oder gar ausschließen. Wenn Sie sich selbst so ernähren, fragen Sie sich sicher, welche dieser alternativen Ernährungsweisen für Säuglinge und Kleinkinder geeignet sind – und welche nicht.

Relativ bekannt ist die vegetarische Ernährung: **Vegetarier** verzichten auf Fleisch, manchmal auch auf Fisch und Eier. Milch und Milchprodukte sind erlaubt.

Ernährt sich eine stillende Frau vegetarisch, kann es bei ihr zu einem Eisenmangel kommen. Für Säuglinge in den ersten sechs Lebensmonaten ist diese Form der Ernährung unproblematisch. Es sei denn, die Mutter verwendet eine selbst zubereitete Flaschennahrung mit Rohmilch, die für Säuglinge und Kleinkinder gänzlich ungeeignet ist.

Spätestens ab dem sechsten Monat braucht Ihr Kind Eisen, das der Körper am optimalsten aus Fleisch aufnehmen kann. Deshalb sollte bei der Ernährung eines Babys nicht auf Fleisch verzichtet werden.

Im Kleinkindalter ist eine vegetarische Ernährung leichter möglich. Die Versorgung mit Eisen kann jetzt durch eine sorgfältige Auswahl von eisenreichen Gemüsen und Getreiden (Vollkorngetreide und Vitamin-C-reiches Gemüse wie Blumenkohl und Brokkoli) sichergestellt werden.

Veganer verzichten nicht nur auf Fleisch und Fisch, sondern auf alle Lebensmittel tierischen Ursprungs, das heißt auch auf Milch, Eier, oft selbst auf Honig. Diese Ernährungsweise ist nicht nur für die stillende Mutter problematisch: Auch Kinder jeder Altersstufe können damit auf keinen Fall ihren Nährstoffbedarf decken.

Bei der **makrobiotischen Ernährung** wird hauptsächlich Getreide gegessen. Diese einseitige Ernährung führt zu Kalzium- und Eiweißmangel. Außerdem fehlen in der Nahrung fast alle lebensnotwendigen Nährstoffe. Makrobiotische Ernährung ist deshalb für Kinder jeden Alters grundsätzlich abzulehnen. Die rein makrobiotische Getreidemilch wird ohne Milch, nur mit Wasser und Getreide hergestellt. Sie ist sehr energie- und nährstoffarm und als Säuglingsnahrung völlig ungeeignet.

Auch Rezepte von **Bruker und Schnitzler** mit Rohmilch und Frischkornbrei sind nicht nur aufwendig in der Zubereitung, sondern auch fett- und vitaminarm. Außerdem kann das Frischkorn, das direkt vom Biohof kommt, mit Mutterkorn verunreinigt sein. Eine solche Ernährung ist also ebenfalls nicht für einen Säugling geeignet.

Wenn Eltern tierische Nahrungsmittel ablehnen und ihr Baby entsprechend ernähren möchten, greifen sie in der Regel auf Soja- oder Mandelmilch zurück.

Bekommt das Kind Sojamilch, sollte man folgendes beachten: Für die Ernährung eines Babys sind nur spezielle Säuglingsanfangsnahrungen auf Sojabasis geeignet. In diesen Produkten ist ein Sojaeiweiß-Isolat, das sich in seiner Zusammensetzung grundsätzlich von allen anderen handelsüblichen Sojarohstoffen unterscheidet. Sojanahrungen für Säuglinge enthalten zudem auch genügend Kalzium, Eisen und Jod sowie alle Vitamine und Spurenelemente in ausreichenden Mengen. Oft wird diese Fertignahrung jedoch von Makrobiotikern abgelehnt.

Aus Vollsoja und Sojakonzentrat darf keine Säuglingsnahrung hergestellt werden. Diese Produkte enthalten viele unerwünschte Begleitstoffe der Sojabohne, die die Eiweißverdauung beeinträchtigen können.

Mandelmilch enthält Mandelmus. Damit wird unnötig früh ein Fremdeiweiß mit hohem Allergiepotential (Seite 144ff.) in die Ernährung eingeführt.

> **Vollkorngetreide? Bitte noch warten!**
>
> ■ Geben Sie Ihrem Baby in den ersten Monaten noch kein Vollkorngetreide! Weizen, Roggen, Gerste, Dinkel und Hafer enthalten Gluten, das frühzeitig eine Zöliakie (Seite 154) auslösen kann. Außerdem ist der Körper eines Säuglings erst mit fünf bis sechs Monaten in der Lage, nicht aufgeschlossene Stärke zu verdauen.

Ernährung bei Durchfall

Durchfall (Seite 82f.) ist keine Erkrankung, sondern ein Symptom. Fast jedes zweite Kind hat in den ersten beiden Lebensjahren einmal damit zu tun.

Die **Ursachen** können vielfältig sein: Ein harmloser, kurzzeitig auftretender Durchfall gehört ebenso dazu wie eine durch Viren ausgelöste Magen-Darm-Grippe (Seite 83), die oft mit Fieber, Appetitlosigkeit und Gewichtsverlust einhergeht.

Gleichgültig, was dahintersteckt: Je kleiner das an Durchfall erkrankte Kind ist, desto schneller sollten Sie mit ihm zum Arzt gehen. Gerade bei sehr jungen Säuglingen kann es durch den hohen Wasserverlust zu Problemen kommen, die oft nur noch in der Klinik zu behandeln sind.

Bei jeder Art von Durchfall verliert der Körper Ihres Kindes in kurzer Zeit viel Wasser und Salz. Diese Verluste müssen unbedingt möglichst rasch ausgeglichen werden. Dazu eignen sich am besten fertige **Rehydratationslösungen**, die es in der Apotheke gibt.

Diese Lösungen enthalten eine spezielle Mischung aus Salz und Traubenzucker. In

> **Wichtig**
> ■ Geben Sie Ihrem Kind bei Durchfall viel zu trinken! Dies gilt auch bei Erbrechen.

dieser Kombination nimmt der Körper die verlorenen Salze und das Wasser am besten wieder auf.

Etwa 50 bis 100 Milliliter pro Kilogramm Körpergewicht sollten Sie Ihrem Baby von dieser Lösung in den ersten sechs Stunden geben, egal, ob es gestillt wird oder nicht.

Geben Sie die Flüssigkeit am besten kühl – nicht kühlschrankkalt – oder in derselben Temperatur wie die Flaschennahrung (eventuell in etwas Tee). Die Lösung sollte auch nicht lauwarm sein, viele Kinder spucken die Mischung dann nämlich wieder aus oder erbrechen sie.

Danach sollten Sie Ihrem Kind so schnell wie möglich wieder Nahrung geben. Gestillte Säuglinge können weiterhin Muttermilch bekommen. Wenn Sie Ihr Kind mit der Flasche ernähren, geben Sie ihm in dieser Situation eine spezielle Heilnahrung aus der Apotheke (Ausnahme: Ihr Baby leidet unter einer Allergie, Seite 61). Bewährt haben sich Reisschleim, auch mit Karotten, oder – nach Anweisung des Arztes – verdünnte Säuglingsnahrung.

Bei größeren Säuglingen und Kleinkindern kann recht rasch auf festere **Schonkost** übergegangen werden. Dafür eignen sich Karotten, zum Beispiel als Suppe. Sie

binden zusätzlich Giftstoffe im Darm, die so besser ausgeschieden werden können. Auch Reis, pürierte Banane, geriebener Apfel, Kartoffeln und Weißbrot kann Ihr Kind jetzt essen.

Milch und Fett wird oft in den ersten Tagen nicht so gut vertragen – verwenden Sie es deshalb nur sparsam.

Bei vielen Kindern ist die Kombination von **Cola und Salzstangen** beliebt, da Cola – sonst meist nicht erlaubt – jetzt getrunken werden darf.

Natürlich ist diese Ernährung nicht auf Dauer zu empfehlen (es besteht Kariesgefahr und die Knochen können brüchig werden). In diesem Ausnahmefall kann sie jedoch kurzzeitig gegeben werden. Die durchfallstoppende Wirkung hängt dabei vom Zucker ab: Diät-Cola ist deshalb ungeeignet. Meist kann das Kind schon nach wenigen Tagen wieder normal essen.

Ebenso wie Durchfall ist auch **Erbrechen** (Seite 79) keine Erkrankung, sondern ein Symptom. Die erste Maßnahme ist dabei ebenfalls der Ersatz von Flüssigkeit. Außerdem muß die Ursache abgeklärt werden.

Ernährung bei Verstopfung

Eine Verstopfung (Seite 80f.) ist nicht nur lästig, sondern meist auch sehr quälend.

Hat Ihr Kind **relativ selten Stuhlgang**, ist das jedoch nicht unbedingt ein Alarmzeichen: Beim gestillten Säugling ist es völlig normal, wenn er nur einmal pro Woche Stuhlgang hat – ebenso wie bei Stillkindern auch sechs volle Windeln pro Tag unbedenklich sind. Wichtig ist, daß der Stuhl weich ist und sich das Kind nicht quält.

Hauptursache von Verstopfungen bei Kindern ist **mangelnde Flüssigkeitszufuhr**. Das kann passieren, wenn die Nahrung angedickt wird, damit sie „besser satt macht". Die Nieren des Säuglings brauchen jedoch für die Ausscheidung noch relativ viel Wasser.

Überheizte Räume, hohe Außentemperaturen oder zu dicke Kleidung können dazu führen, daß das Kind stark schwitzt. Dann fehlt das Wasser im Darm, und es kommt zur Verstopfung.

Auch **Karotten und Bananen**, zwei Lebensmittel, die gerade für die Ernährung von Säuglingen sehr beliebt sind, können in Einzelfällen zu festem Stuhl führen.

Bei größeren Säuglingen und Kleinkindern ist eine Verstopfung oft auch ein Zeichen für eine zu geringe Zufuhr an Ballaststoffen, wie sie in Vollkorngetreide und Gemüse enthalten sind.

Kleinkinder verschlimmern die Verstopfung oft dadurch, daß sie den harten Stuhl aus Angst vor Schmerzen beim Stuhlgang unterdrücken (Seite 80). In diesem Fall helfen milde **Abführzäpfchen**, eine Umstellung der Kost – und viel Flüssigkeit.

Neben verschiedenen **Säften** (Birnensaft, Apfelsaft, bei größeren Kindern auch Pflaumensaft) ist auch **Milchzucker** ein beliebtes mildes „Abführmittel". In jedem Fall ist es wichtig, daß Sie Ihrem Kind zusätzlich viel Flüssigkeit geben.

Chronische Verstopfung

- Wenn ein Säugling oder ein Kleinkind über einen längeren Zeitraum unter Verstopfung leidet, muß unbedingt der Kinderarzt die Ursache dafür klären.

Ernährung

Nahrungsmittelallergien

> **Wichtig**
>
> ■ Aus Angst vor Allergien lassen viele Eltern „gefährliche" Lebensmittel einfach vorbeugend weg. Das ist nicht sinnvoll, da diese Lebensmittel wichtig für die gesunde Entwicklung Ihres Kindes sind. Ist Ihr Kind allergiegefährdet (siehe Kasten Seite 148), fragen Sie Ihren Kinderarzt – er wird Sie kompetent beraten.

Leider kann theoretisch jedes intakte Eiweiß eine Allergie auslösen. Hochallergene Lebensmittel sind zum Beispiel Eier, Kuhmilch, Fisch, Nüsse (besonders Erdnüsse), Zitrusfrüchte, Tomaten und Bananen.

Ist Ihr Kind allergiegefährdet (siehe Kasten Seite 148), sollten Sie mit den obengenannten Nahrungsmitteln im ersten Lebensjahr ganz besonders vorsichtig sein.

Es gibt eine Vielzahl von möglichen Reaktionen auf die verschiedenen Nahrungsmittel. Wichtig: Man reagiert nie beim ersten Kontakt, sondern erst wenn

der Körper Gelegenheit hatte, Antikörper zu entwickeln (Seite 146).

Die häufigsten allergischen Reaktionen sind **Magen-Darm-Beschwerden** (Durchfall, Erbrechen, Blähungen, Koliken). Oft kommt es auch zu einem **Quincke-Ödem**, einer Schwellung am Körper.

Häufig macht sich eine Nahrungsmittelallergie durch einen Hautausschlag (zum Beispiel **Nesselfieber**)

oder auch Erstickungs- oder **Asthmaanfälle** (Seite 152) bemerkbar.

Die beste Therapie: Lassen Sie das Lebensmittel weg, auf das Ihr Kind allergisch reagiert. Es ist jedoch nicht immer leicht, dieses Nahrungsmittel herauszufinden. Oft hilft dann nur ein kontrollierter Test unter klinischen Bedingungen.

Zur Therapie von Nahrungsmittelallergien können Sie Nahrungen auf Basis eines stark abgebauten (hydrolysierten) Eiweißes einsetzen. Diese Nahrung ist geschmacklich gewöhnungsbedürftig, und Sie bekommen sie nur in der Apotheke.

Die Präparate sind recht teuer. Bestätigt Ihr Arzt, daß Ihr Kind unter einer Allergie leidet, werden die Kosten jedoch meist von der Krankenkasse übernommen.

> **Allergien rasch erkennen und vorbeugen**
>
> ■ Bei einem Säugling ist es noch relativ einfach, Nahrungsmittelallergien und -unverträglichkeiten schnell zu erkennen, da nur wenige Nahrungsmittel als Auslöser in Frage kommen. Wenn Sie mit Beikost beginnen, machen Sie es sich zur Gewohnheit, nur ein neues Lebensmittel pro Woche einzuführen. So hat der Körper Ihres Kindes ausreichend Zeit, sich nach und nach an neue Nahrungsmittel zu gewöhnen.
> ■ Reagiert Ihr Kind allergisch, streichen Sie das verdächtigte Nahrungsmittel von seinem Speiseplan. Daraufhin müßte sich der Zustand Ihres Kindes wieder bessern. Wird das Lebensmittel erneut gegessen, treten auch die Symptome wieder auf.

Kuhmilchallergie

Die Kuhmilchallergie (Seite 59 und 154) ist mit ein bis zwei Prozent die häufigste Nahrungseiweiß-Allergie im Säuglingsalter.

Leidet Ihr Kind unter dieser Allergie, muß es solange milchfrei ernährt werden, bis es Milch verträgt. Das ist oft mit zwei Jahren, fast immer aber mit dem Schulbeginn der Fall.

Eine Alternative zur Flaschennahrung auf Kuhmilchbasis sind Nahrungen auf **Soja-Isolat-Basis**. Sie enthalten keine Milch oder Milchbestandteile und haben sich in der Ernährung von Kindern mit Kuhmilchallergien bewährt.

Diese Nahrung eignet sich auch als Milchersatz für größere Kinder sowie zum Kochen und Backen. Pudding mit Vanillesoße oder Pfannkuchen müssen also auch im Speiseplan der Kinder nicht fehlen, die keine Milch vertragen.

Etwa vier bis sieben Prozent der Kinder, die auf Kuhmilch reagieren, entwickeln jedoch auch auf Soja eine Allergie.

Je nachdem, auf welchen Milchbestandteil Ihr Kind allergisch reagiert, kann es außerdem zu sogenannten **Kreuzreaktionen** mit Schaf-, Ziegen- und Stutenmilch kommen (Seite 149).

Wo sich Milch versteckt

- Molke, Joghurt, Kefir, Sahne, Käse, Quark, Butter und Buttermilch sowie Produkte mit Kasein werden aus Milch hergestellt.
- Auch viele Lebensmittel, denen man es nicht ansieht, können Milch enthalten, etwa Wurst, Brot, Fischkonserven und Margarine.
- Im Zweifelsfall fragen Sie deshalb besser beim Hersteller nach.

Ernährung

HA-Nahrung

Für die Ernährung **allergiegefährdeter Kinder** gilt: Weglassen ist die beste Vorbeugung. Gerade Kuhmilcheiweiß-Allergien entstehen vor allem zwischen dem dritten und dem sechsten Lebensmonat.

Deshalb sollten Babys mit einem erhöhten Allergierisiko in den **ersten sechs Lebensmonaten** möglichst keine Beikost bekommen, sondern ausschließlich gestillt werden.

Ist das nicht möglich, geben Sie Ihrem Baby spezielle Nahrung, sogenannte **hypoallergene Säuglingsnahrung (HA 1)**.

Diese Nahrung enthält Kuhmilcheiweiß, das durch ein besonderes Verfahren in so kleine Bruchstücke gespalten wird, daß der Körper es meist nicht mehr als Allergen erkennt.

Allerdings verändert sich dadurch auch der Geschmack der Nahrung. Je nachdem, wie stark das Eiweiß abgebaut wurde, ist er „brühig" bis bitter. Meist trinken die Kinder jedoch problemlos, besonders wenn sie vorher nichts anderes kennengelernt haben.

HA-Nahrungen sind sehr leicht verdaulich, deshalb hat Ihr Baby wahrscheinlich rasch wieder Hunger.

Wird das Baby mit einer HA-Nahrung gefüttert, ist sein Stuhl meist sehr weich und manchmal auch grünlich. Das liegt an der speziellen Zusammensetzung der Nahrung – Sie müssen deshalb nicht beunruhigt sein.

MITGEFÜHL MIT NEBENWIRKUNGEN

Die „schönste Zeit des Jahres" ist für mich alljährlich ein Alptraum: Der Angriff bösartiger Pollen vergällt mir die wunderbarsten Frühlings- und Sommertage. Natürlich war ich deshalb besonders bemüht, meinem Kind dieses Schicksal zu ersparen. Nur zu gern vernahm ich daher die frohe Botschaft, daß das durch Stillen oder zur Not durch hypoallergene Ernährung möglich war.

Eines Tages mußte ich jedoch feststellen, daß meine aufwendige Vorsorge unterlaufen wurde: Maximilian, Sarahs zweijähriger Bruder, hörte seine Babyschwester schreien und eilte ritterlich herzu. Selbstlos und mit leuchtenden Augen spendierte er ihr etwas von seiner leckeren Kuhmilch.

Möchten Sie Allergien mit Hilfe einer entsprechenden Ernährung vorbeugen, haben Sie nur Erfolg, wenn Sie sehr konsequent sind: Das Baby darf in den ersten sechs Monaten wirklich nichts anderes bekommen als Muttermilch oder hypoallergene Säuglingsnahrung. Jedes andere Lebensmittel – auch wenn es nur ein einziges Mal gegeben wird – kann die schützende Wirkung zunichte machen. Das gilt übrigens auch für Saft, Tee und Obst.

Eine **HA-Folgenahrung (HA 2)** zu geben, ist nur sinnvoll, wenn Ihr Baby im Alter von vier oder fünf Monaten offensichtlich von der Anfangsnahrung nicht mehr satt wird (Seite 43f.).

HA-Breie enthalten das gleiche allergenarme Eiweiß wie die Flaschennahrung und können zum Stillen zugefüttert werden.

Allergiegefährdete Kinder dürfen im ersten Lebenshalbjahr auch **keine Heilnahrung** (Seite 57) bekommen. Diese enthält nämlich Kuhmilcheiweiß und würde somit die Vorbeugung zu früh unterbrechen. Leidet Ihr Kind unter Durchfall, oder ist aus anderen Gründen eine Heilnahrung nötig, sprechen Sie die Therapie deshalb unbedingt mit Ihrem Kinderarzt ab.

Im **zweiten Lebenshalbjahr** können Sie die Ernährung Ihres Kindes dann langsam umstellen: Fangen Sie am besten mit einfach zusammengesetzten Lebensmitteln an.

Ißt Ihr Kind ein Nahrungsmittel zum ersten Mal, passiert meist nichts, da der Körper ja erst Antikörper gegen das Fremdeiweiß bilden muß. Deshalb sollten Sie immer wenigstens ein paar Tage warten, bevor ein weiteres Lebensmittel neu dazukommt (siehe auch Kasten Seite 59).

Nach dem langsamen Abstillen können Sie Ihrem Kind auch Kuhmilch geben, und zwar in Form der handelsüblichen Säuglingsnahrung oder als Milchbrei. Dabei werden Sie auch rasch feststellen, ob Ihr Kind dieses wichtige Nahrungsmittel verträgt oder trotz der Vorbeugung eine Kuhmilchallergie entwickelt.

Körper und Krankheiten

Das Basiswissen für Eltern

Krankheiten gehören zum Kinderleben. Ab Seite 194 finden Sie eine Tabelle, in der wichtige Symptome aufgeführt sind – und die Erkrankungen, die dahinterstecken können. Im folgenden erfahren Sie das Wichtigste über die Entwicklung und Besonderheiten des kindlichen Körpers und auch, wie Sie im Krankheitsfall Ihrem kleinen Patienten am besten helfen. Das gibt Ihnen die Ruhe und Sicherheit, die Ihr Kind dann ganz besonders braucht.

Das Basiswissen für Eltern

Augen

Symptome bei Augenentzündungen

- Die Augen sind gerötet, jucken und tränen.
- Die Augenlider sind geschwollen und kleben vor allem nach dem Schlafen zusammen.
- Möglicherweise ist Eiter in den Augenwinkeln.

Was tun bei Augenentzündungen?

- Schützen Sie Ihr Kind vor Rauch und grellem Sonnenlicht. Am wohlsten fühlt es sich wahrscheinlich in einem leicht abgedunkelten Zimmer.
- Auch vorsichtiges Ausspülen der Augen mit lauwarmem, abgekochtem Wasser und sauberen Tüchern hilft.
- Bei jeder Augenentzündung sollte unbedingt möglichst rasch ein Augenarzt aufgesucht werden.

Ganz die wunderschönen blauen Augen von der Mama. Oder doch nicht?

Die Augenfarbe, die durch die Färbung der Regenbogenhaut entsteht, ist bei der Geburt bereits genetisch festgelegt. Trotzdem kommen Babys oft mit strahlend blauen Augen zur Welt, und die „vorbestimmte" Farbe setzt sich erst im Laufe der Zeit durch. Endgültig ausgeprägt ist die Augenfarbe sogar erst am Ende des 20. Lebensjahres!

Überraschend für viele Eltern: Selbst wenn Mutter und Vater helle Augen haben, können unterschwellig durchaus die dunkelbraunen Augen einer Großmutter oder eines Urgroßvaters vererbt werden.

Ebenso wie bei Erwachsenen kann bei Kindern der Tränenfluß durch Gefühle ausgelöst werden.

Auch ein Fremdkörper im Auge bringt dieses zum Tränen. Die Tränenflüssigkeit spült dabei über die Vorderfläche des Augapfels und wird über den Tränenkanal in die untere Nasenhöhle geleitet. Das Auge ist also mit der Nase verbunden. Deshalb läuft diese beim Weinen oft auch gleich mit.

Ist der Tränenkanal zu eng oder verstopft, tränen bei einer Erkältung häufig auch die Augen des Kindes.

Die Augen von Babys und Kleinkindern sind besonders anfällig für Infektionen. Gehen Sie bei jeder Auffälligkeit sofort zum Augenarzt, spätestens aber innerhalb von vier Wochen. Hinter scheinbar harmlosen Beschwerden könnten sich ernsthafte Augenkrankheiten – etwa eine Hornhautentzündung – verbergen!

Sind die Augen Ihres Kindes lichtempfindlich, suchen Sie auf jeden Fall möglichst rasch den Augenarzt auf: Das Auge könnte an grünem Star erkrankt sein. Dies muß unbedingt ein Augenarzt abklären!

Vorsicht!

- Augenentzündungen sind oft sehr ansteckend. Achten Sie deshalb darauf, daß Ihr Kind sein Taschentuch jeweils nur einmal zum Ausschnupfen verwendet und es nicht mit anderen Kindern „teilt".

Körper und Krankheiten

Sehen

Ob beim Stillen, Reden oder Herumtragen: Wenn Eltern mit ihrem Neugeborenen Blickkontakt aufnehmen, halten sie es meist so, daß der Abstand zwischen dem Gesicht des Babys und ihrem eigenen höchstens 30 Zentimeter beträgt. Damit tun die Mütter und Väter instinktiv genau das Richtige: Etwa so weit kann ein neugeborenes Baby nämlich sehen.

Gegenstände fixieren und länger betrachten kann das Baby mit etwa drei Monaten. Ein Kind sieht von Anfang an alles „in Farbe". Es lernt jedoch erst später, die Farben richtig zuzuordnen. Schließlich kann das Kind die Farben dann auch benennen.

Die häufigsten Sehstörungen bei kleinen Kindern sind **Schielen, Kurz- und Weitsichtigkeit.**

Es ist normal, wenn ein Neugeborenes die Bewegung der Augen noch nicht koordinieren kann und zu schielen scheint. Im Alter von etwa drei Monaten sollte Ihr Baby jedoch in der Lage sein, den Blick beider Augen parallel auszurichten.

Bei Kurz- und Weitsichtigkeit sieht das Kind in einer bestimmten Entfernung nur unscharf. Die Ursache für diese Sehstörung kann ein Brechungsfehler der Augenlinse oder ein zu langer beziehungsweise zu kurzer Augapfel sein.

Gehen Sie schon beim Verdacht auf eine Sehstörung mit Ihrem Kind zum Augenarzt, da sich das Problem unbehandelt immer weiter verschlimmert.

Ein Blick ins Grüne – auch für Babys optimal

- Biologen der Universität Frankfurt fanden heraus, daß Babyaugen auch Grün sehen sollten. Fehlt diese Farbe in der Umgebung des Kindes, kann das eine der Ursachen für spätere Farbenblindheit sein. Wenn Kinderzimmer, Bett und Kleidung des Kindes ausschließlich in den klassischen Babyfarben Rosa und Hellblau gehalten sind, verkümmern nämlich die Farbrezeptoren im Auge, die für das „Grünsehen" verantwortlich sind.

Wie erkenne ich, ob mein Kind schlecht sieht?

- Bewegen Sie einen größeren Gegenstand in etwa 30 Zentimeter Abstand vor den Augen Ihres Kindes. Es sollte ihn mit beiden Augen gleichmäßig verfolgen. Achten Sie darauf, daß dieser „Sehtest" lautlos erfolgt, sonst wird Ihr Baby den Blick in die Richtung der Geräuschquelle wenden.
- Auch Unsicherheiten beim Gehen, häufiges Stolpern und Anecken können auf eine Sehstörung hindeuten.
- Hält das Kind häufig den Kopf schief, reibt es sich dauernd die Augen und hat Augenschmerzen?
- Treten in Ihrer Familie gehäuft Probleme mit den Augen auf? Das könnte das Risiko für Ihr Kind erhöhen.
- Gehen Sie ab dem zweiten Lebensjahr mit Ihrem Kind routinemäßig zum Augenarzt.

Hals

Schnupfennase, „Frosch im Hals" oder Ohrenschmerzen – wenn Kinder krank sind, sind meist Hals, Nase und Ohren in Mitleidenschaft gezogen.

Das ist eigentlich kein Wunder, wenn man sich nur einmal vergegenwärtigt, welche wichtigen Funktionen allein der Hals hat: Hier befinden sich die Speise- und Atemwege, der Kehlkopf – der ja für die Stimmbildung verantwortlich ist –, die Schilddrüse und die großen Blutgefäße.

Außerdem trägt der Hals den Kopf und ermöglicht erst sämtliche Kopfbewegungen.

Halsschmerzen treten oft mit einer hochfieberhaften Virusinfektion der oberen Luftwege auf. Auch bei einer eitrigen **Mandelentzündung** leidet das Kind in der Regel unter hohem Fieber. Die Gaumenmandeln sind dann stark gerötet und von weißen Belägen überzogen.

Gehen Sie in diesem Fall mit Ihrem Kind zum Arzt: Er wird einen Rachenabstrich durchführen, um die Ursache der Entzündung festzustellen.

Haben **Streptokokken** die Mandelentzündung ausgelöst, muß Ihr Kind zehn Tage lang Penicillin bekommen, damit diese Bakterien nicht in den ganzen Körper „gestreut" werden. Ansonsten könnten rheumatische Erkrankungen oder Schäden am Herz und an den Nieren die Folge sein.

Ihr Kind sollte Bettruhe einhalten und viel trinken, bis das Fieber vollständig abgeklungen ist. Die angenehme Begleiterscheinung einer Mandelentzündung: Ihr Kind darf Eis schlecken und kühle Fruchtsäfte trinken, das lindert die Beschwerden beim Schlucken.

Oft hilft es auch, wenn Sie Ihr Kind mit Kamillentee oder Salbeitee gurgeln lassen (Seite 167).

Treten immer wieder Mandelentzündungen auf, kann die Erkrankung chronisch werden: Sie sollten dann unbedingt mit Ihrem Kind einen HNO-Arzt aufsuchen und klären, ob die Mandeln entfernt werden sollten. Wird eine solche chronische Entzündung nämlich nicht behandelt, kann sie im Körper verschiedene **Folgekrankheiten** verursachen, zum Beispiel Rheuma, Hautveränderungen, Herzfehler oder Nierenbeschwerden.

Bei manchen Kindern sind die Mandeln so stark vergrößert, daß sie in der Mitte zusammentreffen. Sie füllen dann den gesamten Rachen aus, und das Kind kann nur schlecht atmen. Nachts schnarcht es und schläft dadurch sehr unruhig. Auch in dieser Situation ist es nötig, die Mandeln zu entfernen.

Leiden Kinder unter Infekten der oberen Luftwege, sind meist auch die **Lymphknoten** geschwollen. Sind sie jedoch ständig dick, liegt es eventuell an vergrößerten Rachenmandeln (Polypen, nächste Seite).

DIE KLEINE SCHNARCHERIN

„Mami, ich kann nicht schlafen!" Dominic kam im Schlafanzug und ganz müde aus seinem Bett. Aus dem Kinderzimmer drang ohrenbetäubendes Schnarchen. Dominic war auf der Flucht vor seiner zweijährigen Schwester Lisa, die seit Monaten schnarchte wie ein alter Mann. Keiner von uns hielt es nachts mit ihr aus, doch sie verfolgte uns erbarmungslos: Je lauter sie schnarchte, desto unruhiger schlief sie – und suchte natürlich unsere Nähe. Kaum war sie zu einem von uns ins Bett geklettert und wieder eingeschlafen, flüchtete der Heimgesuchte in das freigewordene Bett. Wir spielten jede Nacht „Bettchen-wechsel-Dich".

Eine aufmerksame Freundin meinte schließlich: „Das Kind bekommt doch gar nicht genug Luft!" Und tatsächlich: Als ich daraufhin mit Lisa zum Arzt ging, lautete die Diagnose „Kissing Tonsils". Die Mandeln waren so groß, daß sie sich fast berührten. Außerdem hatte Lisa Polypen. Beides mußte entfernt werden. Lisa kam schnarchlos aus dem OP gerollt und schenkt uns seitdem wieder ruhige Nächte.

Körper und Krankheiten

Polypen

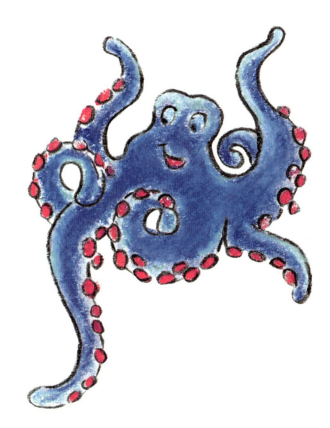

Ist bei Ihnen zu Hause der kleinste Schläfer zugleich der lauteste Schnarcher? Wenn Ihr Kind fast ausschließlich durch den Mund atmet, können neben einer Mandelentzündung (Seite 66) auch zu große Polypen die Ursache sein.

Bei den meisten Kindern ist die **Rachenmandel** etwas vergrößert. Das ist ganz normal: Aufgabe der Rachenmandel ist es, Krankheitserreger von Infekten abzuwehren, die durch die Atmung in den Körper gelangen. Gerade Kleinkinder haben besonders häufig mit solchen Infekten zu kämpfen. Ist die Mandel verdickt, spricht man von Polypen.

Ist die Rachenmandel allerdings zu stark vergrößert, behindert sie die Nasenatmung oft erheblich. Die Folge: Das Kind atmet nur noch durch den Mund.

Dabei wird die Atemluft nicht ausreichend angewärmt und befeuchtet, so wie das beim Atmen durch die Nase der Fall ist. Es kommt deshalb zu ständig wiederkehrenden Infekten der oberen Luftwege, teilweise auch des Mittelohres (Seite 70).

Sind die Polypen außerdem noch entzündet, wird Schleim aus der Nase in den Rachen abgesondert. Dadurch kann sich die Entzündung über die Nasennebenhöhlen ausbreiten, und es entsteht möglicherweise eine chronische Bronchitis.

Kinder mit vergrößerten Polypen hören oft auch schwer und leiden ständig unter Ohrenentzündungen.

Wenn Ihnen eines dieser Symptome an Ihrem Kind auffällt, sollten Sie dringend einen HNO-Arzt aufsuchen. Sind die Polypen zu stark ausgeprägt, müssen sie operativ entfernt werden.

Dabei untersucht der Arzt auch das Trommelfell und kontrolliert, ob sich eventuell ein Paukenerguß (Seite 70) gebildet hat.

Da zu stark vergrößerte Polypen das normale Atmen erschweren, beeinträchtigen sie die Lebensqualität Ihres Kindes unter Umständen ganz gewaltig. So ist zu erklären, daß oft viele allgemeine Störungen – wie zum Beispiel mangelnder Appetit, ständige Nervosität oder dauernde Übermüdung – ganz plötzlich verschwinden, sobald die Polypen entfernt wurden.

Symptome

Polypen sind oft einfach zu diagnostizieren. Folgende Anzeichen sind typisch:
- Das Kind atmet nur durch den Mund, der ständig geöffnet ist.
- Oft leidet es unter Dauerschnupfen und Reizhusten.
- Das Kind schnarcht, schläft dadurch schlecht und ist deshalb häufig übermüdet.
- Es hat wenig Appetit und wirkt oft teilnahmslos.

Nase

Zarter Rosenduft, der feine Geruch von frischgebackenem Kuchen, das strenge Aroma eines reifen Camemberts – über die Nase können wir die unterschiedlichsten Düfte und Gerüche wahrnehmen.

Außerdem ist sie eine ausgeklügelte „Klimakammer": Sie wärmt die eingeatmete Luft an, befeuchtet und reinigt sie.

Von der Nase gehen die **Nasennebenhöhlen** ab. Haben Kleinkinder eine Nebenhöhlenentzündung, dann sind meist beide Kieferhöhlen und die Siebbeinzellen betroffen.

Die Stirnhöhlen sind in dieser Zeit meist noch nicht mit entzündet. Sie sind jetzt noch sehr klein und beginnen erst im Schulalter, sich zu vergrößern.

Die Atemluft gelangt von der Nase in den Nasen-Rachenraum, der in den Rachen übergeht. Über den **Kehlkopf** wird die Luft anschließend in die Luftröhre weitergeleitet.

Der Kehlkopfdeckel sorgt dafür, daß alles wirklich dahin kommt, wo es „hingehört": die Nahrung in die Speiseröhre und die Luft in die Luftröhre.

Infekte, bei denen der Nasen- und Rachenraum entzündet sind, führen bei kleinen Kindern oft recht schnell zu Atemnot.

Dafür gibt es mehrere Gründe: Der Kehlkopf steht bei Kleinkindern höher als bei den „Großen". Der Kehlkopfknorpel ist noch ganz weich und der Durchgang durch den kindlichen Kehlkopf sehr eng.

Das „Nasenkätzchen"

Frühling, Sonne, grüne Blattspitzen – meine kleine Ina spielte mit den Sonnenstrahlen und kitzelte sich mit einem Weidenkätzchen unter der Nase. Fühlte sich das schön weich an! Und schwups war das Weidenkätzchen in der Nase verschwunden. Dort kitzelte es noch ein wenig weiter, doch bald hatte Ina das Kätzchen ganz vergessen.
Zwei Wochen später bekam sie einen eitrigen Schnupfen, der sich einfach nicht bessern wollte. Ich ging deshalb mit ihr zum Arzt, der sie gründlich untersuchte. Mit der Pinzette zog er schließlich einen fünf Zentimeter langen Keim aus Inas kleiner Nase! Das Weidenkätzchen hatte sich dort offensichtlich wohl gefühlt und ausgetrieben.

Außerdem sind der kindliche Kehlkopf und die relativ enge Luftröhre mit lockerer Schleimhaut ausgekleidet, die bei Reizung oft stark anschwillt und ebenfalls die Atmung behindert.

Körper und Krankheiten

Schnupfen

Begegnet man einer Gruppe Kinder, kann man fast sicher sein, daß einer der Zwerge gerade seine „Tropfnase" am Jackenärmel abwischt – und sicher kennen Sie es auch von Ihrem Kind: Laufende Nasen gehören zum „Kindsein" wohl einfach dazu.

Meist ist ein Kinderschnupfen harmlos. Für Babys kann er jedoch rasch gefährlich werden: Schon geringe Schwellungen in den oberen Atemwegen können bei Säuglingen zu akuter Luftnot führen.

Daher ist es wichtig, die Atemwege des Babys möglichst schnell wieder frei zu machen (siehe Kasten). So beugen Sie außerdem möglichen Komplikationen im Bereich der Bronchien oder auch der Ohren vor.

Bei Kleinkindern ist die Situation nicht mehr so dramatisch. Die Anatomie der Nase ist schon weiter entwickelt, und Entzündungen verlaufen meist ungefährlich. Andererseits reagieren dann die lymphatischen Organe stärker, so daß die Kleinkinder bei einem Schnupfen oder einer Erkältung häufig auch über **Bauchschmerzen** klagen.

Chronische Entzündungen der oberen Luftwege werden in vielen Fällen durch vergrößerte Rachenmandeln (Polypen, Seite 67) hervorgerufen. Diese verlegen den Nasen-Rachenraum. Häufig reagieren dabei auch die Nebenhöhlen mit. Entzündungen der **Nasennebenhöhlen** treten oft nach einem Schnupfen auf. Dabei fließt zäher Schleim den Rachen herab, was zu einem ständigen Hustenreiz führt. Oft sind bei einer solchen Entzündung auch die Augenlider und der Bereich unter den Augen verquollen.

Ist die Nase bei einem Schnupfen entzündet, kommt es häufig auch zu **Ekzemen** am Naseneingang. Aus diesen Ekzemen kann sich unter Umständen eine bakterielle Infektion entwickeln. Das können Sie verhindern, indem Sie rund um den Naseneingang Ihres Kindes etwas Vaseline oder Zinksalbe auftragen.

> **Was tun bei Schnupfen?**
> Für einen Säugling kann Schnupfen ausgesprochen belastend sein. So können Sie Ihrem Baby helfen:
> ▪ Mit einem kleinen Gummiballon (aus Apotheken oder Drogeriemärkten) Sekret aus der Nase absaugen.
> ▪ Kochsalzlösung (aus der Apotheke) oder abschwellende Nasentropfen helfen.
> ▪ Wenn Sie stillen, drücken Sie etwas Muttermilch aus und geben sie mit einer Pipette in die Nase Ihres Babys.
> ▪ Lassen Sie Ihr Kind inhalieren (Seite 165).
> ▪ Senken Sie, falls nötig, das Fieber (Seite 161).

> **Was tun bei Nasenbluten?**
> ▪ Im vorderen Teil der Nase sind viele Blutgefäße. Da Kinder oft in der Nase bohren, kommt es leicht zu Nasenbluten. Es entstehen Rückstände. Um diese zu entfernen, macht sich das Kind erneut an der Nase zu schaffen.
> ▪ Bei einmaligem Bluten reichen meist kalte Nackenumschläge, die für einige Minuten aufgelegt werden.
> ▪ Blutet die Nase dennoch weiter, pressen Sie sie vorn zehn Minuten lang zusammen und lagern den Kopf Ihres Kindes hoch. Haben Sie auch damit keinen Erfolg, bringen Sie Ihr Kind zum Arzt, der die Nase tamponiert (Seite 184).

Ohren

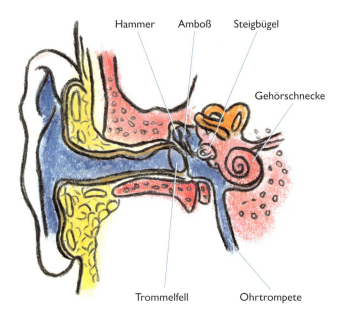

In den ersten Lebensjahren haben Kinder oft Probleme mit den Ohren. Einer der Gründe: Die **Ohrtrompete** des Kindes ist kürzer und weiter als beim Erwachsenen, und sie liegt waagerecht. So können Keime aus der Nase leicht ins Mittelohr gelangen. Deshalb haben Kinder nach einem Schnupfen häufig eine **Mittelohrentzündung**.

Wenn Ihr Kind schlecht hört und hauptsächlich durch den Mund atmet, leidet es möglicherweise unter vergrößerten **Polypen** (Seite 67). Sie verlegen dann den Ausgang der Ohrtrompete hinter der Nase. Dadurch kann das Mittelohr nicht mehr über die Nase und die Ohrtrompete belüftet werden, und hinter dem **Trommelfell** bildet sich Flüssigkeit. Das Kind hört schlechter, weil das Trommelfell nicht mehr schwingen kann und somit der Schall über die drei kleinen Ohrknochen – Hammer, Amboß und Steigbügel – nicht mehr so gut übertragen wird.

Ist der Erguß hinter dem Trommelfell sehr zäh, wird der Arzt ein **Paukenröhrchen** in das Trommelfell einsetzen. Dadurch wird das Mittelohr belüftet: Die Schleimhaut im Mittelohr kann sich regenerieren.

Das Röhrchen bleibt etwa ein halbes Jahr im Trommelfell. Sobald sich das Mittelohr erholt hat und der Druck vor und hinter dem Trommelfell wieder gleich ist, wird es abgestoßen, und das Trommelfell schließt sich wieder.

Befürchten Sie, daß Ihr Kind Ohrenschmerzen hat oder schwer hört, suchen Sie unbedingt einen HNO-Arzt auf. Er wird die Ursache der Beschwerden feststellen (siehe Kasten).

Beschwerden richtig zuordnen

- Wenn Ihr Kind auf Druck vor und hinter dem Ohr reagiert und daraufhin mehrfach mit der Hand an das Ohr faßt, leidet es wahrscheinlich unter einer Entzündung im Bereich des Ohres.
- Ging den Ohrenschmerzen ein Schnupfen voraus, spricht das für eine Mittelohrentzündung.

Was tun bei Problemen mit den Ohren?

- Bei **Ohrenschmerzen** können abschwellende Nasentropfen und Dampfinhalationen (Seite 165) mit ätherischen Ölen helfen. Die Flüssigkeit kann so besser über die Ohrtrompete zur Nase abfließen.
- Haben Sie den Verdacht, daß Ihr Kind **schlecht hört**, gehen Sie möglichst bald zum HNO-Arzt. Er wird mit Hilfe verschiedener Tests feststellen, ob Mittelohr, Gehörgang und Trommelfell in Ordnung sind, und gegebenenfalls mit einer Hirnstrommessung Innenohr und Hörnerv überprüfen. Diese Untersuchung ist sogar schon bei Neugeborenen möglich.

Körper und Krankheiten

Sprechen

Mit vier Monaten beginnen die meisten Babys mit ersten „Sprechversuchen": Sie **lallen**. Damit haben sie bereits eine Vorstufe des Sprechens bewältigt.

Die Zeit vom siebten bis zum elften Lebensmonat ist besonders wichtig für die Sprachentwicklung. Deshalb sollten Sie schon im ersten Lebensjahr viel mit Ihrem Kind sprechen – auch wenn es scheinbar nicht versteht, was Sie sagen und nicht antworten kann. Fast alle Eltern tun das intuitiv. Motivieren Sie auch andere Betreuungspersonen dazu.

Um den ersten Geburtstag herum spricht ein Kind erste sinnbezogene Wörter wie **„Mama"** und **„Papa"**. Ab dem 24. Monat können die meisten Kinder schon einige **Zweiwortsätze** bilden. Mit vier Jahren hat ein Kind einen Wortschatz von etwa 1500 Wörtern.

Grundvoraussetzung für das Sprechenlernen ist das Hören der eigenen Worte und das Nachsprechen von Sprachbildern. Außerdem ist die **Sprachentwicklung** abhängig von der Hirnentwicklung, guten Sprachvorbildern und einer korrekten Motorik. Sind diese Voraussetzungen nicht optimal, können Entwicklungsstörungen auftreten.

Eine solche Störung kann aber auch noch andere Ursachen haben: Eventuell hat das Kind einen Hirnschaden, zu dem es während der Schwangerschaft, bei der Geburt oder durch Infektionskrankheiten gekommen sein kann.

Auch genetische Faktoren, Hörstörungen, Defekte der Sprachorgane – wie zum Beispiel eine Lippen-Kiefer-Gaumenspalte – sowie Milieueinflüsse spielen eine Rolle.

Zeigt Ihr Kind eine deutlich **verzögerte oder auffällige Sprachentwicklung**, sollten Sie unbedingt einen HNO-Arzt aufsuchen, der auf Sprachstörungen spezialisiert ist. Auch wenn der Wortschatz Ihres Kindes viel kleiner als der seiner Altersgefährten ist oder es mit Wortbildung und Satzbau Schwierigkeiten hat, sollten Sie mit ihm zu einem Spezialisten gehen.

Welche Therapie bei einer Sprachstörung eingesetzt wird, hängt von der Ursache ab. Oft arbeiten dabei Kinderpsychologe, Kinderarzt und HNO-Arzt zusammen.

Stottern

- Beim Stottern ist der Redefluß durch Wiederholungen oder Blockierungen beziehungsweise durch fehlerhafte Atmung gestört.
- Bis zum vierten Lebensjahr tritt oft ein sogenanntes „Entwicklungsstottern" auf, das bei den meisten Kindern auch ohne Therapie wieder verschwindet. Trotzdem sollten Sie mit Ihrem Kind sicherheitshalber zum HNO-Arzt gehen: Er stellt fest, ob das Stottern harmlos ist.
- Bei älteren Kindern ist Stottern oft familiär bedingt, oder es liegt eine neurologische Veränderung vor. Auch psychische Einflüsse können eine große Rolle spielen. Das Stottern sollte deshalb in einer logopädisch-psychologischen Gesamttherapie behandelt werden.

Körper und Krankheiten

Zähne

Wenn Ihr Kind Zähnchen bekommt

- Gönnen Sie Ihrem Baby jetzt besonders viel Zuwendung.
- Das Herumbeißen auf festen, aber nachgiebigen Gegenständen lindert den Schmerz.
- Ihr eigener kleiner Finger im Kindermund kann ebenfalls Linderung bringen.
- Fieber, Durchfall, Appetitlosigkeit oder Krämpfe sind normalerweise keine Zahnungsbeschwerden. Oft werden diese Symptome lediglich auf das Zahnen zurückgeführt, weil sie in dieser Zeit gehäuft auftreten können. Gerade ab dem Alter von sechs Monaten ist Ihr Kind nämlich ganz besonders krankheitsanfällig: Der angeborene Immunschutz ist „aufgebraucht", und das kindliche Immunsystem muß jetzt allein arbeiten.
- Gehen Sie deshalb bei länger andauernden Problemen zum Arzt.

Ob die ersten, die zweiten oder schließlich die dritten – fast immer plagen uns die Zähne! Für die meisten Babys beginnt der „Ärger" mit etwa sechs Monaten – dann kommen bei vielen die ersten Zähne. Es gibt aber auch Babys, die bereits mit einem Zähnchen geboren werden – andere haben mit einem Jahr noch keinen einzigen Zahn.

Die **Reihenfolge**, in der die Zähne kommen, ist dagegen bei allen Kindern dieselbe: Als erstes brechen die mittleren unteren Schneidezähne durch. Ihnen folgen die mittleren oberen, dann die äußeren oberen und unteren Schneidezähne.

Bei den Backenzähnen brechen zuerst die vorderen oberen, danach die unteren durch.

Darauf folgen je ein oberer Eckzahn sowie die unteren Eckzähne. Und schließlich kommen die unteren hinteren Backenzähne, ganz zum Schluß die oberen.

Im Alter von etwa zwei Jahren ist es meist geschafft: Alle 20 Milchzähne sind durchgebrochen.

Wie Sie die Zähne Ihres Kindes von Anfang an richtig pflegen, lesen Sie auf Seite 23.

Fluorid gegen Karies

- Fluorid baut sich in den Zahnschmelz ein und macht ihn widerstandsfähiger gegen Säureangriffe und Karies. Der Zahnschmelz bildet sich zwischen dem ersten und vierten Lebensjahr. In dieser Zeit kann also das Fluorid den Zahn wirklich längerfristig stärken. Deshalb sollte das Baby von der ersten Lebenswoche an täglich Fluorid bekommen. Lösen Sie die Tablette in Wasser auf, und geben Sie sie dem Kind auf einem Löffel – am besten vor dem Essen. Fluoridhaltiges Mineralwasser und (nach dem ersten Lebensjahr) fluoridhaltige Zahncreme oder Salz sind lediglich eine Ergänzung zur Fluoridtablette.
- Gesunde Milchzähne sind wichtig. Das Kind braucht sie zum Kauen, und sie sind nötig, damit sich der Kieferknochen richtig entwickelt. Auch für die Lautbildung, die Vorverdauung der Nahrung und als Platzhalter für die bleibenden Zähne haben Milchzähne eine große Bedeutung.
- Das Fluorid sollte nicht nur über den Darm und die Blutbahn, sondern auch direkt an den Zähnen wirken. Ältere Kinder können die Fluorid-Tablette deshalb lutschen.
- Die ideale Zahnpasta für kleine Zähneputzer ist fluoridhaltig, mentholfrei und mild.

Das Basiswissen für Eltern

Lunge

Schon der erste Laut eines Babys im Kreissaal löst Freude aus: Das Kind atmet – Grundvoraussetzung für das Leben überhaupt. Die eingeatmete Luft gelangt dabei über die Luftröhre in die Lunge. Hier verzweigt sich die Luftröhre in zwei **Bronchien**. Jeder der beiden Lungenflügel hat einen Hauptbronchus, der sich in kleinere Bronchialäste aufteilt.

Unter der Lunge befindet sich ein großer Muskel, das **Zwerchfell**. Es bewegt sich beim Einatmen nach unten. Dabei heben sich die Rippen, der Brustkorb weitet sich und die Luft wird durch die Luftröhre eingesogen.

Beim Ausatmen geht der Zwerchfellmuskel zurück. Dadurch wird die Luft aus der Lunge gedrückt. Sie entweicht durch die Luftröhre und den Mund.

Kinder leiden relativ häufig unter Erkrankungen der oberen Atemwege, etwa unter einer **Bronchitis**. Das typische Symptom dafür ist Husten: anfangs trocken, einige Tage später mit Auswurf. Meist heilt die Infektion innerhalb von ein bis zwei Wochen ab. Wenn nicht, sollten Sie unbedingt mit Ihrem Kind zum Arzt gehen.

Aus einer Bronchitis kann sich nämlich unter Umständen eine **Lungenentzündung** (Pneumonie) entwickeln, bei der die Lungenbläschen (Alveolen) entzündet sind.

Die Krankheit wird durch Viren oder Bakterien ausgelöst und beginnt meist plötzlich mit hohem Fieber, Husten und Atembeschwerden. Manchmal treten auch Schmerzen im Brustkorb auf. Zeigt Ihr Kind diese Symptome, suchen Sie sofort einen Kinderarzt auf.

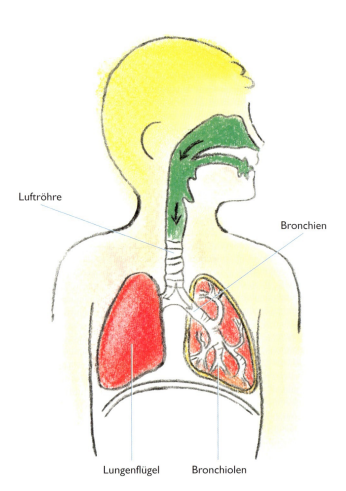

Luftröhre
Bronchien
Lungenflügel
Bronchiolen

Wichtig

■ Neugeborene und Babys, die jünger als vier Monate sind, müssen bei einer Lungenentzündung auf jeden Fall im Krankenhaus behandelt werden.

Körper und Krankheiten

Herz und Kreislauf

Es ist das romantische Symbol der Liebe und gilt als „Lebenszentrum" schlechthin: Das Herz. Tatsächlich ist es ein hart arbeitendes Organ: Pro Minute zieht sich der faustgroße Muskel 70- bis 80mal zusammen und treibt wie eine Pumpe das Blut durch den Körper.

Das Herz hat zwei Kammern: Die rechte nimmt das sauerstoffarme Blut aus den Venen auf und pumpt es zur Lunge, wo die roten Blutkörperchen mit Sauerstoff beladen werden. Dann strömt das sauerstoffreiche Blut in die linke Herzkammer. Von dort wird es über die Arterien zu jedem Teil des Körpers gepumpt.

Die Blutgefäße verzweigen sich auf ihrem Weg durch den Körper mehr und mehr und verengen sich schließlich zu haarfeinen Arteriolen. Diese durchziehen wie ein feines Netz den ganzen Körper und versorgen ihn mit Sauerstoff und allen nötigen Nährstoffen.

Das Risiko, daß ein Neugeborenes mit einem Herz-fehler auf die Welt kommt, liegt bei 0,8 Prozent. Hat ein Kind einen angeborenen, nicht lebensbedrohlichen Herzfehler, fällt das anfangs oft nicht auf. Das Baby ist meist nur sehr ruhig und blaß, und es trinkt wenig.

Schwere Herzfehler werden jedoch häufig gleich nach der Geburt bei der U1 (Seite 123) festgestellt. Die meisten schweren Herzfehler werden heute operiert.

Nach der Operation kann das Kind meist ein normales Leben führen: Es gedeiht gut, ist so belastbar wie andere Kinder und muß nicht besonders geschont werden.

Blut – eine ganz besondere Flüssigkeit

■ Blut setzt sich aus Blutplasma und Blutkörperchen (Erythrozyten, Leukozyten, Thrombozyten) zusammen. Es verändert sich im Laufe des Lebens: Nach der Geburt enthält es besonders viel Hämoglobin – das ist der rote Blutfarbstoff, der den Sauerstoff im Blut transportiert. Bis zum dritten Lebensmonat nimmt der Hämoglobinanteil im Blut stark ab, dann steigt er allmählich wieder an. Nach der Pubertät ist er so hoch wie beim Erwachsenen.

■ Eisen ist nötig, um Hämoglobin zu bilden. Daher sollten Säuglinge etwa vom sechsten Lebensmonat an zusätzlich Eisen bekommen. Babynahrung ist deshalb in der Regel mit Eisen angereichert (Seite 50).

■ Achtung: Fühlt sich Ihr Kind schlapp, und sieht seine Haut blaß, grau oder gelblich aus, können das Symptome für eine Blutveränderung sein. Suchen Sie in diesem Fall unbedingt Ihren Kinderarzt auf: Er wird anhand einer Blutuntersuchung eine präzise Diagnose stellen.

Das Risiko abschätzen

■ Manche Herzfehler treten innerhalb einer Familie besonders häufig auf. Wenn Eltern selbst unter einer Fehlbildung des Herzens leiden oder bereits ein Kind mit einem Herzfehler haben, können sie sich deshalb vor einer erneuten Schwangerschaft in einer humangenetischen Beratungsstelle informieren, wie groß das Risiko für ihr Kind sein wird. Adressen nennt Ihnen Ihr Arzt.

So tickt die Lebensuhr: Der Pulsschlag

■ Kleine Kinder haben eine höhere Pulsfrequenz als Erwachsene: Bei Neugeborenen sind es 100 bis 180 Schläge pro Minute (Mittelwert 130). Bei Einjährigen schlägt der Puls 80- bis 160mal pro Minute (Mittelwert 120), und im zweiten Lebensjahr liegt die Pulsfrequenz zwischen 80 und 130 (Mittelwert 110). Mit drei Jahren hat ein Kind einen Puls von 70 bis 110 Schlägen pro Minute.

■ Sie können den Puls am besten in der flachen Grube an der Innenseite des Handgelenkes tasten, am Übergang zum Daumenballen. Zählen Sie 15 Sekunden lang die Schläge, und multiplizieren Sie die ermittelte Zahl dann mit 4. Das Ergebnis ist der Pulsschlag pro Minute.

Bauch

Sicher liegt auch Ihnen ab und an etwas „schwer im Magen", oder Sie entscheiden manchmal etwas „aus dem Bauch heraus": Der Bauch ist in mancherlei Hinsicht der **Mittelpunkt des Körpers**.

Das empfindet ein Kind genauso: Fühlt es sich nicht gut, klagt es oft über Bauchschmerzen, obwohl es vielleicht ganz woanders weh tut – zumal kleine Kinder ohnehin Schwierigkeiten haben, Schmerzen exakt zu lokalisieren. Klagt ein kleiner Patient über Bauchweh, möchte er meist mitteilen: „Mir geht es gar nicht gut."

Zur Orientierung kann Ihnen folgende **„Faustregel"** helfen: Je weiter das Bauchweh vom Nabel weg empfunden und je präziser es lokalisiert wird, desto wahrscheinlicher gibt es eine körperliche Ursache dafür.

Vielleicht hat Ihr Kind nur etwas zu tief in die Bonbontüte gegriffen. Möglicherweise leidet es aber auch unter einer Erkrankung, die mit Bauchschmerzen einhergeht (siehe Kasten oben).

Während **Babys** bei Unwohlsein oder Bauchweh oft heftig schreien, jammern kleine Kinder lautstark oder ziehen sich wie ein Häufchen Elend zurück.

Bauchschmerzen kommen im Kinderleben immer wieder vor. Meist sind sie harmlos. Zögern Sie aber nicht, den Arzt aufzusuchen, wenn Sie unsicher sind oder die Schmerzen

sich nicht innerhalb von sechs Stunden bessern: Es gibt viele Erkrankungen, die Bauchschmerzen verursachen können und die der Arzt behandeln muß.

Es ist wichtig zu wissen, wann Sie die Beschwerden Ihres Kindes selbst lindern können und wann Sie zum Arzt gehen sollten – die folgenden Seiten sollen Ihnen helfen, das herauszufinden.

Folgende Erkrankungen können akute Bauchschmerzen verursachen:

- Magen-Darm-Grippe (Seite 83)
- Blinddarmentzündung (Seite 84)
- Darmverschlingung oder sogar Darmverschluß (Seite 84)
- Verstopfung (Seite 80f.)
- Nahrungsmittelunverträglichkeiten oder Allergien gegen bestimmte Lebensmittel (Seiten 59, 154)
- Dreimonatskoliken mit Blähungen (Seite 78)
- Ein eingeklemmter Leistenbruch (Seite 87)
- Erkrankungen der Nieren (Seite 91f.)
- Hodenverdrehung (Hodentorsion, Seite 88)
- Blasenentzündung (Seite 91)

Was tun bei Bauchschmerzen?

- Halten Sie den Bauch Ihres Kindes mit Hilfe einer Wärmflasche, eines Wärmekissens oder mit einem Wickel (Seite 162) warm. Umwickeln Sie dazu den Bauch zuerst mit einem warmen, feuchten Tuch, darauf kommt ein trockenes Tuch und darum noch ein trockenes, warmes Wolltuch oder eine leichte Decke.
- Geben Sie Ihrem Kind Kamillen- oder Pfefferminztee.
- Kontrollieren Sie, ob Ihr Kind Fieber hat. Ist das der Fall, versuchen Sie das Fieber zu senken (Seite 161).
- Tasten Sie behutsam den Bauch Ihres Kindes ab. Wenn die Bauchdecke hart ist, bringen Sie es sofort zum Arzt.
- Beobachten Sie Ihr Kind gut, um dem Arzt gegebenenfalls folgende Fragen beantworten zu können: Schmerzt der Bauch die ganze Zeit, oder treten die Schmerzen anfallsartig auf? Leidet Ihr Kind auch unter Fieber, Durchfall, Erbrechen, Blähungen oder Verstopfung, hat es Blut oder Schleim im Stuhl? Sind andere Familienmitglieder ebenfalls erkrankt?

Körper und Krankheiten

Verdauung

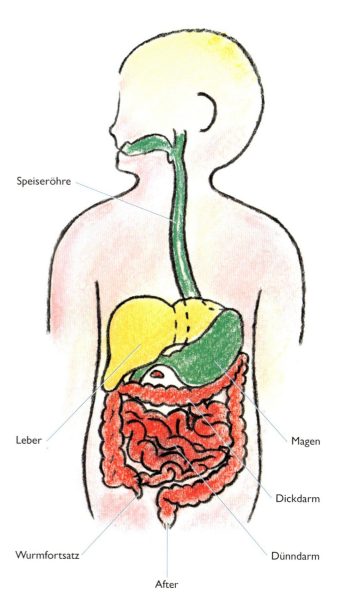

Es ist völlig normal, wenn gestillte Säuglinge bis zu zehnmal am Tag weichen Stuhlgang haben, aber auch eine Pause von vier bis fünf Tagen bis zum nächsten Stuhlgang kommt oft vor.

Flaschenkinder haben ein- bis viermal täglich Stuhlgang, Kleinkinder etwa alle zwei Tage – oder auch bis zu dreimal am Tag.

Hat Ihr Kind eher selten Stuhlgang, ist es lediglich wichtig, daß Sie darauf achten, ob der Stuhl hart oder weich ist: Harter Stuhl kann ein Hinweis darauf sein, daß Ihr Kind zuwenig Flüssigkeit bekommt.

Ist der Stuhl weich und hat das Kind keine Probleme beim Stuhlgang, muß es Sie auch nicht beunruhigen, wenn es einmal vier Tage lang nicht „klappt".

Die Farbe des Stuhls kann gelblich, grünlich, rötlich oder fast schwarz sein. Sie hängt davon ab, was das Kind gegessen hat und ob es vielleicht Medikamente einnimmt.

Ist Ihr Kind krank, achten Sie besonders auf seinen Stuhl: Dessen Farbe, Konsistenz und Geruch können dem Arzt häufig wichtige Hinweise zur Art der Erkrankung geben.

So funktioniert die Verdauung

Die Verdauung beginnt bereits im Mund, wo die Nahrung durch Kauen, Beißen und durch die Enzyme im Speichel zerkleinert wird. Die Nahrung gelangt dann über die Speiseröhre in den Magen. Dort werden Magensäure sowie eiweißspaltende und fettverdauende Enzyme produziert und dem Speisebrei beigemengt. Der Magen speichert und mischt die Nahrung und gibt sie dann „portionsweise" in den Dünndarm weiter, wo ihr Fette, Kohlenhydrate und Proteine entzogen werden. Danach wandert der Speisebrei in den Zwölffingerdarm. Im Dickdarm wird der übrigen Nahrung schließlich noch Wasser und Salz entzogen. Das Ende bildet der Darmausgang (Anus): Er hat die Aufgabe, die unverdaulichen Nahrungsreste auszuscheiden.

Das Basiswissen für Eltern

Blähungen

Viele Babys bekommen vor allem nach den Mahlzeiten Schreiattacken. Der Bauch ist gespannt und gebläht, das Kleine weint oft stundenlang und krümmt sich vor Schmerzen.

Diese Blähungen – sogenannte **Dreimonatskoliken** – sind sehr schmerzhaft, aber ungefährlich für das Kind. Für die Eltern sind sie nervenaufreibend, denn ein ausdauernd schreiendes Baby kann gerade unerfahrene Mütter und Väter rasch aus der Fassung bringen.

Wechseln Sie sich beim Herumtragen des Babys ab, und gönnen Sie sich freie Zeit: Danach können Sie sich erholt wieder Ihrem Baby zuwenden. Und: Halten Sie durch – die Koliken hören fast immer nach drei bis vier Monaten auf.

Was tun bei Blähungen?

- **Ernährung:** Während der Stillzeit können Sie die Bauchschmerzen Ihres Babys oft mildern, indem Sie Ihre Ernährung umstellen (Seite 35). Nehmen Sie möglichst wenig blähende Lebensmittel zu sich. Liegt der Verdacht nahe, daß Ihr Kind eine Kuhmilchallergie hat (Seite 60 und 154), sollten Sie auch selbst keine Milch trinken. Besser sind Tees mit Fenchel, Kümmel, Anis und Kamille – diese beruhigen zusätzlich den kindlichen Darm.
  Falls Sie Ihr Kind nicht stillen und eine Kuhmilchallergie befürchten, sollten Sie Ihrem Baby eine spezielle Säuglingsnahrung geben (Seite 61).
  Wenn Sie zuzufüttern beginnen, tun Sie das sehr langsam. Führen Sie immer nur ein neues Nahrungsmittel ein, niemals mehrere gleichzeitig (Seite 59).
- **Streicheleinheiten und andere Wohltaten:** Eine sanfte Bauchmassage (Seite 25) kann gegen Schmerzen helfen: Massieren Sie den Babybauch mit möglichst warmen Händen im Uhrzeigersinn. Sie können für die Massage zusätzlich ein oder zwei Tropfen Kümmelöl verwenden, das zusätzlich entblähend wirkt.
  Auch eine Fußmassage ist oft sehr wohltuend: Massieren Sie den mittleren Teil der Fußsohle. Hier befindet sich die Reflexzone für den Darm.
  Manchmal hilft es auch, das Kind auf die Seite zu legen und ihm eine Wärmflasche auf den Bauch zu geben. Oder Sie nehmen Ihr Kind so auf den Arm, daß es mit der Brust auf Ihrem Unterarm liegt und mit seinem Bauch auf Ihrer Hand (sogenannter Fliegergriff). Ist das Kind schon etwas größer, liegt es bequemer und sicherer auf beiden Händen. Tragen Sie Ihr Baby umher, und machen Sie dabei leichte schaukelnde oder vibrierende Bewegungen.
- **Medikamente:** Verschiedene Tropfen können helfen: Fragen Sie am besten Ihren Kinderarzt. Blähungen sollten Sie jedoch erst mit Medikamenten behandeln, wenn eine Ernährungsumstellung, Massagen und andere Maßnahmen nicht helfen.

Mögliche Ursachen für Dreimonatskoliken

- Der Darm arbeitet in den ersten Lebensmonaten noch nicht selbständig – das kann zu Bauchschmerzen führen. Eine andere Theorie geht davon aus, daß das Baby schreit, um die Verdauung „anzukurbeln": Durch das Geschrei entsteht möglicherweise Druck, der den Stuhl im Darm weitertransportiert.
- Bei Stillkindern kann auch die Ernährung der Mutter einen Einfluß auf die Verdauung des Babys haben (siehe Kasten oben).
- Vielleicht leidet Ihr Baby unter einer Nahrungsmittelunverträglichkeit (Seite 59 und 154).
- Durch zu hastiges Trinken oder ein zu großes Saugerloch kann zuviel Luft in den Bauch des Kindes gelangt sein (Seite 46).
- Unsicherheit und Nervosität der Eltern verstärken das Babygeschrei oft noch.
- Wenn in der Schwangerschaft ein Wehenhemmer gegeben wurde, kann das Baby später besonders anfällig sein.

Körper und Krankheiten

Spucken und Erbrechen

Rülpsen, Spucken, Aufstoßen: Was normalerweise als unanständig verpönt ist, bringt Babys noch lobende Worte ein. Haben sie an der Schulter der Eltern ihr Bäuerchen gemacht, sind Mama und Papa zufrieden. Manche Eltern fragen sich jedoch, ob ihr Baby vielleicht zu viel spuckt. Oder handelt es sich sogar schon um Erbrechen?

Von **Spucken** spricht man, wenn ein Baby kleine Nahrungsmengen wieder aufstößt. Beim **Erbrechen** dagegen gibt das Kind große Mengen der Nahrung wieder von sich, unter Umständen im Schwall.

Wenn ein Kind erbricht, ist oft auch sein unwillkürliches (vegetatives) Nervensystem gereizt – dadurch kann es zu verschiedenen Beschwerden wie Übelkeit, vermehrtem Speichelfluß, Blässe, Schwitzen oder Herzrasen kommen.

Das Spucken nach den Mahlzeiten tritt **im Säuglingsalter noch relativ häufig** auf. Dahinter verbirgt sich nur selten eine ernsthafte Erkrankung: Bei Neugeborenen und jungen Säuglingen funktioniert oft einfach der Verschlußme-

Begleitsymptome und mögliche Ursachen

- Wenn ein Säugling unmittelbar nach der Mahlzeit im Strahl erbricht und nicht richtig gedeiht, kann eine Verengung des Darmausgangs (Pylorusstenose) die Ursache sein. Diese angeborene Erkrankung ist relativ häufig. Gehen Sie mit Ihrem Baby unbedingt zum Arzt!
- Für Erbrechen mit Fieber, Schnupfen und Husten kann eine Infektion verantwortlich sein.
- Fieber, wäßriger Durchfall und Erbrechen sprechen für eine Magen-Darm-Grippe (Seite 83).
- Erbrechen, Fieber und Bauchschmerzen in der Nabelgegend und im rechten Unterbauch – sowie Trinkunlust beim Säugling – können Anzeichen einer Blinddarmentzündung sein (Seite 84). Unbedingt sofort zum Arzt!
- Erbrechen, Bauchkrämpfe, Blut und Schleim im Stuhl weisen auf eine Darmverschlingung hin (Seite 84).

Was tun bei Erbrechen?

- Legen Sie Ihr Kind ins Bett, und stellen Sie eine Schüssel daneben.
- Lassen Sie es nach dem Erbrechen den Mund ausspülen, damit der unangenehme Geschmack verschwindet.
- Geben Sie ihm Flüssigkeit in kleinen Mengen: Bieten Sie Ihrem Kind etwa alle zehn Minuten etwas zu trinken an. Geeignet sind Kamillen- oder Fencheltee mit einem Teelöffel Traubenzucker pro 100 Milliliter Tee. Ältere Kinder können kurzfristig auch Cola ohne Kohlensäure trinken. Mit speziellen Teetabletten (aus der Apotheke) können Sie den Flüssigkeitsverlust ebenfalls ausgleichen.
- Messen Sie die Körpertemperatur des Kindes.
- Legen Sie ihm eine Wärmflasche auf den Bauch.
- Rufen Sie den Arzt, wenn Ihr Kind länger als sechs Stunden erbricht, apathisch wirkt oder wenn zusätzlich Fieber, Durchfall, Bauch- oder Ohrenschmerzen auftreten.

chanismus zwischen Speiseröhre und Magen noch nicht richtig. Erbricht Ihr Baby jedoch häufig nach den Mahlzeiten, leidet es eventuell unter einem **verengten Darmausgang** (siehe Kasten). Machen Sie Ihren Kinderarzt unbedingt darauf aufmerksam: Er wird feststellen, ob eine Operation nötig ist.

Auch wenn das Baby zu einer Mahlzeit zuviel zu essen bekommt, erbricht es danach möglicherweise. Hastiges Trinken oder Luftschlucken durch ein zu großes Saugerloch können ebenfalls zum Erbrechen führen (Seite 46).

Besonders empfindliche Kinder erbrechen manchmal schon, wenn sie sich vor bestimmten Speisen ekeln, aus Angst oder Trotz, als Abwehrreaktion oder auch bei Autofahrten.

Das Basiswissen für Eltern

Verstopfung

Babys haben in den ersten Lebensmonaten häufig Schwierigkeiten, den Stuhl herauszudrücken. Dabei handelt es sich jedoch nicht um eine Verstopfung: Die Darmnerven sind lediglich unreif, der Darm ist noch nicht entsprechend trainiert. Wenn Ihr Kind jedoch nur unter Schmerzen und immer seltener Stuhlgang hat und der Stuhl hart und fest ist, dann leidet es vermutlich unter einer Verstopfung.

Harter Stuhl und kräftiges Pressen können außerdem schmerzhafte Einrisse am Po verursachen. Das Kind unterdrückt dann den Stuhlgang, was die Verstopfung weiter verschlimmert.

Hat Ihr Kind Fieber oder erbricht es, kommt es auch vor, daß der Stuhl hart und trocken ist. Dabei handelt es sich aber um keine richtige Verstopfung: Der Körper gleicht lediglich den Flüssigkeitsverlust aus, indem er dem Stuhl Wasser entzieht. Ist die Erkrankung überstanden, normalisiert sich der Stuhl meist auch wieder.

Ein besonderer Fall der Verstopfung ist der paradoxe Durchfall. Er entsteht meist im Babyalter durch eine chronische Verstopfung, die dazu führt, daß sich der Enddarm zunehmend mit Kot auffüllt und immer weiter ausdehnt. Das Gefühl für den normalen Stuhldrang geht auf Dauer verloren. Durch Fäulnisprozesse weich gewordener Stuhl umfließt den Kotballen und passiert unbemerkt den After. Das Kind macht also unfreiwillig in die Hose. Gehen Sie bei Verdacht auf paradoxen Durchfall mit Ihrem Kind unbedingt zum Arzt, der den Kotballen beseitigen wird.

| **Ursachen für Verstopfung** |
- Falsche Ernährung – wenig Flüssigkeit und Ballaststoffe, zuviel Eiweiß und Süßes – begünstigt Verstopfungen.
- Verletzungen am After können zu Verstopfung führen: Der harte Stuhl verursacht weitere kleine Einrisse. Jeder Stuhlgang ist schmerzhaft – das Kind versucht ihn deshalb zu unterdrücken. Ein Teufelskreis kann entstehen.
- Bewegt sich Ihr Kind zu wenig? Körperliche Aktivität regt auch die Darmtätigkeit an.
- Auch psychische Faktoren können eine Rolle spielen: So halten Kinder bei falscher oder zu strenger Sauberkeitserziehung oft aus Protest absichtlich den Stuhl zurück.
- Daneben gibt es einige angeborene Ursachen wie Fehlbildungen des Darms und Rückenmarksverletzungen.
- Manche Medikamente können zu Verstopfungen führen.

DER SONDERBARE TIP

Schon seit fünf Tagen hatte mein kleiner Dominic keinen Stuhlgang mehr gehabt. Nach dem Stillen schrie er oft stundenlang. Eine Freundin gab mir einen Tip ihrer Hebamme weiter: „Stecke ein Fieberthermometer erst in Babycreme und dann ganz vorsichtig in den Babypo." Ungläubig und irritiert schaute ich auf Dominic, der gerade wieder zu neuem Wehgeschrei ansetzte. Um ihm und mir weiteres Leiden zu ersparen, entschloß ich mich, dem absurd scheinenden Rat zu folgen: Das Thermometer fand seinen Weg, und nach sanftem Hin und Her gab der kleine Bauch unter Getöse den Inhalt einer Woche frei.

Die Ursache für das hartnäckige „Verdrücken": In den Hautfalten am Po hatten sich Risse gebildet, die Dominic beim Stuhlgang schmerzten. Er hatte deshalb verzweifelt zurückgehalten, was unbedingt nach draußen wollte.

Körper und Krankheiten

Verstopfung

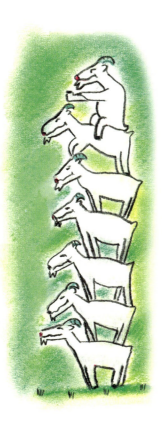

Mögliche Symptome
- Bauchschmerzen
- Übelkeit
- Blähungen
- Erbrechen
- Abgeschlagenheit
- Schmerzen beim Stuhlgang
- Blutauflagerung auf dem Stuhl

Verstopfung – was tun?

Tips gegen Verstopfung bei Säuglingen und Kleinkindern
- Manchmal hilft Laktulose (aus der Apotheke): Geben Sie Ihrem Säugling 5 bis 15 Milliliter, einem Kleinkind 20 bis 30 Milliliter pro Tag.
- Einläufe mit Kamillentee (100 Milliliter für Säuglinge, bis zu 250 Milliliter bei Kleinkindern) oder Klistiere (aus der Apotheke) wirken meist recht gut. Führen Sie beides aber nur sehr selten durch.
- Achtung: hat Ihr Kind Blut im Stuhl, gehen Sie unbedingt sofort mit ihm zum Arzt. Auch bei andauernder Verstopfung und schmerzhaftem Stuhlgang suchen Sie den Kinderarzt auf.
- Eine Verstopfung bei einem Säugling wird oft ganz anders behandelt als die bei einem Kleinkind, da sich auch die Ernährung von Babys und kleinen Kindern sehr unterscheidet (siehe auch Kapitel „Ernährung" ab Seite 30). Deshalb finden Sie hier noch einmal spezielle Tips für Babys und für Kleinkinder:

So helfen Sie Ihrem Baby bei einer Verstopfung
- Geben Sie Ihrem Kind ein- bis dreimal täglich zwei bis vier Teelöffel in Tee aufgelösten Milchzucker. Vorsicht: Milchzucker (Laktose) kann bei Säuglingen zu Blähungen führen. Ist das bei Ihrem Baby der Fall, sollten Sie die Verstopfung anders behandeln.
- Ab der siebten Lebenswoche können Sie löffelweise Obst- oder Gemüsesaft zufüttern.
- Ist Ihr Kind älter als sechs Monate, können Sie auch mit Rohkost beginnen.
- Im zweiten Lebenshalbjahr helfen manchmal gekochte Breie aus Vollkornprodukten.
- Lassen Sie Ihr Kind viel trinken, am besten ungesüßten Kindertee.
- Streichen Sie den Bauch des Säuglings im Uhrzeigersinn (Seite 25).
- Falls alle genannten Maßnahmen nicht helfen, sprechen Sie mit Ihrem Arzt: Eventuell hilft es, den After vorsichtig mit einem Fieberthermometer zu reizen. Oder Sie können ein Fertigklistier geben (aus der Apotheke).

So lindern Sie Verstopfung bei einem Kleinkind
- Lassen Sie Ihr Kind viel trinken. Ideal sind verdünnte Fruchtsäfte und ungesüßter Kindertee. Kakao hingegen begünstigt die Verstopfung noch!
- Ein Teelöffel Feigensaft vor dem Schlafengehen kann die Verstopfung beseitigen.
- Manchmal hilft Biomalz: Geben Sie Ihrem Kind eine Woche lang täglich zwei bis drei Eßlöffel davon.
- Ihr Kind sollte stets mit ausreichend Zeit und ohne Zwang zur Toilette gehen.
- Motivieren Sie kleine „Stubenhocker" zum Spielen und Herumtoben: Körperliche Bewegung fördert die Darmtätigkeit.

Durchfall

Muß Ihr Kind sehr häufig zur Toilette und ist der Stuhl wäßrig und dünn, hat es wahrscheinlich Durchfall.

Wenn der Darm bei einer Erkrankung gereizt ist, zieht er sich häufiger zusammen. Dadurch transportiert er die Nahrung schneller als im gesunden Zustand – es kommt zum Durchfall.

Dieser führt dazu, daß der Körper des Kindes **Wasser und wichtige Blutsalze** (Elektrolyte) wie Kalium und Natrium verliert.

Achten Sie deshalb besonders darauf, daß Sie dem Körper diese Stoffe mit der Nahrung verstärkt wieder zuführen (Seite 57).

Für einen erwachsenen Menschen ist ein Durchfall unangenehm, für ein kleines Kind kann er gefährlich werden: Bei einem **Säugling** sollte Durchfall grundsätzlich sehr ernst genommen werden, weil der ganze Körper dadurch austrocknen kann – das ist unter Umständen lebensbedrohlich! Deshalb muß das Baby unbedingt zum Arzt, falls der Durchfall länger als sechs Stunden anhält.

Mögliche Ursachen für Durchfall

- Akuter Durchfall mit Erbrechen und Fieber wird meist durch Viren oder Bakterien ausgelöst.
- Hat Ihr Kind Durchfall, jedoch keine anderen Krankheitssymptome, ist wahrscheinlich falsche Ernährung oder Aufregung die Ursache dafür. Vielleicht handelt es sich auch um Toddlers Diarrhoe (siehe unten).
- Bei Durchfall mit Fieber und akutem Erbrechen hat Ihr Kind vermutlich eine Magen-Darm-Infektion (Seite 83).
- Wenn Ihr Kind schlecht gedeiht, häufig erbricht und unter chronischem Durchfall leidet, kann eine Nahrungsmittelunverträglichkeit dahinterstecken (Seiten 59, 154).
- Nach einer Verstopfung macht Ihr Kind wieder in die Hose, obwohl es schon sauber war? Vermutlich leidet es unter paradoxem Durchfall (Seite 80).
- Tritt der Durchfall mit Fieber sowie Bauchschmerzen in der Nabelgegend und im rechten Unterbauch auf, kann er Zeichen einer Blinddarmentzündung sein (Seite 84).
- Bei krampfartigen Schmerzen, Erbrechen und eventuell blutig-schleimigem Stuhl kann eine Darmverschlingung (Seite 84) die Ursache sein.

Toddlers Diarrhöe

- Nicht selten bringen Eltern ihr Kleinkind wegen häufiger weicher, schleimhaltiger Stühle (bis 10mal pro Tag) zum Arzt. Das Kind wirkt gesund, gut ernährt, interessiert und ist eher ein bißchen überaktiv. Oft ist der Stuhlgang morgens noch normal geformt und wird im Laufe des Tages immer weicher und flüssiger. Häufig enthält er auch unverdaute Essensreste und Schleim. Das Kind trinkt und ißt viel. Dieses Phänomen ist keine Erkrankung, sondern eine Besonderheit bei Kleinkindern: der Kleinkind-Durchfall oder Toddlers Diarrhöe. Sie ist völlig harmlos und tritt nur bis zum Alter von drei bis fünf Jahren auf.

Körper und Krankheiten

Durchfall

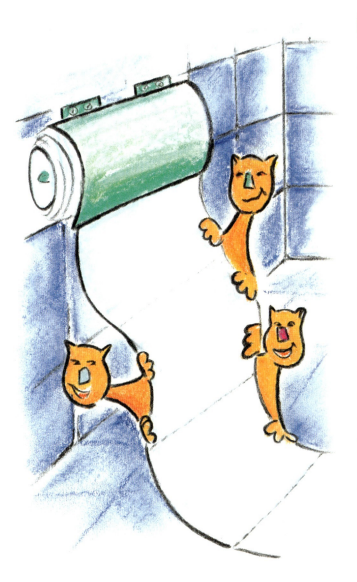

Was tun bei akutem Durchfall?

- Leidet Ihr Kind unter Durchfall, ist nicht selten eine **Magen-Darm-Grippe** die Ursache: Ihr Kind hat keinen Appetit, bekommt Durchfall, vielleicht erbricht es auch.
- Achtung: Hat ein Kind **im ersten Lebensjahr** länger als sechs Stunden Durchfall und wirkt es dabei schlaff und schläfrig, muß es sofort zum Arzt!
Bei Durchfall muß der **Flüssigkeits- und Salzverlust** möglichst rasch – das heißt in den ersten 12 bis 24 Stunden – ausgeglichen werden. Dazu eignen sich folgende Maßnahmen:
Bei gestillten Säuglingen: Stillen Sie Ihr Baby einfach weiter. Auch für einen späteren Nahrungsaufbau (siehe unten) ist Weiterstillen die geeignete „Therapie".
Flaschen- und Kleinkindern geben Sie Tee mit einem Teelöffel Traubenzucker oder einen speziellen Tee gegen Durchfall (aus der Apotheke). Oder Sie bereiten eine Karottensuppe zu: 500 Gramm geschälte Karotten 90 Minuten in einem Liter Wasser kochen und durch ein Sieb gießen. Einen halben Teelöffel Salz dazugeben und mit abgekochtem Wasser wieder auf einen Liter auffüllen.
- Ein Einlauf mit Gummiklistier oder spezieller Saft zur Stuhlverfestigung (beides aus der Apotheke) können bei starkem und anhaltendem Durchfall helfen.
- Mit dem **behutsamen Nahrungsaufbau** kann am zweiten Tag begonnen werden: Da sich die Dünndarmschleimhaut meist innerhalb von fünf bis sechs Tagen regeneriert, können während dieser Zeit Eiweiß, Kohlenhydrate und Fette langsam wieder eingeführt werden. In den ersten Tagen können Sie Ihrem Kind Heilnahrung (aus Apotheken oder Drogeriemärkten) geben.
- Später bieten Sie Ihrem Kind Kartoffelbrei mit Karotten – ohne Milch und Fett –, Zwieback, Toastbrot, Salzstangen, Knäckebrot, geriebenen Apfel, zerdrückte Banane, Brühe mit Reis oder Karottensuppe an.
- Lassen Sie sich am besten von Ihrem **Kinderarzt** einen Plan zum Nahrungsaufbau geben.

Erkrankungen des Darms

Der Verdauungstrakt von Säuglingen und Kleinkindern ist noch sehr anfällig. Deshalb kommt es in den ersten Lebensjahren relativ häufig zu Störungen oder Erkrankungen des Darms.

Ziemlich bekannt ist die **Blinddarmentzündung**. Dabei entzündet sich eigentlich nicht der Blinddarm selbst, sondern nur der an ihm hängende, wenige Zentimeter lange Wurmfortsatz.

Die Erkrankung beginnt meist mit immer wiederkehrenden Schmerzen im ganzen Bauch, die langsam zum rechten Unterbauch ziehen. Weitere mögliche Symptome sind Erbrechen, mäßig hohes Fieber, Durchfälle, schneller Puls und ein tastbarer Widerstand im rechten Unterbauch.

Eine Blinddarmentzündung ist gefährlich, da sie in die Bauchhöhle durchbrechen und damit eine Bauchfellentzündung verursachen kann – und diese ist lebensbedrohlich! Bei Verdacht auf Blinddarmentzündung müssen Sie deshalb mit Ihrem Kind umgehend zum Arzt oder ins Krankenhaus. In den meisten Fällen muß der Wurmfortsatz operativ entfernt werden.

Weitere komplizierte Erkrankungen des Darms sind die **Darmverschlingung** (Invagination) und der **Darmverschluß** (Ileus). Beide sind sehr schmerzhaft und gefährlich (siehe Kasten). Zeigt Ihr Kind die entsprechenden Symptome, rufen Sie deshalb unbedingt sofort einen Arzt.

Darmverschlingung und Darmverschluß

- Eine Darmverschlingung tritt meist im ersten oder zweiten Lebensjahr auf. Sie entsteht häufig ohne erkennbare Ursache. Meist schiebt sich ein Teil des Dünndarms in den nachfolgenden Darmabschnitt, und das eingestülpte Stück schwillt an. Das verursacht heftige, krampfartige Schmerzen. Das Kind schreit anhaltend, erbricht, zeigt Schocksymptome (Blässe, schweißige Haut, Unruhe). Darauf folgen Phasen völliger Apathie: Das Kind hält ängstlich still. Im Stuhl kann Schleim oder Blut sein. Bringen Sie Ihr Kind umgehend in die nächste Klinik, oder rufen Sie den Arzt!
- Ein – lebensgefährlicher – Darmverschluß kann durch eine Darmverschlingung, aber auch durch Entzündungen, Tumore oder Verwachsungen ausgelöst werden. Ihr Kind hat dabei sehr starke Bauchschmerzen. Der Bauch ist berührungsempfindlich, manchmal auch hart oder vorgewölbt. Wenn das Kind Gallenflüssigkeit, Mageninhalt oder sogar Stuhl erbricht, sind das ebenfalls Symptome für einen Darmverschluß. Dem Kind geht es sehr schlecht – es kann sich sogar im Schockzustand befinden (Seite 179). Ihr Kind muß unbedingt sofort ins Krankenhaus: Es besteht akute Lebensgefahr!

Blut im Stuhl

- Je nachdem, aus welcher „Etage" des Magen-Darm-Traktes das Blut stammt, unterscheidet man folgende Blutungen:
Unter **Blutauflagerungen** versteht man auf dem Stuhl liegendes hellrotes Blut.
Ist hellrotes Blut mit dem Stuhl vermischt, handelt es sich um **Blutbeimengungen**.
Sieht das ausgeschiedene Blut sehr dunkel aus, spricht man von **schwarzem Teerstuhl**.
- Blut im Stuhl kann verschiedene Ursachen haben: Risse im After (Analfissuren) führen zu einer hellroten Blutauflagerung. Eine solche Blutung kann aber unter Umständen auch durch Fremdkörper hervorgerufen werden, die sich das Kind selbst in den After geschoben hat. Blutbeimengungen können beispielsweise auf Entzündungen des Darms hinweisen. Eine Blutung aus dem Magen dagegen führt meist zu Teerstuhl.
- Gehen Sie bitte immer zum Arzt, wenn Sie bei Ihrem Kind Blut im Stuhl finden. Er wird die Ursache abklären.

Körper und Krankheiten

Stoffwechselerkrankungen

Leidet ein Kind unter einer Stoffwechselerkrankung, wird es dadurch – im Gegensatz zu Nahrungsmittelallergien (Seite 154) – ein Leben lang beeinträchtigt.

Die **Galaktosämie**, eine angeborene Stoffwechselkrankheit, wird meist kurz nach der Entbindung erkannt. Galaktose, ein Bestandteil des Milchzuckers, kann bei dieser Erkrankung vom Körper nicht verarbeitet werden. Sie sammelt sich im Körper an und führt, wenn die Krankheit nicht schnell genug erkannt wird, zu grauem Star und Gehirnschäden.

Die Therapie bei Galaktosämie besteht in lebenslanger milchzuckerfreier Ernährung. Das heißt auch: Stillen ist nicht möglich. Erkrankte Säuglinge bekommen Nahrungen auf Sojaprotein-Isolat-Basis. Später müssen sie wie bei einer Kuhmilchallergie auf alle Lebensmittel verzichten, die Kuhmilch und damit Milchzucker enthalten.

Auch die **Fruktose-Intoleranz** ist eine angeborene Stoffwechselerkrankung. Der Körper kann keinen Fruchtzucker verarbeiten. Dieser ist in Obst und Kristallzucker enthalten.

Solange das Kind keinen Fruchtzucker bekommt, also in den ersten Lebensmonaten, ist es scheinbar gesund. Ißt es zum ersten Mal ein Nahrungsmittel, das Fruchtzucker enthält, zum Beispiel Karotten oder Obst, bricht die Erkrankung aus. Je nach Schwere der Krankheit kann es rasch zu schweren Leberschäden kommen.

Frucht- und Kristallzucker müssen konsequent gemieden werden. Die Ernährung darf also auch kein Obst oder süßes Gemüse wie Karotten enthalten. Die erkrankten Kinder bekommen aber so zu wenig Ballaststoffe und Vitamine. Diese müssen deshalb als Tabletten gegeben werden.

Die betroffenen Kinder haben meist eine angeborene Abneigung gegen Süßes. So schützt sich ihr Körper selbst. Geben Sie dem Kind deshalb keinen Süßstoff, um diesen natürlichen Schutz nicht zu unterlaufen.

Mukoviszidose (zystische Fibrose) ist eine angeborene Stoffwechselerkrankung, bei der die schleimproduzierenden Drüsen in der Lunge und im Verdauungstrakt sehr zähflüssigen Schleim absondern. Das beeinträchtigt die Lungen- und die Verdauungsfunktion. Erkrankte Kinder müssen schon früh physiotherapeutisch behandelt werden. Sie lernen Atemtechniken und trainieren das Abhusten des zähen Schleims.

Wegen der körperlichen Anstrengungen haben an Mukoviszidose erkrankte Kinder einen sehr hohen Energiebedarf. Dieser wird nicht gedeckt, weil der Körper Fett nur schlecht verwerten kann. Die Kinder bekommen deshalb fettverdauende Enzyme. Diese helfen, die Nahrung besser zu vedauen und steigern so die Lebensqualität deutlich. Die Kinder müssen jedoch trotzdem durch Diätassistenten und in speziellen Kliniken betreut werden.

Unterbauch

Zu den Unterleibsorganen gehören beide Nieren, die Harnleiter, die Blase, die Harnröhre und die Fortpflanzungsorgane.

Die **Nieren** filtern Abfallstoffe aus dem Blut des Körpers und scheiden sie zusammen mit Wasser als Urin aus. Sie regulieren den Wasser- und Salzhaushalt. Außerdem produzieren sie hormonähnliche Substanzen, die für die Regulation des Kreislaufes und die Blutbildung wichtig sind.

Schon bei Babys und Kleinkindern bildet sich täglich etwa ein halber Liter Urin, der aus dem Nierenbecken über die **Harnleiter** zur **Blase** gelangt. Über die Harnröhre wird der Harn nach außen geleitet.

Die Harnröhre ist bei Mädchen deutlich kürzer als bei Jungen. Deshalb bekommen sie häufiger Harnwegsinfektionen. Manchmal treten bei Mädchen auch Scheidenentzündungen mit geschwollener und gereizter Haut im Genitalbereich auf. Beugen Sie vor, indem Sie Ihr Kind hier regelmäßig waschen. Verwenden Sie wenn nötig auch eine Wundschutzcreme (Seite 17).

Kleine Kinder lassen noch unwillkürlich Wasser. Je älter Ihr Kind wird, um so besser kann es das Wasserlassen kontrollieren.

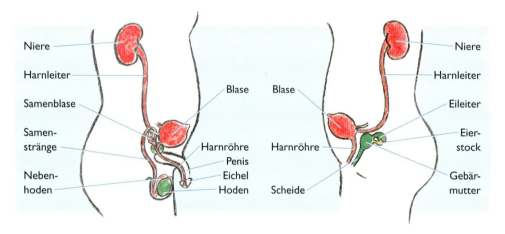

Fortpflanzungsorgane bei Jungen und Mädchen

- Zu den äußeren Geschlechtsorganen beim **Jungen** gehören das Glied (Penis) und der Hodensack (Skrotum). Die inneren männlichen Geschlechtsorgane sind die Hoden (Testis), von denen die Samenleiter abgehen. Sie führen durch den Leistenkanal zur Samenblase und weiter zur Vorsteherdrüse (Prostata).
- Auch bei **Mädchen** unterscheidet man zwischen äußeren und inneren Geschlechtsorganen. Die äußeren Geschlechtsorgane sind die großen und die kleinen Schamlippen, die Klitoris und der Scheidenvorhof. Zu den inneren Geschlechtsorganen, die unten im kleinen Becken liegen, gehören die beiden Eierstöcke (Ovarien), die beiden Eileiter (Tuben), die Gebärmutter (Uterus) und die Scheide (Vagina).
- Die Menge der Eizellen ist beim Mädchen schon vor der Geburt festgelegt. Im Gegensatz dazu ist die Bildung von Samenzellen beim Mann bis ins hohe Alter möglich.

Gut beobachten: Ist der Urin in Ordnung?

- Ist Ihr Kind krank, achten Sie darauf, wie sein Urin aussieht und wie er riecht. Auch wie häufig Ihr Kind Wasser läßt und ob dabei Beschwerden auftreten ist wichtig. Teilen Sie Ihre Beobachtungen dem Arzt mit: Er kann daraus auf eventuelle Erkrankungen (Seite 91f.) schließen.

Körper und Krankheiten

Leistenbruch

Die häufigste Ursache für einen chirurgischen Eingriff bei einem Kind ist ein Leistenbruch: Immerhin ein bis zwei Prozent aller Kinder sind davon betroffen.

Zwei Drittel der Leistenbrüche treten in den ersten drei Lebensmonaten auf, besonders bei Frühgeborenen. Jungen sind davon fünfmal so häufig betroffen wie Mädchen.

Ein Leistenbruch (Leistenhernie) macht sich durch eine Vorwölbung im Bereich der Leiste bemerkbar. Die Schwellung tritt immer dann besonders deutlich hervor, wenn das Kind schreit oder hustet.

Im **Bruchsack** befinden sich Bauchorgane, meist Teile des Darms. Bei Mädchen können auch Eileiter und der Eierstock darin sein.

Der Bruchsack läßt sich normalerweise leicht zurückschieben, oder er verschwindet von allein wieder in der Bauchhöhle.

Ein Leistenbruch verursacht meist keine Beschwerden. Trotzdem muß er immer operiert werden, da die Gefahr besteht, daß Bauchorgane im Bruchsack eingeklemmt werden (siehe Kasten links). Das kann lebensgefährlich werden.

Der Leistenbruch sollte deshalb also schon behandelt werden, bevor Komplikationen entstehen. Die Operation ist harmlos und wird bei Kindern über einem halben Jahr inzwischen meist ambulant durchgeführt (Seite 28).

Nabelbruch

- Im Nabelbereich ist die Durchtrittsstelle des Nabels durch die Haut erweitert. Durch diese kleine erweiterte Lücke kann der Darm sich als kleine Ausbuchtung hervorwölben. Bei einem Nabelbruch sieht man am Bauchnabel eine Vorwölbung, die etwa so groß wie ein Hühnerei sein kann und sich zurückdrängen läßt. Eine kleine Lücke ist tastbar.
- Ein Nabelbruch tritt häufiger bei Frühgeborenen auf. Die Gefahr, daß sich der Darm darin einklemmt, ist gering. Es besteht kein gesundheitliches Risiko für das Kind. Ein Nabelbruch verschwindet meist bis zum dritten Lebensjahr von allein. Wenn er im Vorschulalter immer noch besteht, wird zur Operation geraten. Diese wird heute häufig ambulant durchgeführt.

Mögliche Komplikationen

- Das gefährliche an einem Leistenbruch ist, daß der Bruchsack eingeklemmt werden kann. Er läßt sich dann nicht mehr zurückschieben. Die im Bruchsack befindlichen Bauchorgane werden nicht mehr ausreichend mit Blut versorgt. Es kann zur Darmlähmung und zum Schock kommen. Das Kind leidet unter heftigen Schmerzen und Übelkeit und schreit oft vor Schmerzen.
- Bei Mädchen befinden sich im Bruchsack meist Eileiter und Eierstock. Da diese sich im Bruchsack leicht verdrehen können, kann es zu Durchblutungsstörungen kommen, wodurch diese Organe geschädigt werden können. Auch deshalb müssen Leistenbrüche – insbesondere bei Mädchen – immer operiert werden.
- Bei Verdacht auf einen eingeklemmten Bruch müssen Sie mit Ihrem Kind umgehend zum Arzt gehen, da der Bruch sofort notfallmäßig operiert werden muß.

Was tun bei Leistenbruch?

- Versuchen Sie, den Bruch wieder in die Bauchhöhle zu schieben – seien Sie dabei aber sehr vorsichtig.
- Gehen Sie mit Ihrem Kind zum Arzt, sobald Sie einen Leistenbruch vermuten: Durch eine rechtzeitige Behandlung können Sie unter Umständen sehr schwerwiegenden und gefährlichen Komplikationen vorbeugen (siehe Kasten links).

Das Basiswissen für Eltern

Hoden

In den Hoden wird Testosteron produziert, ein Hormon, das für die männlichen Geschlechtsmerkmale – wie zum Beispiel den Bartwuchs und die tiefe Stimme – verantwortlich ist. Außerdem werden hier die Spermien gebildet.

Die Hoden entwickeln sich beim Jungen im Unterleib neben den Nieren. In den letzten beiden Monaten vor der Geburt wandern sie langsam nach unten in den Hodensack.

Bei einigen Jungen bewegen sich die Hoden erst in den ersten Lebensmonaten an ihren richtigen Platz im Hodensack. Das passiert besonders häufig bei Frühgeborenen. Davon kann nur einer oder auch beide Hoden betroffen sein.

Innerhalb des ersten Lebensjahres sollte der Hoden jedoch von allein in den Hodensack gewandert sein. Andernfalls handelt es sich um einen Hodenhochstand.

Damit der Hoden lebensfähige Spermien produzieren kann, darf die Temperatur nicht so hoch wie im Körperinneren eines Menschen sein – deshalb müssen sich die Hoden unbedingt außerhalb des Körpers befinden. Das heißt, Jungen mit einem dauerhaften Hodenhochstand würden später unfruchtbar sein. Aus diesem Grund muß ein Hodenhochstand immer ärztlich behandelt werden.

Bei einer Hodentorsion verdreht sich der Hoden im Hodensack. Die Blutzufuhr wird dadurch abgeschnürt, und es treten akute und sehr heftige Schmerzen auf. Der Hodensack ist geschwollen und weist Rötungen auf.

Ein typisches Anzeichen für eine Torsion ist außerdem, daß sich die Schmerzen deutlich verstärken, sobald der Hodensack hochgelagert wird. Wie es überhaupt zu einer solchen Komplikation kommen kann und was dabei genau geschieht, ist bisher noch weitgehend ungeklärt.

Meist tritt die Hodentorsion in den ersten beiden Lebensjahren auf. Sie muß sofort operiert werden. Geschieht das nicht innerhalb der ersten zwei Stunden nach der Torsion, kann der Hoden dauerhaft geschädigt werden.

Was ist ein Pendelhoden?

- Der Pendelhoden ist eine leichte Form des Hodenhochstandes. Der Hoden befindet sich dabei teilweise im Hodensack, teilweise in der Nähe der Leiste.
Der Hoden wandert normalerweise mit der Zeit von selbst in den Hodensack: Daher ist beim Pendelhoden keine spezielle Therapie erforderlich.

Was tun bei Hodenhochstand?

Ein Hodenhochstand sollte bis zum Ende des zweiten Lebensjahres korrigiert werden, da sonst die spätere Zeugungsfähigkeit gefährdet wird. Folgende Behandlungsmöglichkeiten gibt es:

- Ihrem Kind wird ein Spray in die Nase gesprüht, das die Hirnanhangsdrüse anregt, spezielle Hormone auszuschütten. Diese können bewirken, daß der Hoden an den richtigen Platz wandert. Oder der Junge bekommt fünf Wochen lang zweimal wöchentlich Hormonspritzen in den Po. In ungefähr 40 Prozent aller Fälle ist eine Hormontherapie erfolgreich.
- Ist das nicht der Fall, muß operiert werden. Zur Operation wird außerdem geraten, wenn der Hodenhochstand in Verbindung mit einem Leistenbruch (Seite 87) auftritt.

Körper und Krankheiten

Vorhaut

Schon ganz kleine Männer können Probleme mit ihrem „besten Stück" haben: Die Vorhautverengung (Phimose) kommt relativ häufig vor und kann angeboren oder erworben sein.

Bei einem neugeborenen Jungen bedeckt die Vorhaut die Penisspitze (Eichel) vollständig und ist mit ihr verklebt. Das bleibt auch bis ins Kleinkindalter so.

Im Alter von etwa drei Jahren sollte es dann möglich sein, die Vorhaut ganz hinter die Eichel zurückzuziehen. Überlassen Sie die Untersuchung bitte dem Arzt, da die Vorhaut sehr empfindlich ist. Bei gewaltsamen Versuchen, die Vorhaut über die Eichel zu ziehen, kommt es oft zu kleinen Einrissen. Diese Verletzungen können Narben bilden, die zu einer Vorhautverengung führen.

Auch nach einer Vorhautentzündung kann es zu einer Vorhautverengung kommen.

Bei Säuglingen oder Kleinkindern muß die Verengung in der Regel noch nicht behandelt werden. Ein ärztlicher Eingriff ist in diesem Alter nur dann nötig, wenn die Verengung Beschwerden oder Störungen beim Wasserlassen auslöst. Der Urinstrahl ist dann meist recht spärlich, und es kommt zu einer sogenannten Ballonierung, da sich hinter der Vorhaut beim Wasserlassen Urin staut.

Auf jeden Fall sollte die Vorhautverengung jedoch behandelt werden, wenn sie über das dritte Lebensjahr hinaus besteht. Die Vorhaut wird dann operativ entfernt (Circumcision).

Diese Operation ist ein Routineeingriff und wird in der Regel ambulant (Seite 28) durchgeführt. Die Vorhaut wird dabei gekürzt oder vollständig entfernt. Ihr Sohn wird nach der Operation noch ein bis zwei Tage Beschwerden haben, besonders beim Wasserlassen.

Von einer Vorhautentzündung (Balanitis) kann neben der Vorhaut auch die Eichel betroffen sein. Die Entzündung ist sehr schmerzhaft. Meist wird sie durch Bakterien ausgelöst. Die Penisspitze ist dabei geschwollen und gerötet. Unter der Vorhaut kann sich Eiter ansammeln, und das Kind hat starke, brennende Schmerzen beim Wasserlassen.

Die Ursache für eine solche Entzündung ist oft ein durch Windeln ausgelöster Wärme- und Nässestau. Die Haut wird gereizt und ist anfälliger für Krankheitserreger. Da es sich um eine

sehr schmerzhafte Erkrankung handelt, gehen Sie mit Ihrem Kind möglichst rasch zum Arzt. Er wird lindernde Cremes verordnen.

Der Penis des Kindes sollte regelmäßig und immer sehr gründlich gereinigt werden – so wird Infektionen vorgebeugt.

Ist die Penisspitze Ihres Sohnes leicht gerötet, können Sie erst einmal versuchen, die Entzündung mit Kamillenumschlägen und lauwarmen Kamillenbädern (in einem kleinen Becher) zum Abklingen zu bringen. Sie bekommen außerdem in der Apotheke entzündungshemmende Salben. Helfen diese Maßnahmen nicht, suchen Sie mit Ihrem Sohn einen Arzt auf.

Komplikation Paraphimose

- Wenn bei einer Vorhautverengung die Vorhaut über die Eichel zurückgeschoben wurde und sich nun nicht mehr nach vorn schieben läßt, kommt es zur Einschnürung mit Schwellung und Durchblutungsstörung der Penisspitze. Dies ist eine Notfallsituation: Sie müssen Ihr Kind sofort zum Arzt bringen!
- Der Arzt wird versuchen, die Vorhaut unter lokaler Narkose vorzuschieben, indem er mit den Händen die geschwollene Penisspitze zusammenpreßt. Gelingt das, sollte die Vorhaut später trotzdem chirurgisch entfernt werden, um zu vermeiden, daß sich das wiederholt.
- Sollte es dem Arzt nicht gelingen, die Vorhaut zurückzuschieben, muß sie sofort operativ entfernt werden.

Körper und Krankheiten

Nieren und Harnwege

Der „Abschied von der Windel" findet nicht bei allen Kindern zur gleichen Zeit statt: Viele sind mit drei bis vier Jahren **nachts trocken**. Macht ein Kind doch einmal ins Bett, ist das normal. Sie müssen sich erst Gedanken machen und einen Arzt befragen, wenn Ihr Kind mit vier Jahren tagsüber beziehungsweise mit sechs Jahren nachts noch einnäßt. War Ihr Kind schon ein halbes Jahr trocken und näßt plötzlich wieder ein, sollten Sie ebenfalls zum Arzt gehen. Er wird feststellen, ob möglicherweise **körperliche Ursachen** vorliegen oder ob es seelische Gründe, sogenannte **situative Belastungen** geben könnte: Etwa, wenn ein neues Geschwisterchen kommt oder die Eltern sich trennen. Zu frühes oder zu strenges Sauberkeitstraining kann ebenfalls zum Einnässen führen.

Ein Trost bleibt Ihnen jedenfalls: Einnässen hat eine hohe „Selbstheilungsquote".

KATRIN UND DIE „KALTE KISTE"

Mit drei Jahren war Katrin längst trocken. Und dann das: Eines Morgens war plötzlich ihr Bettchen nass. Hatte sie psychische Probleme? Mußte ich mich mehr um sie kümmern? Ich machte mir viele Gedanken – auch Vorwürfe. Der Arzt konnte mich zumindest in dieser Hinsicht beruhigen: Katrin hatte sich eine Blasenentzündung geholt – vermutlich beim Spielen in der kalten Sandkiste.

So beugen Sie Harnwegsproblemen vor

- Lassen Sie Ihr Kind viel trinken (ein bis zwei Liter pro Tag), damit eventuelle Krankheitserreger ausgeschwemmt werden.
- Das Kind sollte den Harndrang nie unterdrücken, sondern stets sofort zur Toilette gehen.
- Richtige Hygiene des Genitalbereiches und Afters. Besonders Mädchen sollten nach dem Stuhlgang von vorn nach hinten wischen beziehungsweise gewischt werden (Seite 17).
- Vermeiden Sie Kälte und Nässe am Unterleib und eine Auskühlung des Körpers (zum Beispiel das Baden auf etwa 20 Minuten begrenzen und das Kind hinterher gründlich abtrocknen).

Was tun, wenn Ihr Kind Schmerzen beim Wasserlassen hat?

- Hat Ihr Kind Fieber? Riecht sein Urin übel, ist er trüb? Diese Symptome könnten auf eine Harnwegsinfektion (nächste Seite) hinweisen.
- Ihr Kind gehört ins Bett, am besten mit Wärmflasche auf dem Unterbauch. Halten Sie auch seine Füße warm.
- Gehen Sie mit Ihrem Kind zum Arzt: Er wird den Urin untersuchen und dem Kind, falls nötig, Antibiotika verschreiben. Weitere Urinkontrollen sind im ersten halben Jahr nach der Infektion alle vier Wochen nötig, danach alle drei Monate.

Feuchtes Bettchen – was tun?

- Legen Sie eine Gummiunterlage ins Bett Ihres Kindes.
- Gehen Sie vor dem Schlafengehen mit Ihrem Kind auf die Toilette.
- Riecht der Urin auffällig? (Harnwegsinfektion, nächste Seite).
- Durch Ermahnungen oder Zwang gerät das Kind nur noch mehr unter Druck – und reagiert mit Abwehr. Belohnen Sie Ihr Kind, wenn das Bettchen trocken geblieben ist, und halten Sie die Fortschritte in einem Kalender fest (kleine Aufkleber, wenn es geklappt hat).
- Machen Sie mit Ihrem Kind Blasentraining: Wasser lassen, bewußt anhalten, wieder laufen lassen.
- Lassen Sie vom Arzt körperliche Ursachen ausschließen.

Nieren und Harnwege

Harnwegsinfektionen kommen im Kindesalter häufig vor. Bis zum 15. Lebensjahr erkranken fünf Prozent der Mädchen und ein Prozent der Jungen daran. Bei den Neugeborenen hingegen sind die Jungen zwei- bis dreimal häufiger betroffen.

Die **Harnwegsinfektion** kann Nieren, Harnleiter, Blase und Harnröhre betreffen. Meist ist jedoch die Blasenschleimhaut infiziert.

Krankheitserreger sind Viren oder Bakterien, oft aus dem Analbereich.

Bei jungen Säuglingen vermutet man, daß die Erreger der Infektion durch die Blutbahnen zur Niere oder Blase gelangen. Später, das heißt bei älteren Säuglingen und Kleinkindern, dringen die Erreger von unten durch Keime im Analbereich in die Blase ein. Mädchen sind davon häufiger betroffen, weil sie eine kürzere Harnröhre haben als Jungen.

Tritt bei Ihrem Kind eines oder mehrere der im Kasten aufgeführten Symptome auf, gehen Sie unbedingt mit ihm zum Arzt.

Das gilt auch dann, wenn Sie nur die Farbe des Urins verändert finden oder der Urin Ihres Kindes sehr unangenehm riecht.

Symptome einer Harnwegsinfektion

Bei Neugeborenen:
- Gewichtsverlust wegen Nahrungsverweigerung
- Erbrechen und Durchfall
- Blaßgraue Haut und Fieber
- Die Neugeborenen wirken oft schwer krank

Bei Säuglingen und Kleinkindern:
- Appetitlosigkeit mit Gewichtsverlust
- Fieber
- Aufgetriebener Bauch
- Schlecht riechender Urin
- Erneutes Einnässen, nachdem das Kind schon einige Zeit trocken war
- Schmerzen beim Wasserlassen
- Das Kind muß häufig auf die Toilette, und es kommt nur wenig Urin
- Kopfschmerzen

Der Arzt kann anhand einer **Urinuntersuchung** (Seite 86) schnell feststellen, ob das Kind an einer Harnwegsinfektion leidet. Außerdem wird er gegebenenfalls die Nieren Ihres Kindes per Ultraschall untersuchen, um zu prüfen, ob diese auch betroffen sind oder möglicherweise eine Fehlbildung der Nieren vorliegt.

Harnwegsinfektionen sind manchmal schwer erkennbar. Zum Teil treten sie völlig ohne eindeutige Symptome auf. Außerdem kann die Erkrankung leicht chronisch werden.

Achtung: Eine verschleppte oder unbehandelte Harnwegsinfektion kann **schwere Komplikationen** nach sich ziehen. Wenn Keime von der Blase über den Harnleiter zur Niere hochwandern, kann eine verschleppte oder unerkannte Harnwegsinfektion zu einer Nierenentzündung führen. Dadurch wird unter Umständen die Niere geschädigt.

Auch für Neugeborene und junge Säuglinge ist diese Infektion nicht ungefährlich: Das Baby fühlt sich matt, hat keinen Appetit und gedeiht schlecht.

Eine **Nierenentzündung**, (Glomerulonephritis), kann durch Streptokokken hervorgerufen werden, etwa wenn Ihr Kind zwei bis drei Wochen vorher eine eitrige Mandelentzündung (Seite 66) oder Scharlach (Seite 118) hatte. Das Kind bekommt dann erneut Fieber, hat Bauchschmerzen, und seine Augenlider sind geschwollen. Das Gesicht sieht aufgedunsen aus, und der Urin ist blutig-braun.

Der Arzt wird Antibiotika verordnen. Ihr Kind muß eine längere Bettruhe einhalten und sich danach auch noch lange Zeit körperlich schonen.

Meist ist eine Nierenentzündung harmlos. Sie kann aber auch chronisch werden und bis zur Zerstörung der Nieren führen.

Körper und Krankheiten

Knochenaufbau

Jeder Mensch hat 206 verschiedene Knochen. An diesen stützenden Hebeln liegen unsere Muskeln an: Beide zusammen ermöglichen die Bewegungen unseres Körpers.
Die Gelenke sind die „mobilen" Verbindungsstücke zwischen zwei Knochen. Sie werden von besonders starken Geweben, den Bändern und Gelenkkapseln, zusammengehalten.

Die langen Knochen, wie zum Beispiel die Speiche im Unterarm oder der Schienbeinknochen, nennt man Röhrenknochen. Diese Knochen bestehen aus einem Knochenschaft und zwei Endstücken, die mit Knorpel überzogen sind.

Im Inneren der Knochen befindet sich das Knochenmark. Es dient unter anderem dazu, Vorstufen der Blutzellen zu produzieren.

Sämtliche Knochen sind von einem festen, schützenden „Mantel", der Knochenhaut, überzogen.

Die Knochen eines Kindes sind noch sehr weich und biegsam, Brüche heilen deshalb meist rasch. Erst mit zunehmendem Alter werden die Knochen immer fester und spröder.

Grünholzfraktur

- Die Grünholzfraktur ist eine besondere Form des Knochenbruchs, der nur bei Kindern auftritt. Dabei bricht häufig nur der Knochenstamm – die feste, elastische Knochenhaut wird selten mit durchtrennt. Die Bruchenden des Knochens bleiben so eng beieinander liegen. Dadurch kann der Knochenbruch schneller abheilen.

So können Knochen größer werden

- Auch Babys haben natürlich schon genau so viele Knochen wie Erwachsene – nur eben im „Miniformat". Damit die kindlichen Knochen wachsen können, haben die Röhrenknochen sogenannte Wachstumsfugen. Das sind Abschnitte an den Knochen, die aus weichem, biegsamem Knorpel bestehen. Dadurch kann dieser Teil des Knochens wachsen – so wird der Knochen größer und länger.
- Nach und nach wird der Knorpel der Wachstumsfugen in feste Knochensubstanz umgewandelt. Diesen Vorgang nennt man Verknöcherung oder Ossifikation.
- In den ersten 3 1/2 Lebensjahren verdoppeln Kleinkinder ihre Körpergröße. Den größten Wachstumsschub haben sie jedoch zu Anfang der Pubertät, also mit ungefähr 12 Jahren. Das Wachstum eines Menschen ist mit etwa 18 Jahren beendet.

Das Basiswissen für Eltern

Wirbelsäule

Die Wirbelsäule eines Erwachsenen hat mehrere typische Krümmungen. So zeigt sie sich von der Seite in einer doppelten S-Form. Im Bereich des Halses und der Lenden ist sie nach vorn, im Bereich der Brust und des Kreuzbeins nach hinten gebogen.

Durch diese Krümmungen werden Stöße, wie beim Fallen und Springen, federnd aufgefangen und wirken nicht direkt auf den Kopf. Zudem wird durch diese Form der Wirbelsäule der Schwerpunkt des Körpers nach hinten verlagert: Das macht einen aufrechten Gang erst möglich.

Beim Säugling sind nur die Krümmungen der Brust- und der Lendenwirbelsäule angedeutet, alle anderen fehlen noch: Die Wirbelsäule eines Babys ähnelt also einem leicht nach vorn gekrümmten Stab.

Wenn das Kleinkind beginnt, den Kopf zu heben, entwickelt sich nach und nach auch die Krümmung im Halsbereich.

Mit zunehmender Belastung und Bewegung werden die Krümmungen in der Wirbelsäule immer weiter ausgeprägt.

Gesunde Krümmung

Rundrücken

Hohlkreuz

Muskeln und Sehnen

- Muskeln und Sehnen tragen einen Großteil zur Festigkeit und Körperhaltung im Bereich der Wirbelsäule bei. Deshalb können direkte Muskelschäden oder Nervenschädigungen, die eine Funktionsstörung der betroffenen Muskelgruppe nach sich ziehen, zu Fehlbildungen der Wirbelsäule führen. Davor schützt nur die rechtzeitige Diagnose eines Arztes.

Was tun bei Fehlhaltungen?

- Entdecken Sie bei Ihrem Kind eine Haltungsauffälligkeit, sollten Sie möglichst bald einen Arzt aufsuchen. Wie schnell Korrekturen zum Erfolg führen, hängt vom Alter und dem körperlichen Entwicklungsstand Ihres Kindes ab. Oft helfen jedoch schon krankengymnastische Übungen, eine Fehlformung der Wirbelsäule zu verhindern.

Erst wenn das Wachstum abgeschlossen ist, ist die Form der Wirbelsäule endgültig fixiert.

Wenn die Wirbelsäule im Bereich der Brust nach vorn gebogen ist, spricht man von einem **Rundrücken** (Kyphose, Abbildung Mitte).

Ein **Hohlkreuz** besteht, wenn die Lendenwirbelsäule zu stark nach vorn gekrümmt ist (Lordose, Abbildung rechts.)

Ist die Wirbelsäule zur Seite hin gebogen, liegt eine **Skoliose** vor – dabei handelt es sich um die häufigste Deformation der Wirbelsäule (siehe nächste Seite).

Körper und Krankheiten

Skoliose

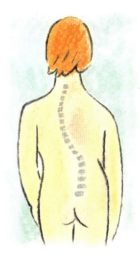

Symptome

- Eine Skoliose ist besonders gut im Stehen zu erkennen. Von hinten betrachtet ist eine Schulter etwas höher als die andere. Beugt sich das Kind nach vorn, kann man deutlich sehen, daß der Rücken schief ist.
- Wird eine Skoliose nicht behandelt, kann sie verschiedene Spätfolgen nach sich ziehen: Unter Umständen wird der gesamte Bewegungsapparat verformt, oder es kommt zu vorzeitigen Verschleißerscheinungen.

Was tun?

- Sie als Eltern können viel dazu beitragen, daß im Alltag der Rücken Ihres Kindes geschont wird. Häufiges Barfußlaufen, kindgerechte Sitzmöbel, richtiges Tragen von Taschen (keine einseitige Belastung der Wirbelsäule) und viel Bewegung helfen, Rückenerkrankungen vorzubeugen oder bereits vorhandene Störungen zu mildern.
- Besteht der Verdacht auf eine Skoliose, wird der Arzt den Rücken zunächst genau untersuchen: Je nachdem, wie schwer die Erkrankung ist, wird er sich für eine Behandlungsmethode entscheiden: Krankengymnastische Übungen, ein Korsett oder in sehr schlimmen Fällen sogar Operationen können helfen.

Von einer Skoliose spricht man, wenn die Wirbelsäule seitlich verbogen ist. Sie kann nach einer Verletzung auftreten oder wenn die Rückenmuskulatur zu schwach ist. Manchmal ist sie auch angeboren.

Tritt die Skoliose bei Babys auf, ist sie oft so gering ausgeprägt, daß nur ein Fachmann sie bemerkt.

Die Verkrümmung kann auch in der späteren Kindheit durch einen starken Wachstumsschub oder die Verkürzung eines Beines ausgelöst werden.

Bei Mädchen kommt die Skoliose häufiger vor als bei Jungen.

Das Basiswissen für Eltern

Rachitis

Sonne, Sonne, Sonne – auch wenn wir sie in den letzten Jahren wegen des Ozonlochs nur noch mit Vorsicht genießen, ist sie lebenswichtig.

Das merken wir in unseren Breiten besonders während der langen kalten Jahreszeit: Alles ist grau und trist – sogar die Menschen. Das Sonnenlicht ist aber auch eine wichtige Vitamin-D-Quelle. Ihr Kind sollte sich deshalb möglichst oft im Freien aufhalten, denn durch die Sonneneinstrahlung werden Vorstufen des Vitamin D in der Haut in Vitamin D3 umgewandelt.

Dieses Vitamin ist sehr wichtig für die Knochenbildung. Fehlt es, kann sich das Kalzium nicht in den Knochen einlagern. Diese wachsen dann nur sehr langsam und sind außerdem nicht fest genug: Es kommt zu einer Rachitis.

Eine solche Wachstumsstörung tritt am häufigsten bei Babys zwischen dem dritten und achten Lebensmonat auf.

Eine Folgeerscheinung der Rachitis ist die Verkrümmung der Wirbelsäule. Daher kommt auch der Name dieser Krankheit: Rachis bedeutet Wirbelsäule.

Die Krankheit führt unter Umständen zu O-Beinen und einer sogenannten Hühnerbrust. Möglicherweise leiden die betroffenen Kinder auch unter allgemeinen Störungen wie zum Beispiel Nervosität oder verminderter Intelligenz. Sie können außerdem besonders anfällig für Infekte sein oder auffallend schlaffe Muskeln haben.

Wird eine Rachitis nicht behandelt, kann sie bis ins dritte Lebensjahr fortbestehen und dann plötzlich ausheilen. Dabei entstehen jedoch bleibende Knochenverformungen.

Neben der Sonne spenden Fischleberöle, Milch, Butter und Eier das natürliche Vitamin D3. Oft reicht das in der Säuglingsnahrung enthaltene Vitamin D aber nicht aus, um den täglichen Mindestbedarf eines Kindes zu decken.

Deshalb – vor allem aber wegen der bei uns eher spärlich bemessenen „Sonnenstunden" – wird in Deutschland empfohlen, jedem Baby von der zweiten Lebenswoche bis zum Ende des ersten Lebensjahres täglich Vitamin D in Tablettenform zu geben.

Eine sehr seltene Form des Vitamin-D-Mangels kann entstehen, wenn die Aufnahme oder Verwertung dieses Vitamins beeinträchtigt ist. Auch diese Störung führt zu Rachitis.

Wichtig: Optimale Vorbeugung

- Durch die Einnahme von Vitamin-D-Tabletten beugen Sie der Krankheit bei Ihrem Kind vor. Sprechen Sie deshalb unbedingt mit Ihrem Kinderarzt, falls Sie in Erwägung ziehen, Ihrem Kind diese Tabletten nicht zu geben. Er wird Sie ausführlich beraten und über mögliche Konsequenzen informieren.
- Bei Verdacht auf Rachitis sollten Sie ebenfalls umgehend den Kinderarzt aufsuchen, der mit Hilfe von Röntgenuntersuchung und Bluttest rasch die Diagnose stellen kann.

Körper und Krankheiten

Radiuskopf-Verrenkung

Kinderknochen sind vielen Gefahren ausgesetzt: Wenn die Kleinen laufen lernen, stolpern sie leicht. Sind sie größer, toben sie viel herum. Ihren Knochen passiert dabei trotzdem weniger als denen von Erwachsenen, da sie noch sehr elastisch sind und nicht so leicht brechen.

Der Bänder- und Halteapparat ist jedoch noch nicht vollständig ausgebildet, so daß es leicht zu Verrenkungen kommen kann. Die Radiuskopf-Verrenkung ist die **häufigste Knochenverletzung bei Kleinkindern** zwischen dem zweiten und sechsten Lebensjahr.

Radius heißt der Knochen auf der Daumenseite des Unterarms. Das Köpfchen dieses Speichenknochens kann am Ellenbogengelenk aus dem Halteapparat herausspringen und auf die umgebenden Nerven drücken.

Das passiert zum Beispiel, wenn das Kind sich aus Trotz fallen läßt oder stolpert und daraufhin von den Eltern am Handgelenk wieder hochgerissen wird. Oder der Knochen wird beim Herumwirbeln an den Armen verletzt. Die Hand hängt dann schlaff herunter, das Kind hat Schmerzen und kann den Arm nicht mehr heben.

Fassen Sie Ihr Kind deshalb beim Herumwirbeln an den Oberarmen oder unter den Achseln, und reißen Sie es nie am Handgelenk hoch.

Was tun?

- Versuchen Sie niemals, das Gelenk selbst wieder einzurenken oder einen Knochen in die ursprüngliche Stellung zurückzubringen – das könnte schwere Schäden an Nerven und Blutgefäßen nach sich ziehen. Wird dabei die Wachstumsfuge eines Knochens verletzt, entwickelt sich der betroffene Knochen später nicht mehr optimal.
- Stellen Sie den verletzten Arm ruhig, und bringen Sie Ihr Kind möglichst rasch zum Arzt.

Das Basiswissen für Eltern

Beine und Hüften

Groß werden kann manchmal richtig wehtun: Aber wenigstens sind sogenannte **Wachstumsschmerzen** harmlos. Sie treten immer während eines Wachstumsschubes auf. Wahrscheinlich entstehen sie, weil sich dann die Knochenhaut dehnt. Die Schmerzen verschwinden nach einiger Zeit, können aber immer wieder neu auftreten.

Vor allem kleine Kinder klagen bei Wachstumsschüben auch über ein Ziehen und Pieken an den Waden und Handgelenken.

Nachts, wenn die Kinder zur Ruhe kommen, werden diese Schmerzen als besonders heftig empfunden. Helfen Sie Ihrem Kind durch Zuwendung, und verwöhnen Sie es ein wenig mit **liebevollen, streichenden Massagen** (Seite 25).

Schon Babys können eine

Hüftgelenksdysplasie haben. Diese Fehlstellung des Oberschenkelknochens in der Hüftgelenkspfanne ist angeboren und erblich. Die Erkrankung wird allerdings erst im Erwachsenenalter zu einem Problem: Sie kann dann zum vorzeitigen Verschleiß und zu früher Arthrose führen.

Deshalb werden im Rahmen der Vorsorgeuntersuchungen bei Säuglingen die Hüftgelenke mit Ultraschall untersucht (Seite 123).

Diagnostiziert der Arzt dabei eine Hüftgelenksdysplasie, kann diese in der Regel jetzt noch problemlos behandelt werden.

Wichtig

- Wenn Wachstumsschmerzen anhalten oder Ihr Kind sie als besonders heftig empfindet, sollten Sie mit ihm unbedingt einen Arzt aufsuchen. Er kann dann auch einen bösartigen Knochentumor ausschließen, beziehungsweise frühzeitig eine Therapie einleiten.

Was tun bei X- oder O-Beinen?

- Falls Sie bei Ihrem Kind Knochenverformungen an Armen oder Beinen vermuten, sollten Sie einen Arzt aufsuchen – Störungen des Nervensystems, des Knochenwachstums oder der Muskulatur können die Ursache dafür sein. Achten Sie vor allem auf Fehlstellungen, die nur an einem Bein oder Arm zu sehen sind.
- Lassen Sie sich jedoch nicht zu schnell beunruhigen: Bis zum zweiten Lebensjahr sind o-förmige, bis zum Ende des vierten Lebensjahres x-förmige Beine völlig normal.

Körper und Krankheiten

Haut

Sanfte Berührung, Wärme oder Schmerz – das und noch viel mehr empfinden wir über unsere Haut. Auch viele Redewendungen machen deutlich, wie sensibel unsere Haut reagiert: Wir werden blaß vor Neid oder

rot vor Scham, fühlen uns wohl in unserer Haut – oder auch nicht.

Für Babys und Kleinkinder ist sie besonders wichtig, um **mit der „Außenwelt" in Kontakt** zu treten.

Die Haut ist nicht nur das Organ mit der größten Oberfläche, sie ist auch ein Spiegel unserer Empfindungen und die Abgrenzung des Körpers nach außen. Die Temperatur reguliert unser Körper ebenfalls im wesentlichen über die Haut.

In den letzten Jahren treten immer mehr **Hautkrankheiten** auf – vor allem bei Kindern. Bei solchen Erkrankungen leidet das Kind nicht nur unter den Schmerzen oder dem – oft starken – Juckreiz: Sie belasten es darüber hinaus häufig auch seelisch. Da eine Hautkrankheit äußerlich sichtbar und meist nicht zu „verstecken" ist, sind die betroffenen Kinder oft zusätzlich noch dem Spott der anderen ausgeliefert

und werden nicht selten ausgegrenzt.

Die häufigsten Erkrankungen der Haut sind heute **Allergien** (Seite 144ff.). Sie können ein Kind auf längere Zeit oder sogar für immer beeinträchtigen, denn oft sind allergische Krankheiten nicht heilbar.

Gerade diese Kinder brauchen deshalb nicht nur eine gute medizinische Betreuung, sondern vor allem viel liebevolle Zuwendung – zuallererst von ihren Eltern. In besonders schweren Fällen kann auch eine psychotherapeutische Behandlung nötig sein.

Der Aufbau der Haut

Die Haut besteht aus drei Schichten:
- Die äußere Schicht, die Oberhaut, enthält die Talg- und Schweißdrüsen.
- Darunter liegt die Lederhaut. In ihr befinden sich die Haarwurzeln und Nervenenden.
- Die Unterhaut schließlich besteht aus Fett- und Bindegewebe. Sie sorgt für Wärmeschutz und Polsterung.

Was tun bei einem Zeckenbiß?

- An der Haut haftende Zecken sollten schnell entfernt werden. Je länger das Tier nämlich auf der Haut bleibt, desto höher ist bei einer Infektion die Dosis.
- Verwenden Sie kein Öl und keinen Nagellack, um die Zecke zu entfernen.
- Die Zecke nicht quetschen, sonst werden die Erreger „ausgedrückt" und verteilen sich verstärkt im Körper.
- Drehen Sie die Zecke mit einer Pinzette oder den Fingernägeln vorsichtig heraus. Danach sorgfältig desinfizieren.
- Beobachten Sie die Bißstelle weiter. Wenn Sie innerhalb von drei Wochen nach einem Zeckenbiß einen immer größer werdenden rötlichen Ring auf der Haut Ihres Kindes finden, müssen Sie sofort zum Arzt, der dann Antibiotika gegen Borreliose verabreicht.

Das Basiswissen für Eltern

Angeborene Hautkrankheiten

Viele Hauterkrankungen sind angeboren. Oft liegt eine Funktionsstörung der Hautzellen zugrunde.

Pigmentveränderungen – wie Muttermale und Leberflecken – sind häufig von Geburt an vorhanden. Sie sind meist harmlos.

Sie sollten diese Hautveränderungen aber immer einem Arzt zur genauen Diagnose zeigen, da sie sich auch bösartig entwickeln können.

Auch **Allergien** (ab Seite 144) und **Neurodermitis** (Seite 155) sind angeboren. Ebenso die **Schuppenflechte** (Psoriasis vulgaris), bei der die Haut an einigen Körperstellen stark verhornt – häufig sind Arme, Beine, Füße, Hände und Kopf betroffen. Die Erkrankung tritt in Schüben auf – dazwischen können wochen- oder gar jahrelange symptomfreie Pausen liegen. Auf welchen Auslöser die Haut bei der Schuppenflechte reagiert, ist bis heute nicht ausreichend geklärt.

Ein **Blutschwamm** (Hämangiom) ist angeboren oder entwickelt sich innerhalb der ersten Lebenswochen aus einem kleinen roten Punkt. Meistens bildet er sich von selbst zurück. Ob er wirklich ungefährlich ist, sollte aber stets ein Arzt beurteilen.

Sehr selten sind schwere angeborene Funktionsstörungen der Haut. Dazu gehört zum Beispiel die **Fischschuppenkrankheit** (Ichtyose), bei der die Haut zu extremer Verhornung neigt.

Bei der **Blasenhaut** (Epidermolysis bullosa) löst sich bei geringster Belastung die Haut in Blasen vom Körper.

Falls Sie bei Ihrem Kind eine Hautveränderung entdecken, gehen Sie zu Ihrem Kinderarzt. Meist sind solche Veränderungen harmlos. Manche können jedoch Symptome einer Erkrankung sein, die innere Organe betrifft. Es ist deshalb wichtig, die Ursachen jeder Hautveränderung möglichst rasch festzustellen.

Der Storchenbiß

■ Der Storchenbiß, auch Feuermal (Naevus flammeus) genannt, ist eine gutartige Veränderung an der Kopfhaut, die bereits bei der Geburt vorhanden ist. Die unter der Haut liegenden Blutgefäße sind dabei erweitert. Der Storchenbiß ist gutartig. Meist findet man ihn mittig im Nacken oder im Stirnbereich, manchmal auch an den Augenlidern oder der Nasenwurzel. Als Eltern können Sie nach der Diagnose völlig beruhigt sein: Ein Storchenbiß verschwindet meist im ersten, spätestens aber bis zum Ende des dritten Lebensjahres.

Körper und Krankheiten

Erworbene Hautkrankheiten

Erworbene Hautkrankheiten können viele Ursachen haben: Die Haut des Kindes reagiert auf verschiedene Erreger mit ganz bestimmten Veränderungen, die für den jeweiligen Auslöser typisch sind.

Pilze oder Parasiten
wie Läuse, Krätzmilben, Bakterien oder Viren sind für die meisten im Kindesalter erworbenen Hautkrankheiten verantwortlich.

Auch im Zusammenhang mit klassischen Kinderkrankheiten wie **Röteln** (Seite 117), **Masern** (Seite 113) oder **Mumps** (Seite 114) treten charakteristische Hautausschläge auf. Diese werden durch Viren ausgelöst.

Herpes-Viren führen zu einem Hautausschlag mit Bläschenbildung, vor allem im Bereich des Mundes. Auch **Warzen**, im Kindesalter ein häufiges Übel, werden durch Viren übertragen.

Bakterien sind ebenfalls eine häufige Ursache für Hautveränderungen bei kleinen Kindern. **Scharlach** (Seite 118) ist das bekannteste Beispiel dafür.

Neben solchen Allgemeininfektionen, die sich an der Haut zeigen, gibt es auch lokale Entzündungen der Haut, die durch Bakterien hervorgerufen werden.

Ein Beispiel dafür ist die **Kratzflechte** (Impetigo), die eine juckende Rötung im Gesicht verursacht. Ein örtlich begrenzter, eitriger Ausschlag, der ebenfalls durch Bakterien hervorgerufen wird, ist der **Abszeß**.

Leidet das Kind unter einem juckenden, geröteten Hautausschlag, nachdem es sich in einem Badesee aufgehalten hat, handelt es sich eventuell um eine **Bade-Dermatitis**. Sie wird durch die Larven von Leber-Egeln

ausgelöst, die dort vorkommen können. Trocknen Sie Ihr Kind nach dem Baden sofort kräftig ab. In jedem Fall besteht kein Grund zur Beunruhigung: Die Bade-Dermatitis ist nach wenigen Tagen vorbei.

Gehen Sie grundsätzlich bei jeder auftretenden Hautveränderung Ihres Kindes mit ihm zum Arzt: Er wird die entsprechende Therapie einleiten.

Sonnenbrand – eine „Sünde" mit Spätfolgen

- Sonnenbrand ist wohl die häufigste erworbene Hautveränderung bei kleinen Kindern. Übermäßige UV-Bestrahlung führt bei der sehr empfindlichen Kinderhaut schnell zu Rötung, Brennen und Berührungsempfindlichkeit. Die Haut kann zwar die entstandenen Schäden reparieren. Ist es aber erst einmal zu einem massiven Sonnenschaden gekommen, ist die „Reparaturfähigkeit" vermindert. Es können Pigmentflecken entstehen, aus denen sich Jahrzehnte später sogar Hautkrebs entwickeln kann.
- Darum gilt: Sonne in Maßen ist gut und wichtig. Aber gerade Kinder müssen vor Sonnenbrand geschützt werden. Ist es doch dazu gekommen, lindern Kühlung und feuchtigkeitsspendende Lotionen die Schmerzen.

Das Basiswissen für Eltern

Windeldermatitis

Auch Babys haben schon ihre „Problemzonen": Wohl keiner der Zwerge ist vor einem wunden Po gefeit.

Die Ursache für einen roten Babypo ist das feuchte Milieu, in dem er sich fast ständig befindet.

Auch wenn die Windel noch so saugfähig ist (Seite 15), kommt der Po doch immer wieder mit etwas **Feuchtigkeit** in Berührung. Dadurch weicht die Hautoberfläche auf und ist so ein idealer Nährboden für Parasiten, wie zum Beispiel Hefepilze (siehe nächste Seite).

Eine **Windeldermatitis** (Hautentzündung) entsteht immer dann, wenn die uringetränkte Windel zu lange mit der Haut in Kontakt bleibt.

Es bildet sich dann Ammoniak, der scharf riecht und die empfindliche Haut reizt. Der Babypo wird rot und wund. Außerdem können sich offene Hautstellen bilden, die wie kleine Schürfwunden aussehen und recht schmerzhaft sind.

Um einer Windeldermatitis vorzubeugen, sollten Sie den Po Ihres Babys möglichst **sauber und trocken** halten und vor allem die **Windeln häufig wechseln** (Seite 19). Befreien Sie Ihr Baby außerdem so oft wie möglich ganz von den Windeln: Lassen Sie es zum Beispiel beim Windelwechsel

einige Minuten mit nacktem Gesäß krabbeln oder spielen, bevor Sie es eincremen und ihm eine neue Windel anlegen.

Sie brauchen sich jedoch nicht sofort Sorgen machen, wenn Ihr Baby ab und an einmal einen leicht geröteten Po hat: Das ist völlig normal.

Ist der Babypo jedoch sehr häufig entzündet oder heilt er nicht wieder ab, gehen Sie mit Ihrem Kind zum Arzt. Er wird feststellen, ob eventuell Hefepilze oder Würmer Babys Po befallen haben (siehe nächste Seite), und daraufhin eine entsprechende Behandlung einleiten.

Wunder Po – was tun?

- Ist es trotz aller Vorsicht einmal zu einer Windeldermatitis gekommen, beschleunigen in der Regel Zinksalben die Heilung: Sie halten die Feuchtigkeit von den betroffenen Partien fern.
Aber cremen Sie die Haut nicht gar zu dick damit ein, weil sie dann nicht mehr atmen kann. Auch wenn Sie eine einfache handelsübliche Wundschutzcreme für Babys verwenden, cremen Sie lieber sparsam. Manchmal ist die Windel durch das viele Eincremen nämlich am Ende so verfettet, daß sie gar keine Feuchtigkeit mehr aufnehmen kann – auf diese Weise wird die ohnehin schon wunde Haut am Babypo noch mehr gereizt (Seite 19).
- Hat Ihr Baby außerdem kleine Risse im Bereich des Anus, drücken Sie vorsichtig auch noch etwas Salbe in den After.

Körper und Krankheiten

Pilze und Würmer

Wenn der Babypo wund ist, kann das auch an einer Pilzinfektion liegen. Der **Weiße Hefepilz** (Candida albicans) hält sich normalerweise im menschlichen Körper auf, ohne Beschwerden zu verursachen. Bei einer Abwehrschwäche oder nach einer länger andauernden Behandlung mit Antibiotika kann sich der Pilz im Körper jedoch schneller als sonst vermehren. Dann befällt er Mundhöhle und Pobereich. Besonders oft tritt diese Pilzinfektion – **der Windelsoor** – bei Babys auf.

Auf der Mundschleimhaut bilden sich weißliche Beläge, die nicht abwischbar sind. Am Po entstehen kleine Rötungen mit schuppiger weißer Oberfläche, die stark brennen und jucken – beides ist natürlich äußerst unangenehm für die Kinder.

Bei einer Hefepilzinfektion lehnen viele Babys das Essen ab. Sobald ätzender Urin auf die wunden Stellen am Po läuft, weint das Baby.

Es genügt meist nicht, den Windelsoor nur lokal zu behandeln, da häufig auch der Magen-Darm-Trakt oder die Mundschleimhaut befallen sind. Vielmehr ist eine umfassende Behandlung nötig, die mit dem Arzt abgesprochen werden muß. Die kleinen Soorpatienten dürfen

AUF JAGD MIT DEM KLEBESTREIFEN

Er war stets gut gewaschen und wurde immer vorschriftsmäßig abgeputzt – trotzdem mußte Lisa sich ständig am Po kratzen. Bis sie mich eines Tages begeistert auf die „Besucher" in der Toilettenschüssel aufmerksam machte: Kleine Würmchen tummelten sich hier fröhlich und zahlreich. Daher kam also der Juckreiz am Po!
Lisa fand das lustig. Und auch die weitere Wurmgeschichte war für sie eher witzig: Der Arzt nahm mit Hilfe eines Streifens Tesafilm winzige Wurmeier von ihrem Po ab und stellte unter dem Mikroskop fest, wie Lisas Würmchen wirklich hießen. Nachdem ihre Identität geklärt war, waren sie recht schnell erfolgreich bekämpft und verschwanden wieder – aus der Toilettenschüssel und auch aus unserem Leben.

beispielsweise nichts Süßes essen oder trinken, da durch den Zucker auch der Pilz „Nahrung" erhalten würde.

Wenn Ihr Kind einen starken Juckreiz in der Analregion hat, können Würmer die Ursache dafür sein.

Vor allem **Madenwürmer** (Oxyuren) sind weit verbreitet. Sie legen ihre Eier rund um den After ab, wodurch der Juckreiz entsteht und die Kinder sich kratzen. Dabei bleiben die Eier unter den Fingernägeln hängen und werden so weiter verbreitet.

Sie können die ein bis zwei Zentimeter langen, weißen Madenwürmer im Stuhl Ihres Kindes sehen.

Die etwa 15 bis 20 Zentimeter langen **Spulwürmer** werden durch eine Schmierinfektion übertragen. Besonders gefährliche „Spulwurmplätze" sind ungewaschenes Obst und Gemüse, schmutziges Wasser und stark verschmutzte Hände. Spulwürmer wandern vom Darm aus zur Leber und in die Lunge.

Bandwürmer werden bis zu zehn Meter lang. Ihre Larven (Bandwurmfinnen) finden sich in rohem oder ungenügend gegartem Rind- und Schweinefleisch. Bandwürmer können Bauchweh verursachen. Ein weiteres Symptom des Bandwurmbefalls ist, daß das Kind nur noch wenig oder gar nicht mehr zunimmt.

Bei Verdacht auf Wurmbefall gehen Sie mit Ihrem Kind zum Arzt. Er wird die entsprechenden Medikamente verschreiben und Ihnen erklären, was in dieser Situation außerdem zu beachten ist.

Haare

Haareschneiden? „Nur bei Vollmond – dann werden sie besonders dick!" oder: „Die ersten Haare ganz kurz schneiden: So werden sie schön dicht." Diese und ähnliche Weisheiten stimmen leider nicht.

Haare wachsen in einem eigenen Rhythmus aus der Kopfhaut. Schneidet man

sie ab, wirken sie lediglich durch die einheitliche Länge etwas prächtiger.

Manche Babys kommen als kleine Glatzköpfe zur Welt, andere beeindrucken schon vom ersten Tag an mit schönem dichtem Haar. Die meisten Babys verlieren aber sowieso in den ersten Lebensmonaten ihre Haare wieder. Das ist jedoch noch kein echter Haarausfall: Bei Babys sind die Haarwurzeln einfach noch nicht so fest in der Kopfhaut verankert wie bei Erwachsenen. Sie fallen oft schon durch die geringe Reibung aus, die entsteht, wenn das Baby im Bettchen liegt und nur den Kopf ein bißchen bewegt. Aber keine Sorge: Die Haare wachsen wieder nach – nicht selten in einer völlig anderen Farbe und Struktur als vorher!

Sobald dann endlich eine – mehr oder weniger – ansehnliche Haarpracht da ist, kommt meist das nächste Problem: **Kopfläuse**. In Kindergärten und Grundschulen lösen sie oft wahre Epidemien aus. Läusebefall hat nichts damit zu tun, wie gepflegt ein Kind ist: Die Parasiten werden durch engen Körperkontakt – etwa beim Spielen – übertragen. Häufig findet man zuerst die kleinen grauweißen Nissen – Läuseeier – im Haar des Kindes, später tritt als weiteres Symptom Juckreiz auf. Gehen Sie mit Ihrem Kind zum Arzt – er sagt Ihnen, wie Sie die Läuse bekämpfen können.

BLONDINEN BEVORZUGT?

Hanna, unsere älteste Tochter, kratzte sich seit Tagen ständig auf dem Kopf. Mich „juckte" es schon beim Zusehen, und so führte ich wieder und wieder gründliche „Haarkontrollen" durch – vergebens. Außer ein paar harmlos aussehenden Schuppen konnte ich nichts finden. Erst nach drei Wochen leidvollen Juckens entdeckte ich schließlich die unangenehme Wahrheit: Läuseeier! Sie waren farblich fast identisch mit Hannas feinen blonden Haaren. Nach dem ersten Schreck mußte sich der ganze Haushalt einer strengen Reinigungsprozedur unterziehen: Kinder, Eltern, Stofftiere, Betten – nichts entging dem „Entlausungsbad".

Kleinkinder haben selten **Haarausfall**. Falls doch, kann eine Pilzinfektion oder ein nervöser Tick – etwa ständiges Haaredrehen – die Ursache sein. Oder das Kind leidet unter zeitweiligem kreisrunden Haarausfall. In jedem Fall sollten Sie einen Arzt aufsuchen.

Pilzinfektionen der Kopfhaut

- Eine typische Pilzinfektion der Kopfhaut ist die **Scherpilzflechte**. Sie führt zu Haarausfall und kann auch auf die Körperhaut übergreifen. Auf dem Kopf bilden sich kreisförmige, rosa-graue Stellen, die schuppen und stark jucken. Bis diese Stellen verheilt sind, ist die Erkrankung sehr ansteckend.
- Eine andere Pilzart ist die **Mikrosporie**. Sie verursacht mehlige, kreisrunde, schuppende Herde, die gleichmäßig über die Kopfhaut verteilt sind.
- Beide Infektionen können massiv in Kindergärten auftreten. Haben Sie den Verdacht, daß Ihr Kind unter einer Pilzinfektion leidet, gehen Sie sofort zum Arzt! Diese Erkrankungen sind oft hochansteckend und heilen nicht von selbst aus.

Körper und Krankheiten

Nägel

Was tun bei Nagelbettentzündung?

- Eine eitrige Nagelbettentzündung sollte bald vom Arzt behandelt werden.
- Hat sich noch kein Eiter gebildet, können Sie selbst versuchen, die Entzündung mit desinfizierenden Bädern und Salbenverbänden zu lindern.

Was tun bei Nagelpilz?

- Einem Nagelpilz beugen Sie vor, indem Sie auf Hygiene im Badezimmer achten (Kinder infizieren sich oft bei ihren Eltern), die Füße des Kindes stets trockenhalten und auf atmungsaktive Fußbekleidung achten.
- Ist der Pilz bereits ausgebrochen, gehen Sie zum Arzt, der entsprechende Salben verschreiben wird.

Manche Babys werden bereits mit richtig langen Finger- und Fußnägeln geboren. Diese Nägel sind jedoch noch sehr weich. Sie „schälen" sich meist von allein ab oder können ganz leicht abgezupft werden.

Tips zum Thema Nagelpflege – auch für die ersten Lebenstage Ihres Kindes – finden Sie auf Seite 22.

Die häufigsten Erkankungen der Nägel sind die Nagelbettentzündung und der Fußpilz. Eine **Nagelbettentzündung** tritt in den meisten Fällen in einer Hautfalte am Finger- oder Zehennagel auf. Eiter unter oder direkt am Nagel führt dabei schnell zu starkem Druckschmerz.

Können Sie die Nagelbettentzündung nicht lindern (siehe Kasten), sollten Sie unbedingt mit Ihrem Kind zum Arzt gehen. Es handelt sich dabei zwar nicht um eine gefährliche Erkrankung, aber von einem chronischen Entzündungsherd aus können sich grundsätzlich Bakterien im gesamten Organismus ausbreiten.

Der Arzt wird als Ursache einer Nagelbettentzündung immer auch an eine Pilzinfektion denken.

Fuß- oder Nagelpilz tritt bei Kindern ebenso wie bei Erwachsenen auf. Man erkennt Fußpilz daran, daß die befallenen Nägel bräunlich verfärbt sind. Auch wenn die Füße sehr stark nach Schweiß riechen, kann ein Nagelpilz die Ursache sein.

105

Kinderkrankheiten

Masern, Mumps & Co.

Ihr Kind ist krank – eigentlich eine „normale" Sache. Aber der kleine Patient versteht meist nicht, warum er sich plötzlich unwohl fühlt, Schmerzen hat oder Medizin nehmen muß. Betreuen Sie Ihr Kind deshalb einfühlsam und liebevoll: So nehmen Sie ihm die Angst vor der ungewohnten Situation und helfen ihm, rasch wieder gesund zu werden.

Masern, Mumps & Co.

Diphtherie

Diphtherie ist eine hochansteckende **bakterielle Infektionskrankheit**. Sie wird durch eine Tröpfcheninfektion übertragen – etwa, wenn man von Kranken oder „Überträgern" angehustet oder angeniest wird. Zwei bis sechs Tage danach bricht die Krankheit aus. Ab diesem Zeitpunkt ist sie ansteckend.

Erste Symptome sind Fieber und leichtes Unwohlsein. Oft bilden sich weißlich-graue Beläge auf den Mandeln. Das erkrankte Kind kann schlecht atmen und schlucken. Meist nimmt man auch einen fauligen Mundgeruch wahr. Es können auch sogenannte **echte Kruppanfälle** mit akuter Atemnot und Erstickungsgefahr auftreten.

Diphtheriebakterien bilden Giftstoffe, die möglicherweise eine Entzündung des Herzmuskels verursachen. Das kann zu Herzrhythmusstörungen und zu Lähmungen des Gaumensegels, der Augenmuskeln und der Beine führen.

Hat Ihr Kind die Erkrankung überstanden, ist es nur wenige Jahre dagegen immun, danach kann es sich wieder anstecken.

Symptome
- Fieber
- Leichtes Unwohlsein
- Fauliger Mundgeruch
- Weißlich-graue Beläge auf den Mandeln
- Starke Schluckbeschwerden
- Husten
- Atemnot

Was tun?
- Beim geringsten Verdacht auf Diphterie müssen Sie den Arzt rufen, da auch heute noch 20 Prozent der erkrankten Kinder daran sterben.
- Der einzige sichere Schutz ist die Impfung (Seite 131f.). In den letzten Jahren haben immer weniger Eltern ihre Kinder gegen Diphtherie impfen lassen. Deshalb tritt die Krankheit momentan wieder verstärkt auf, und die Ansteckungsgefahr steigt.

Kinderkrankheiten

Dreitagefieber

Symptome

- Plötzlich einsetzendes, hohes Fieber, häufig über 40 °C
- Fieber klingt nach etwa drei Tagen ab
- Danach kleinfleckiger, hellroter Hautausschlag

Was tun?

- Beim Dreitagefieber ist keine spezielle Therapie nötig.
- Es sollte lediglich das Fieber gesenkt werden. Zunächst können Sie das mit Hilfe bewährter Hausmittel wie Wadenwickeln (siehe Seite 161) probieren. Wenn nötig, können Sie Ihrem Kind außerdem fiebersenkende Zäpfchen geben.
- Ganz wichtig ist, daß Ihr Kind viel trinkt. Aufgrund des hohen Fiebers schwitzt es stark und verliert viel Flüssigkeit und Salz. Dadurch kann es sehr schwach werden.

Dreitagefieber ist eine **Viruserkrankung**, die in den ersten beiden Lebensjahren auftritt. Die hochansteckende Tröpfcheninfektion ist recht harmlos.

Etwa 7 bis 17 Tage nachdem man sich angesteckt hat, bricht die Krankheit aus: Sie beginnt mit plötzlichem, hohem Fieber, teilweise über 40 °C, das ohne weitere Krankheitszeichen drei Tage anhält. Manchmal treten Fieberkrämpfe auf.

Schließlich fällt die Temperatur ebenso unvermittelt, wie sie gestiegen ist, wieder ab. Ein kleinfleckiger, hellroter Hautausschlag entsteht. Er verschwindet nach etwa zwei Tagen.

Die Ansteckungsgefahr beginnt drei Tage vor Ausbruch des Fiebers und dauert bis zum Auftreten des Ausschlags.

Nach durchgemachter Krankheit besteht eine lebenslange Immunität.

Die Erkrankung ist harmlos, trotzdem sollten Sie Ihr Kind dem Arzt vorstellen. Er stellt fest, ob es sich tatsächlich um Dreitagefieber handelt, denn der Ausschlag sieht dem bei **Masern** (Seite 113) oder **Scharlach** (Seite 118) sehr ähnlich.

Masern, Mumps & Co.

Haemophilus influenzae (Hib)

Das Haemophilus influenzae-Bakterium (Hib-Bakterium) kann verschiedene lebensbedrohliche Erkrankungen hervorrufen, zum Beispiel eine **Hirnhautentzündung** (Meningitis).

Diese macht sich durch hohes Fieber, Nackensteifigkeit, Apathie sowie Erbrechen bemerkbar. Oft hat das Kind außerdem Krampfanfälle. Wenn die Fontanelle noch nicht geschlossen ist, wölbt sie sich vor.

Die Hib-Bakterien können auch eine weitere lebensbedrohliche Erkrankung verursachen, die **Kehldeckelentzündung** (Epiglottitis). Sie beginnt oft mit leichten Halsschmerzen, erst niedrigem, dann plötzlich hohem Fieber, vermehrtem Speichelfluß und zunehmend erschwerter Atmung. Die Sprache wird „kloßig". Der Kehldeckel schwillt so stark an, daß das Kind keine Luft mehr bekommt.

Es besteht jetzt akute Erstickungsgefahr, vor allem, wenn Ihr Kind nicht mehr auf dem Rücken oder der Seite liegen will, sondern am liebsten nur noch bäuchlings, wobei es sich mit den Armen abstützt.

Leidet Ihr Kind unter diesen Symptomen, muß es dringend mit dem Notarztwagen ins Krankenhaus gebracht werden, und zwar im Sitzen und mit Sauerstoffgabe. Sie sollten Ihr Kind unbedingt in die Klinik begleiten.

Da es wegen der Atemnot sehr verängstigt sein wird, sollten Sie möglichst auch im Krankenhaus bei ihm bleiben (Seite 29).

Ist Ihr Kind an Hirnhaut- oder Kehldeckelentzündung erkrankt, wird es mit Antibiotika behandelt.

Vor den Hib-Bakterien können Sie Ihr Kind nur durch eine Impfung zuverlässig schützen (Seite 131f.).

Symptome

Kehldeckelentzündung
- Anfangs leichte Halsschmerzen
- Erst niedriges, dann plötzlich hohes Fieber
- Speichelfluß
- Atemnot
- Das Kind will nicht mehr liegen

Hirnhautentzündung
- Hohes Fieber
- Steifer Nacken
- Apathie
- Erbrechen
- Krampfanfälle
- Der ganze Körper schmerzt bei Berührung

Was tun?

Kehldeckelentzündung
- Rufen Sie umgehend den Notarzt! Bis er kommt, können Sie die Symptome lindern, indem Ihr Kind
- Kochsalzlösung inhaliert (2 Eßlöffel Salz auf 2 Liter Wasser),
- Hustensaft nimmt,
- sich an der frischen Luft aufhält und
- möglichst wenig spricht.

Hirnhautentzündung
- Bringen Sie Ihr Kind unbedingt sofort ins Krankenhaus.

Kinderkrankheiten

Keuchhusten

Keuchhusten (Pertussis) ist eine äußerst **ansteckende Infektionskrankheit** der Atemwege, die für Babys lebensbedrohlich sein kann.

Die Erkrankung tritt meist in Epidemien auf, vor allem im Kindergartenalter. Sie wird durch eine Tröpfcheninfektion übertragen.

Oft stecken sich Kinder auch bei Erwachsenen an, da bei diesen die Erkrankung ohne die typischen Symptome und damit häufig unbemerkt verläuft und einer Grippe ähnelt.

Nachdem man einmal an Keuchhusten erkrankt war, ist man jahrzehntelang dagegen immun, jedoch nicht lebenslänglich. Großeltern können sich daher bei ihrem Enkelkind erneut anstecken. Die Inkubationszeit – also die Zeit von der Ansteckung bis zum Ausbruch der Krankheit – beträgt ein bis zwei Wochen.

Keuchhusten dauert oft mehrere Monate und verläuft in drei charakteristischen Abschnitten: Das Vorstadium mit etwas Husten, Schnupfen und leichtem Fieber dauert etwa zwei Wochen – in dieser Zeit ist die Krankheit besonders ansteckend.

Dann beginnt das Hustenstadium, das etwa vier bis sechs Wochen anhält. Dabei treten vor allem nachts abgehackt klingende, sehr **starke Hustenanfälle** mit lautem, juchzendem Einatmen auf. Das Gesicht des Kindes läuft aufgrund der Atemnot oft blaurot an. Häufig erbricht das Kind nach dem Anfall.

In den darauffolgenden zwei Wochen nimmt der Husten langsam ab. Es können jedoch noch Monate später bei jeder Erkältung wieder starke Hustenanfälle auftreten.

Nach einem Keuchhusten ist das Bronchialsystem bis zu zehn Jahre lang besonders krankheitsanfällig.

Bei Verdacht auf Keuchhusten sollten Sie mit Ihrem Kind einen Arzt aufsuchen. Er verschreibt wahrscheinlich für fünf bis zehn Tage ein Antibiotikum, das den Husten abklingen läßt. Wird das Medikament früh genug eingesetzt, kann es außerdem den Krankheitsverlauf spürbar lindern.

Säuglinge, die sich mit Keuchhusten infiziert haben könnten, bekommen vom Arzt ebenfalls Antibiotika.

Babys können Keuchhusten schon mit ein bis zwei Wochen bekommen, weil dagegen – anders als bei vielen anderen Erkrankungen – kein angeborener Antikörperschutz besteht.

Für die Kleinen ist die Krankheit besonders gefährlich, da sie unter Umständen zu lebensgefährlichen Atemstillständen führt, die **Hirnschäden** hervorrufen können. Außerdem tritt in diesem Alter der Keuchhusten oft mit Krampfanfällen auf. Erkrankte Babys müssen deshalb sofort ins Krankenhaus gebracht werden.

Symptome

- Zuerst treten harmlose Erkältungsbeschwerden wie Husten, Schnupfen und leichtes Fieber auf.
- Später kommt es zu abgehackt klingenden, sehr starken Hustenanfällen mit hörbarem Einziehen der Luft, die nachts stärker sind als am Tag.
- Ihr Kind erbricht bei oder nach den Hustenanfällen.

Was tun?

- Gehen Sie bei Verdacht auf Keuchhusten zum Arzt.
- Lassen Sie Ihr Kind reichlich trinken: Es verliert durch das Erbrechen viel Flüssigkeit und Salz.
- Zum Füttern sollten Sie einen Zeitpunkt abwarten, in dem Ihr Kind gerade nicht zu stark von Hustenanfällen gequält wird.
- Der kleine Patient darf andere Kinder erst wieder treffen, wenn der Arzt es erlaubt.
- Keuchhusten ist weltweit die Infektionserkrankung mit der höchsten Säuglingssterblichkeit! Die einzig mögliche Vorbeugung ist eine **Impfung**. Heute werden dafür Impfstoffe eingesetzt, die sehr gut verträglich sind (Seite 131f.). Wenn Sie ein Baby erwarten, sollten ältere Geschwister unbedingt vorher geimpft werden, da Keuchhusten gerade für einen Säugling sehr gefährlich ist.

Masern, Mumps & Co.

Kinderlähmung

Kinderlähmung (Poliomyelitis) ist eine **Virusinfektion**, die das Zentralnervensystem befällt. Die Krankheit tritt vorwiegend bei Säuglingen und Kleinkindern auf. Sie kann durch Tröpfcheninfektion, aber auch durch infiziertes Wasser oder Nahrung übertragen werden.

Ein bis vier Wochen nach der Ansteckung hat sich das Virus im Körper vermehrt. Es gelangt dann über die Blutbahn ins Hirn, wo es möglicherweise Gewebe zerstört. Das kann zu ausgedehnten Lähmungen führen.

Manchmal entwickelt sich auch eine Hirnhautentzündung (Seite 110), die in einigen Fällen starke Kopfschmerzen nach sich zieht. Außerdem können **plötzliche Muskellähmungen** auftreten, und das Kind ist berührungsempfindlich.

Meist verläuft die Erkrankung jedoch harmlos: Sie beginnt mit grippeähnlichen Symptomen und leichtem Fieber. Beides klingt nach einigen Tagen ab.

Da man nicht vorhersagen kann, ob Komplikationen auftreten, sollten Sie beim geringsten Verdacht auf Kinderlähmung mit Ihrem Kind zum Arzt gehen. Befürchten Sie, daß es bereits zur Hirnhautentzündung gekommen ist, bringen Sie Ihr Kind sofort ins Krankenhaus (siehe Kasten).

Symptome
- Grippeähnliche Erscheinungen
- Fieberfreie Phasen
- Kopfschmerzen
- Berührungsempfindlichkeit
- Plötzliche Muskellähmungen

Was tun?
- Bei Verdacht auf Kinderlähmung müssen Sie mit Ihrem Kind sofort ins Krankenhaus, da eine Atemlähmung eintreten könnte: Es besteht Erstickungsgefahr!
- Der einzige Schutz vor der Krankheit ist die Impfung (Seite 131f.).

Kinderkrankheiten

Masern

Symptome

- Schnupfen, Husten, Heiserkeit
- Gerötete, lichtempfindliche Augen (Bindehautentzündung)
- Fieber
- Weißliche Flecken auf der Wangenschleimhaut (Koplik-Flecken)
- Hautausschlag, erst am Kopf, dann am ganzen Körper

Was tun?

- Hat Ihr Kind hohes Fieber, senken Sie es mit Wadenwickeln (Seite 161) oder Fieberzäpfchen.
- Dunkeln Sie das Zimmer ab, in dem sich Ihr Kind aufhält, damit seine Augen geschont werden (siehe anderer Kasten).
- Halten Sie das Krankenzimmer möglichst kühl, und befeuchten Sie die Luft regelmäßig. So entlasten Sie Ihr von Schnupfen und Husten geplagtes Kind ein wenig.

Masern können sehr gefährlich werden, da sie relativ oft eine **Hirnentzündung** (Enzephalitis) auslösen. Bei den Masern handelt es sich zudem um eine **sehr ansteckende Viruserkrankung**, die durch infizierte Personen übertragen wird. Die Krankheit bricht etwa neun bis zwölf Tage nach der Ansteckung aus: Fieber, Schnupfen, Husten und ge-

rötete Augen sind typische Symptome. Das Kind ist aufgrund einer Bindehautentzündung „lichtscheu".

Nach weiteren zwei bis drei Tagen bilden sich auf der Wangenschleimhaut im Mund des Kindes weißliche Flecken, die sogenannten **Koplik-Flecken**.

Ab dem dritten oder vierten Tag zeigt sich der typi-

sche Masernausschlag, zunächst hellrot hinter den Ohren und im Gesicht.

Das Fieber steigt an. Der Ausschlag überzieht schließlich den ganzen Körper und verfärbt sich mehr und mehr dunkelrot. Nach vier bis sechs Tagen verblaßt er wieder. Die Haut schuppt sich leicht.

Die Ansteckungsgefahr beginnt drei Tage bevor der

Komplikationen

- Wenn Ihr Kind über Kopfschmerzen klagt, sich leicht benommen fühlt und sein Nacken steif ist, können das Anzeichen einer Hirnentzündung sein. Sie sollten dann unbedingt sofort den Arzt rufen.

Ausschlag auftritt und endet erst, wenn er völlig verschwunden ist.

Sie sollten bei Verdacht auf Masern Ihr Kind unbedingt dem Kinderarzt vorstellen: Neben einer **Hirnentzündung** (siehe Kasten unten) kann auch eine **Lungen-** oder eine **Mittelohrentzündung** (Seiten 74 und 70) auftreten. Durch eine Hirnstrommessung – ein

sogenanntes Encephalogramm – wird festgestellt, ob die Hirnströme des Kindes beeinträchtigt sind. Das ist bei fast der Hälfte der erkrankten Kinder der Fall. Aufgrund dieser Veränderungen können später Lernstörungen auftreten.

Masern können Sie nur durch eine Impfung (Seite 131f.) vorbeugen.

113

Masern, Mumps & Co.

Mumps

Bekommt Ihr Kind plötzlich eine dicke Backe, hat es vermutlich Mumps, auch als **„Ziegenpeter"** bekannt.

Die **hochansteckende Viruserkrankung** befällt vor allem die Speicheldrüsen. Sie wird durch eine Tröpfcheninfektion übertragen. Etwa 14 bis 24 Tage nach der Ansteckung bricht die Krankheit aus.

Sie beginnt mit leichtem Fieber und einer einseitigen, recht schmerzhaften Schwellung der Speicheldrüse im Kieferwinkel. Das Kind hat insbesondere Schmerzen beim Kauen. Rasch bildet sich die bekannte „dicke Backe". Durch die Schwellung steht das Ohrläppchen ab.

Ein oder zwei Tage später kann auch die andere Gesichtsseite anschwellen. Ihr Kind hat hohes Fieber und fühlt sich sehr elend und schwach.

Bei der Hälfte der erkrankten Kinder kommt es zu einer Komplikation in Form einer **Hirnhautentzündung** (Seite 110). Häufig bleibt infolgedessen ein **Innenohrschaden** zurück. Bei 20 Prozent der betroffenen Kinder reagiert die Bauchspeicheldrüse mit: Das führt zu starken Bauchschmerzen.

Bekommt ein Junge erst in oder nach der Pubertät Mumps, können die Hoden erkranken, was unter Umständen zu Unfruchtbarkeit führt.

Die einzige wirksame Vorbeugung stellt die Impfung nach dem zwölften Monat dar (Seite 131f.). Sie schützt Ihr Kind lebenslang vor Mumps.

Symptome

- Leichtes Fieber
- Schwellung der Speicheldrüse – dadurch eine „dicke Backe"
- Schmerzen beim Kauen
- Bauchschmerzen
- Bei Jungen Schmerzen im Hoden, bei Mädchen im Unterleib

Was tun?

- Geben Sie Ihrem Kind flüssige Nahrung – fettfreie Suppen und Säfte – um die Bauchspeicheldrüse nicht zu reizen und die Speicheldrüse nicht zusätzlich anzuregen.
- Ihr Kind sollte Bettruhe halten, da es zu einer Hirnhautentzündung kommen kann.
- Senken Sie das Fieber mit Wadenwickeln (Seite 161) oder Fieberzäpfchen.

Kinderkrankheiten

Plötzlicher Kindstod

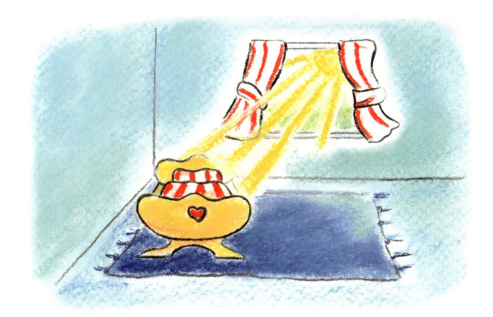

Mögliche Ursachen und Risikofaktoren

In den letzten Jahren wurden mehrere Faktoren erkannt, die vermutlich das Risiko des plötzlichen Kindstodes erhöhen. Es handelt sich dabei um Bedingungen bei der Geburt und familiäre Umstände. Besonders gefährdet sind demnach:
- Frühgeborene
- Kinder mit zu niedrigem Geburtsgewicht
- Kinder aus Mehrlings-Schwangerschaften
- Geschwister von SIDS-Kindern

Auch diese Faktoren erhöhen das Risiko:
- Schlechte Schwangerschaftsvorsorge
- Schlechte finanzielle Lage, soziale Probleme
- Die Mutter ist drogenabhängig
- Raucher im Haushalt
- Kurze Stillzeit (weniger als acht Wochen)
- Das Baby ist erkältet
- Es schläft in Bauchlage
- Das Kind wird durch zu warme Kleidung oder Decken überhitzt

Was tun?
- Sofortige Wiederbelebung (Seite 185ff.)
- Bei „Near SIDS" umgehend den Notarzt rufen. Tritt Atem- und Herzstillstand ein, sofort mit der Wiederbelebung beginnen.
- Gefährdete Kinder bekommen oft vorbeugend ein Gerät, um Atem- und Herzfrequenz zu überwachen.

Die schrecklichste Vorstellung für Eltern ist wohl, ihr Baby leblos in seinem Bettchen zu finden. Das passiert beim sogenannten plötzlichen Kindstod oder SIDS (sudden infant death syndrome).
Der Tod des Babys tritt dabei völlig unerwartet ein. Auch bei einer nachfolgenden Untersuchung kann die Todesursache nicht festgestellt werden.

SIDS kommt bei weniger als zwei von 1000 Kindern vor. Am häufigsten sind Säuglinge im Alter von zwei bis vier Monaten betroffen.

Es gibt auch einen Zustand, der „Near SIDS" genannt wird. Die Symptome sind akute Atemnot, blasse oder bläuliche Haut, veränderte Muskelspannung und zu langsamer Puls. Ist ein Baby schon einmal in einem solchen Zustand gewesen, ist das ein Alarmsignal: Das Kind hat ein deutlich erhöhtes Risiko, an plötzlichem Kindstod zu sterben.

Masern, Mumps & Co.

Pseudokrupp

Bei Pseudokrupp verengen sich die Atemwege unterhalb des Kehldeckels akut.

Die Krankheit kann **durch Viren, Bakterien, Luftverschmutzung oder Allergien ausgelöst** werden. Meist tritt sie bis zum Ende des fünften Lebensjahres auf – später sind dann Kehlkopf und Luftröhre so geweitet, daß die Erkrankung nicht mehr so gefährlich wird.

Bei Pseudokrupp entzündet sich der Bereich von Kehlkopf und Luftröhre. Dabei schwillt die Schleimhaut in den unteren Atemwegen an, und die Luftröhre verengt sich so sehr, daß extreme **Atemnot** auftritt.

Meist beginnt der Pseudokruppanfall nachts. Ihr Kind quält sich mit bellendem Husten und atmet mit laut hörbaren, ziehenden Geräuschen ein. Es leidet unter plötzlicher Atemnot, die ihm größte Angst bereitet.

Am wichtigsten ist es jetzt, daß Sie Ihr Kind **beruhigen**, ihm das Atmen erleichtern (siehe Kasten) und ihm außerdem viel zu trinken geben. Läßt die Atemnot nicht nach, muß Ihr Kind vom Notarzt unter Sauerstoffgabe ins Krankenhaus gebracht werden. Begleiten Sie es unbedingt dorthin (auch Seite 110).

Nach einem Kruppanfall wird der Arzt Ihrem Kind **Cortisonzäpfchen** verschreiben. Damit können Sie im Notfall die entzündliche Schwellung beseitigen. Diese Zäpfchen sollten Sie dann vorsorglich immer bei sich führen.

Symptome
- Plötzliche Atemnot
- Bellender Husten und deutlich hörbares Einziehen der Luft
- Ihr Kind bekommt große Angst

Was tun?
- Tragen Sie Ihr Kind umher, beruhigen Sie es.
- Bringen Sie Ihr Kind umgehend an die frische Luft, öffnen Sie die Fenster weit, oder halten Sie sich mit ihm im Bad auf, während Sie warmes Wasser laufen lassen: Durch die feuchte Luft schwellen die Schleimhäute ab.
- Hatte Ihr Kind bereits einen Pseudokruppanfall, und Sie haben vom Arzt Zäpfchen verschrieben bekommen, geben Sie diese.
- Verbessert sich der Zustand Ihres Kindes trotz all dieser Maßnahmen nicht, rufen Sie unbedingt sofort den Notarzt.

Kinderkrankheiten

Röteln

Symptome
- Leichte Erkältung
- Hellroter, fleckiger Ausschlag, erst hinter den Ohren, dann am ganzen Körper
- Lymphknoten im Nacken schwellen an

Gefahr für ungeborene Kinder
- Schwangere Frauen, die noch nicht an Röteln erkrankt waren, müssen sich besonders vor einer Infektion in acht nehmen: Infizieren sie sich mit Röteln, kann das sehr gefährlich für das ungeborene Kind werden: Herzfehler, Taubheit oder Blindheit sind mögliche Folgen einer Rötelinfektion.
- Der sicherste Schutz ist eine Impfung vor der Schwangerschaft. Mädchen sollten deshalb grundsätzlich vor der Geschlechtsreife einen ausreichenden Impfschutz bekommen (Seite 131f.).

Röteln sind sicher die **harmloseste aller Kinderkrankheiten**. Nur bei etwa der Hälfte aller infizierten Kinder treten Symptome auf – die anderen durchleben die Erkrankung, ohne es überhaupt zu bemerken.

Das **Virus** wird durch eine Tröpfcheninfektion übertragen. Die Inkubationszeit beträgt in der Regel zwei bis drei Wochen.

Die Krankheit beginnt meist mit leichten Erkältungserscheinungen sowie etwas Fieber und Gliederschmerzen. Weitere Symptome für Röteln können verdickte Lymphknoten am Hals oder im Nacken sein.

Der typische hellrote, feinfleckige Ausschlag beginnt zunächst hinter den Ohren, breitet sich dann im Gesicht und schließlich auf Hals und Rumpf aus. Nach etwa zehn Tagen verblassen die Flecken wieder – in derselben Reihenfolge, wie sie gekommen sind.

Besonders ansteckend sind die Röteln kurz vor und nach Ausbruch der Hautveränderungen. Zehn Tage nach Beginn des Ausschlages ist die Ansteckungsgefahr vorbei.

Es gibt keine spezielle Therapie gegen Röteln. Ihr Kind muß auch nicht zwingend im Haus oder gar im Bett bleiben. Sie sollten es jedoch von **Schwangeren** fernhalten (siehe Kasten). Lassen Sie es also möglichst auch zu Hause, wenn Sie zum Einkaufen gehen.

Es gibt eine wirksame Schutzimpfung gegen Röteln (Seite 131f.).

Masern, Mumps & Co.

Scharlach

Scharlach ist eine der häufigsten Infektionskrankheiten bei Kindern. Er wird von **Streptokokken** ausgelöst – Bakterien, die vor allem akute Entzündungen an den Mandeln und im Rachen hervorrufen (Seite 66).

Scharlach tritt meist bei Kindern über drei Jahren auf. Die Übertragung erfolgt durch Tröpfcheninfektion oder infizierte Gegenstände. Auch gesunde Menschen können Scharlach übertragen, wenn sie Kontakt zu erkrankten Personen hatten.

Die Krankheit beginnt nach einer kurzen Inkubationszeit von zwei bis vier Tagen ganz plötzlich mit hohem Fieber, Halsschmerzen, Kopf- und Gliederschmerzen sowie einem starken Krankheitsgefühl.

Die Rachenhinterwand ist hochrot. Die **Zunge** ist anfangs weißlich belegt, später wird sie **himbeerrot**.

Weitere zwei bis vier Tage später tritt ein Ausschlag mit stecknadelkopfgroßen, dichtstehenden roten Flecken auf. Er beginnt in der Leistengegend und überzieht nach und nach den ganzen Körper, lediglich die Region um den Mund bleibt ausgespart. Manchmal fehlt der Ausschlag auch völlig, besonders bei wiederholter Ansteckung.

Ein bis drei Wochen nach Ausbruch der Krankheit verblaßt der Ausschlag, und die Haut schält sich.

Scharlach ist gefährlich, weil er **schwerwiegende Komplikationen** auslösen kann. Dazu gehören zum Beispiel rheumatische Gelenkbeschwerden, chronische Nierenentzündungen oder Entzündungen des Herzmuskels. Sie sollten deshalb bei Verdacht auf Scharlach immer den Kinderarzt aufsuchen.

Mit Hilfe eines Rachenabstrichs wird der Arzt die Diagnose sichern. Bei positivem Befund muß Ihr Kind für zehn Tage ein Antibiotikum nehmen, um mögliche Komplikationen auszuschließen. Der Arzt wird außerdem zwei bis drei Wochen nach dem Abklingen der Erkrankung die Nieren- und Herzfunktion prüfen.

Nach überstandener Infektion besteht keine Immunität – das heißt, man kann Scharlach mehrmals bekommen. Ist ein Familienmitglied erkrankt, sollten alle im Haushalt lebenden Personen dringend daraufhin untersucht werden.

Symptome

- Halsschmerzen
- Rachenentzündung
- Zunge erst weißlich belegt, danach himbeerrot
- Ausschlag mit dichtstehenden Flecken zuerst in der Leistengegend, später am ganzen Körper

Was tun?

- Ihr Kind soll das Antibiotikum unbedingt genau nach den Angaben des Kinderarztes einnehmen.
- Lassen Sie Ihr Kind etwa eine Woche lang zu Hause – es muß aber nicht unbedingt im Bett bleiben.
- Das Fieber können Sie mit Wadenwickeln (Seite 161) oder mit einem vom Arzt verordneten Medikament senken.
- Leidet Ihr Kind unter Schluckbeschwerden, bieten Sie ihm am besten Suppen oder Brei an.

Kinderkrankheiten

Windpocken

Windpocken sind **äußerst ansteckend** und sehr unangenehm, da sie mit einem besonders **starken Juckreiz** einhergehen.

Sie treten vor allem zwischen dem dritten und dem zehnten Lebensjahr auf und werden durch eine Tröpfcheninfektion übertragen.

Die Inkubationszeit beträgt ungefähr 12 bis 21 Tage. Ansteckend sind die Windpocken schon zwei bis drei Tage vor Ausbruch des Ausschlags bis etwa eine Woche danach, wenn die Bläschen wieder eingetrocknet sind.

Sie beginnen mit leichtem Fieber. In der ersten Krankheitswoche kommen dann ständig neue Hautveränderungen hinzu: Zuerst erscheinen linsengroße Rötungen, die sich in wasserhaltige Bläschen verwandeln. Diese platzen auf und

Symptome
- Starker Juckreiz
- Wasserhaltige Bläschen, die platzen und verkrusten
- Hautveränderungen treten in Schüben auf

Juckreiz – so wird er erträglicher
- Waschen Sie Ihr Kind nur so viel wie nötig. Kühles Wasser ist dabei für die ohnehin gereizte Haut angenehmer als warmes.
- Gegen das Jucken helfen auch spezielle Lotionen oder Puder.
- Das Fieber senken Sie lieber mit Zäpfchen als mit Wadenwickeln, weil diese auf der gereizten Haut unangenehm sein können.
- Achten Sie darauf, daß sich Ihr Kind nicht kratzt. Schneiden Sie seine Fingernägel möglichst kurz.
- Ein erkranktes Baby sollte nicht unnötig lange in einer nassen Windel liegen.

jucken sehr stark. Sie verkrusten, bevor sie schließlich endgültig abheilen.

Die Hautveränderungen treten in Schüben auf, so daß alle Erscheinungsformen nebeneinander bestehen: sowohl Bläschen als auch Rötungen und Hautkrusten. Der Ausschlag breitet sich meist über den ganzen Körper aus. Werden die Bläschen aufgekratzt, bleiben häufig Narben zurück. Versuchen Sie deshalb vor allem, Ihr Kind **vom Kratzen abzuhalten** und den Juckreiz zu bekämpfen (siehe Kasten).

Bei Verdacht auf Windpocken sollten Sie die Diagnose unbedingt vom Arzt absichern lassen.

Windpocken sind eigentlich eine harmlose Erkrankung. Ist Ihr Kind daran erkrankt, sollte es jedoch den Kontakt zu **Schwangeren** kurz vor der Entbindung meiden. Sonst besteht die Gefahr, daß das Neugeborene mit Windpocken auf die Welt kommt.

Eine Windpocken-Erkrankung des Enkelkindes ist für Großeltern unter Umständen ebenfalls gefährlich. Haben diese früher schon Windpocken durchgemacht, lebt das Virus in bestimmten Nervenzellen weiter. Gerade im Alter, wenn das Immunsystem oft etwas geschwächt ist, kann das Virus wieder aktiv werden und eine schmerzhafte und langwierige **Gürtelrose** hervorrufen. Umgekehrt können auch an Gürtelrose erkrankte Erwachsene Kinder mit Windpocken infizieren.

SCHNELL WIE DER WIND

Drei befreundete Familien im Ferienhaus auf Sardinien: Es war ein herrlicher Urlaub – bis eines Morgens eine der drei „Sippen" gefleckt und gesprenkelt am Frühstückstisch auftauchte: Windpocken. Die wollten wir übrigen uns natürlich nicht einfangen. Also stellten wir unsere Freunde und ihre Kleinen unter „Quarantäne". Den Rest unseres gemeinsamen Urlaubs mußten sie fernab von uns verbringen. Diese Grausamkeit hätten wir Ihnen und uns ersparen können, wie wir auf dem Rückflug bemerken mußten: Die sechs verschont gebliebenen Kinder verwandelten sich binnen weniger Stunden ebenfalls in „Streuselkuchen": Waren wir alle noch scheinbar gesund in das Flugzeug gestiegen, verließen wir es mit pickligen Kindern – die dann zu Hause sogleich eine weitere Krankheitswelle unter ihren Freunden auslösten.

Vorsorge-untersuchungen

Immer auf dem laufenden

Ist unser Kind gesund? Und entwickelt es sich normal? Diese Fragen stellen sich alle Eltern ab und an. Es gibt deshalb eine Reihe von neun Untersuchungen, die die Fragen besorgter Mütter und Väter beantworten sollen. Vor allem aber kann mit Hilfe dieser Vorsorgetermine die gesunde Entwicklung des Kindes unterstützt werden, da mögliche Fehlentwicklungen oder Probleme frühzeitig erkannt werden.

Neun Untersuchungen

Um allen Kindern den optimalen Weg in ein gesundes Leben zu bereiten, wurde in Deutschland eine Reihe von neun aufeinander abgestimmten Vorsorgeuntersuchungen entwickelt: die U1 bis U9. Auf diesen „Gesundheitsservice" hat jedes Kind Anspruch.

Die Untersuchungen geben Ihnen die Gewißheit, daß sich Ihr Kind gesund entwickelt beziehungsweise daß es im Krankheitsfall rechtzeitig behandelt wird. Darüber hinaus sind sie eine ideale Gelegenheit, um mit Ihrem Kinderarzt über die Entwicklung Ihres Kindes und auch über eventuelle Sorgen zu sprechen. Sie sollten deshalb alle neun Untersuchungstermine fristgerecht wahrnehmen, zumal daran häufig auch Impftermine (ab Seite 126) gekoppelt sind.

Auf dem Deckblatt des gelben Vorsorgeheftes, das Ihnen Ihr Arzt aushändigt, stehen alle Termine. In dieses Heft werden auch sämtliche Untersuchungsergebnisse eingetragen.

Bei den ersten sechs Untersuchungen wird Ihr Arzt vor allem darauf achten, ob Ihr Kind unter angeborenen Störungen oder eindeutigen Fehlbildungen leidet. Während der letzten drei Vorsorgetermine werden besonders die Sinnesorgane und der gesamte Entwicklungsstand des Kindes überprüft.

Ideal ist es, wenn Sie sich auf die einzelnen Untersuchungen vorbereiten: Informieren Sie sich am besten vorab darüber, auf was der Kinderarzt beim nächsten Termin besonders achten wird (Seite 123 bis 125).

Sicher gibt es einen „normalen" Verlauf der kindlichen Entwicklung. Sie müssen aber auf keinen Fall beunruhigt sein, wenn Ihr Kind vielleicht ein bißchen später zu krabbeln oder zu sprechen beginnt als seine Altersgenossen.

Fast immer holen kleine „Nachzügler" den Rückstand wenige Monate später rasch auf (Seite 25). Manchmal handelt es sich jedoch auch um eine ernst zu nehmende Entwicklungsverzögerung. Meist kann diese korrigiert werden – vorausgesetzt, sie wird rechtzeitig erkannt. Auch aus diesem Grund sind die Termine der U1 bis U9 so wichtig.

Die neun Vorsorge-Termine im Überblick

- U1: direkt nach der Geburt (noch im Kreißsaal)
- U2: am 3. bis 10. Tag
- U3: 4. bis 6. Woche
- U4: 3. bis 4. Monat
- U5: 6. bis 7. Monat
- U6: 10. bis 12. Monat
- U7: 21. bis 24. Monat
- U8: 43. bis 48. Monat
- U9: 60. bis 64. Monat

Neugeborenen-Gelbsucht: Was tun?

- Schon mit zwei oder drei Tagen haben viele Babys eine Gelbsucht. Diese ist jedoch völlig harmlos: Das Baby hat zu viele rote Blutkörperchen, die jetzt zerfallen. Die Leber Ihres Kindes hat damit viel zu tun. Da sie der Aufgabe oft noch nicht gewachsen ist, kann es zur Neugeborenen-Gelbsucht kommen: Haut und Augen des Kindes verfärben sich.
- Ihr Baby sollte jetzt oft im Hellen liegen – eventuell unter einer UV-Lampe – und möglichst viel trinken. So wird der Abbau der Blutkörperchen unterstützt.

Vorsorgeuntersuchungen

U1 und U2

Der erste Schrei, die Eltern strahlen vor Glück – und gleich wird das Neugeborene das erste Mal auf „Herz und Hautfarbe" geprüft.

Bei der **U1** sofort nach der Geburt wird Ihr Säugling nach dem sogenannten **Apgar-Index** beurteilt. Der Arzt überprüft Atmung, Herzfrequenz, Hautfarbe, Muskeltonus und Reflexe Ihres Babys und stellt fest, wie gut sein **Zustand direkt nach der Geburt** ist.

Die fünf „Funktionen" werden mit jeweils maximal zwei Punkten bewertet: Die Höchstwertung für Ihr Baby sind also zehn Punkte. Mindestens sieben davon sollte ein gesundes Neugeborenes erreichen.

Aus der Nabelschnur wird außerdem etwas Blut entnommen und auf seinen Sauerstoffgehalt kontrolliert. Daraufhin kann der Arzt beurteilen, ob der Körper Ihres Babys ausreichend mit Sauerstoff versorgt wird.

Das verschluckte Fruchtwasser wird abgesaugt – und dabei gleich überprüft, ob die Speiseröhre durchgängig ist.

Außerdem wird das Baby gemessen und gewogen.

Zwischen dem dritten und zehnten Tag findet dann die **U2** statt, die zweite Untersuchung Ihres Babys. Meist führt sie der Kinderarzt im Krankenhaus durch, bevor Mutter und Kind entlassen werden. Eventuell kommt er auch zu Ihnen nach Hause.

Bei der U2 prüft der Arzt unter anderem die **Reflexe** – so kann er auch erkennen, ob das Gehirn normal funktioniert. Außerdem kontrolliert der Arzt die Verdauung des Kindes. Er wird auch feststellen, ob Ihr Baby bei der Geburt körperliche Schäden davongetragen haben könnte.

Der Arzt registriert zudem, ob Ihr Baby die **Neugeborenen-Gelbsucht** hat und ob sie normal verläuft (Seite 122).

Das **Hüftgelenk** Ihres Babys wird mit Ultraschall untersucht, um eine eventuelle Entwicklungsstörung der Hüfte möglichst früh festzustellen.

Der Arzt nimmt Ihrem Kind außerdem einen Tropfen **Blut** ab, um die Schilddrüsenfunktion zu überprüfen und Stoffwechselerkrankungen (Seite 85) auszuschließen.

Abschließend wird er mit Ihnen über die Ernährung des Säuglings (ab Seite 30) sowie über die notwendige Vorbeugung gegen Rachitis (Seite 96) und Karies (Seite 73) sprechen.

Hüftgelenksuntersuchung

- Relativ häufig haben Neugeborene eine Hüftgelenksdysplasie – das Gelenk ist noch nicht ausgereift. Die Hüfte des Babys wird deshalb bei den Vorsorgeuntersuchungen per Ultraschall untersucht: So können solche Störungen früh erkannt und rechtzeitig Maßnahmen ergriffen werden, die dem Kind eine Operation oder spätere Probleme ersparen: Vielleicht muß Ihr Baby für einige Wochen eine Spreizhose tragen. Oft reicht es schon, wenn Sie Ihr Kind „breit wickeln" – wie das geht, zeigt Ihnen der Arzt oder die Hebamme.
- Bei der U3 und U4 (Seite 124) wird die Hüfte des Babys nochmals per Ultraschall kontrolliert. In den meisten Fällen ist damit die Behandlung beendet, da das Hüftgelenk inzwischen ausgereift ist.

Immer auf dem laufenden

U3 bis U5

Im Alter von sechs Wochen beginnt Ihr Baby, Sie anzulächeln. Bei der U3 wird Ihr Kinderarzt Sie wahrscheinlich danach fragen. Während dieser Untersuchung wird Ihr Kind auch wieder gewogen und gemessen.

Der Arzt prüft das Gehör und die Reflexe Ihres Babys und hört es ab. Die Hüfte wird nochmals per Ultraschall kontrolliert (Kasten Seite 123). Darüber hinaus untersucht der Arzt wieder die Verdauung und spricht mit Ihnen über die Ernährung Ihres Kindes.

Bei der Dreimonats-Untersuchung, der U4, hat Ihr Kind dann schon seine eigene kleine „Akte" beim Kinderarzt. In dieser wird auch die weitere Entwicklung im Säuglingsalter protokolliert. Gab es einen auffälligen Befund, wird der Arzt eine weitere Kontrolluntersuchung der Hüfte durchführen.

Bei neugeborenen Jungen befinden sich manchmal die Hoden noch nicht an ihrem „richtigen" Platz – ein sogenannter Hodenhochstand (Seite 88). Im Alter von drei Monaten hat sich das jedoch meist normalisiert. Ist das nicht der Fall, wird der Kinderarzt eine medikamentöse Therapie einleiten.

Außerdem beginnen frühestens beim U4-Termin die Routineimpfungen. Dazu zählen die Kombi-Impfung gegen Tetanus, Diphtherie und Keuchhusten sowie die Impfungen gegen Kinderlähmung, Hib und Hepatitis B. Informationen über Kinderkrankheiten finden Sie ab Seite 106, Angaben zu einzelnen Impfungen ab Seite 126.

Zwischen dem sechsten und dem siebenten Lebensmonat sind die meisten

Was tun, wenn Ihr Kind fremdelt?

- Eben noch wurden alle Passanten, die in den Kinderwagen schauten, Oma, Tante und Onkel mit einem strahlenden Lächeln bedacht – das ist über Nacht vorbei. Statt dessen schreit das Kleine wie am Spieß, wenn ihm Tante Gertraude nur über die Wange streicht.
- Bei manchen Babys beginnt diese sogenannte Fremdelphase schon mit sechs Monaten, bei anderen mit acht Monaten oder noch später. Das Fremdeln ist wichtig für Ihr Kind. Es lernt jetzt, vertraute von fremden Personen zu unterscheiden. Akzeptieren Sie deshalb seine „Abwehr" – diese Phase geht vorüber.

Babys schon richtige kleine „Persönlichkeiten".

Bei der in dieser Zeit stattfindenden U5 wird deshalb vor allem die Reaktion des Kindes auf seine Umgebung untersucht. In diesem Alter gibt es große individuelle Unterschiede in der Entwicklung. In Bauchlage stützen sich viele Babys schon mit den Händen vom Boden ab. Liegen sie auf dem Rücken, heben sie den Kopf von der Unterlage. Der Arzt beobachtet auch, ob Ihr Kind greifen kann und Gegenstände von einer Hand in die andere gibt.

Zudem werden bei der U5 die Ohren und Augen Ihres Babys genau untersucht. Schielt Ihr Kind, wird der Kinderarzt es zum Augenarzt überweisen.

Weitere Impfungen gegen Diphtherie, Keuchhusten, Tetanus, Kinderlähmung und Hib werden ebenfalls bei der U5 durchgeführt. Der Arzt wird wahrscheinlich auch noch einmal mit Ihnen über die Rachitis-Prophylaxe (Seite 97) sprechen.

Da zum Zeitpunkt der U5 die Fremdelphase beginnt, kann die Untersuchung etwas problematisch sein (siehe Kasten).

Vorsorgeuntersuchungen

U6 bis U9

Bei der **U6**, der Ein-Jahres-Untersuchung, achtet der Arzt besonders auf die Sprachentwicklung und die Körperkoordination Ihres Kindes. Wie immer wird Ihr Baby außerdem genau untersucht, gemessen und gewogen.

Das Kind kann bei der U6 die erste Masern-Mumps-Röteln-Impfung bekommen. Andere Impfungen werden aufgefrischt.

Die Unterschiede in der körperlichen Entwicklung werden jetzt immer größer: Manche Kinder können schon mit Festhalten an der Hand laufen, andere versuchen erst, sich an Möbeln hochzuziehen.

Mit knapp zwei Jahren geht es dann zur **U7**. Wieder wird die allgemeine körperliche und dieses Mal verstärkt auch die geistige Entwicklung „begutachtet".

Eine große Rolle spielt dabei die **Sprachentwicklung**: Die meisten Kinder sprechen jetzt schon Zweiwortsätze und können sich selbst mit ihrem Namen benennen.

Ihr Kind kann Treppen steigen, eventuell rennen. Der Kinderarzt schaut sich an, wie das Kind läuft, und prüft, ob die Fuß- und Beinstellung in Ordnung ist.

Die **Sauberkeitsentwicklung** ist zu diesem Zeitpunkt unterschiedlich weit gediehen: Die meisten Kinder sind manchmal schon tagsüber sauber oder melden, wenn sie ihre nassen Windeln gewechselt haben möchten. Um Harnwegsinfekte auszuschließen, wird der Urin untersucht.

Auch die Zähne des Kindes werden kontrolliert, und die Zahnpflege wird besprochen (Seite 23).

Die anschließenden Vorsorgeuntersuchungen betreffen Fragen, die für den Eintritt in Kindergarten und Vorschule wichtig sind.

Bei der **U8** – im Alter von dreieinhalb bis vier Jahren – wird ein genauer Seh- und Hörtest durchgeführt. Außerdem kontrolliert der Arzt wieder die Sprachentwicklung und auch das **Sozialverhalten**. Danach wird der Arzt beurteilen, ob Ihr Kind „**kindergartenreif**" ist: Spielt es mit anderen in der Gruppe? Kann es sich von Ihnen trennen? Macht es tagsüber noch in die Hose?

Bei der **U9**, der Vorschuluntersuchung, stehen Feinmotorik, Sprachentwicklung und Koordinationsfähigkeit auf der Checkliste.

Ihr Kind spricht jetzt fließend, kennt seinen Vor- und Nachnamen sowie seine Adresse. Es ist tagsüber und nachts sauber und kleidet sich allein an. Ihr Kind sucht sich seine Freunde selbst aus und kann teilen. Das alles ist wichtig, damit der Arzt Ihrem Kind die **Schulreife** bestätigen kann.

Fallen dem Arzt Fehlentwicklungen oder Verhaltensstörungen auf, wird er Maßnahmen veranlassen, um diese noch zu korrigieren, bevor Ihr Kind in die Schule kommt.

Der Arzt überprüft außerdem die Zähne Ihres Kindes und frischt einige Impfungen auf (Seite 131f.).

Impfungen

Optimal geschützt

Der menschliche Körper verfügt über ein wirksames Abwehrsystem. Selbst nach Jahren erkennt es Krankheitserreger wieder und kann sie rasch unschädlich machen: Der Organismus ist gegen diese Erreger immun. Impfungen helfen Ihrem Kind, den Schutz gegen Infektionen aufzubauen, ohne daß es sie alle „durchmachen" muß. Gerade bei gefährlichen Krankheiten können Sie Ihrem Kind so Risiken ersparen.

Optimal geschützt

Grundlagen

Noch vor hundert Jahren litten die Bewohner ganzer Städte an Infektionskrankheiten – oft starben unzählige Menschen daran. Heute sind Impfungen eine **sichere Krankheitsvorsorge**. Seit es sie gibt, sind viele Erkrankungen fast völlig verschwunden. So gibt es kaum noch Kinderlähmung, die Pocken sind ausgerottet, gegen andere Krankheiten wie Hepatitis B kann man sich mit Hilfe einer Impfung wirkungsvoll schützen.

Doch auch viele „normale" Kinderkrankheiten – zum Beispiel Masern oder Mumps – sind keineswegs so harmlos, wie oft angenommen wird: Sie können schwere **Komplikationen** wie zum Beispiel Hirnschäden hervorrufen.

Daß es derartig bedrohliche Krankheitsfolgen gibt, haben heute viele Menschen vergessen – ganz einfach, weil sie wegen der wirksamen Impfungen sehr selten geworden sind. Gerade deshalb ist es so wichtig, den Impfschutz keinesfalls zu vernachlässigen.

Der Arzt verabreicht bei einer Impfung – meist in Form einer Spritze – ein Serum aus abgetöteten oder abgeschwächten Krankheitserregern. Diese regen den Organismus des Kindes an, Schutzstoffe, sogenannte **Antikörper**, gegen die speziellen Erreger zu bilden.

Wird das geimpfte Kind später mit den „richtigen" Krankheitserregern konfrontiert, ist sein Immunsystem vorbereitet: Es greift auf das durch die Impfung antrainierte „Abwehrprogramm" zurück und kann so die Infektion wirksam bekämpfen und deren Ausbruch verhindern.

> ### Aktive und passive Immunisierung
>
> ■ In der Regel wird Ihr Kind bei einer Impfung mit Hilfe einer **aktiven Immunisierung** vor Krankheiten geschützt: Dabei werden abgeschwächte oder abgetötete Keime gespritzt. Oft sind mehrere Impfungen nötig, bis der volle Schutz besteht.
>
> ■ Bei der **passiven Immunisierung** bekommt Ihr Kind Abwehrstoffe, die bereits andere Menschen oder Tiere gegen den jeweiligen Erreger gebildet haben. Weil dabei körperfremdes Eiweiß verabreicht wird, besteht immer die Gefahr eines allergischen Schocks (Seite 150). Deshalb wird der Arzt eine passive Schutzimpfung nur dann durchführen, wenn er die Gefahr für sehr groß hält, daß sich Ihr Kind infiziert hat, und dem Körper nicht genug Zeit bleibt, Abwehrstoffe gegen die Krankheit zu bilden (wie das bei einer aktiven Immunisierung der Fall ist). Der passive Wirkstoff wird dann innerhalb der ersten drei Tage nach einer vermuteten Ansteckung gespritzt. Die Wirkung hält nur drei bis vier Wochen an.

> ### Der Impfpaß
>
> ■ Vor einigen Krankheiten ist Ihr Kind nach der entsprechenden Impfung ein Leben lang geschützt. Bei anderen muß der Schutz von Zeit zu Zeit aufgefrischt werden.
>
> ■ Deshalb sollten Sie darauf achten, daß Ihr Arzt alle Impfungen in den Impfpaß Ihres Kindes einträgt. So haben Sie jederzeit den Überblick darüber, gegen welche Erkrankungen Ihr Kind geschützt ist, und können zudem unnötige Impfungen vermeiden.

Impfungen

Pro und Contra

„Wir vernachlässigen den Impfschutz", warnen Impfbefürworter. „Impfungen schaden eher, als daß sie nützen", erklären Gegner.

Zwei konträre Standpunkte, die die Diskussion der letzten Jahre charakterisieren – und viele Mütter und Väter verunsichern.

Was sollen Eltern also tun? Auch wenn es eine **Reihe empfohlener Impfungen** gibt (Seite 131f.), bleiben sie doch freiwillig.

Sie müssen also selbst entscheiden, gegen welche Infektionskrankheit Sie Ihr Kind impfen lassen möchten und gegen welche nicht.

Bei Krankheiten wie **Wundstarrkrampf** (Tetanus) stellt sich für viele Eltern die Frage gar nicht: Sie möchten ihr Kind ganz einfach wirksam vor dieser schweren und oft gar tödlichen Krankheit schützen.

Bei den typischen Kinderkrankheiten sieht die Sache schon anders aus: Noch in den sechziger Jahren, als große landesweite Impfprogramme anliefen, ließen Eltern ihre Kinder gegen alle Kinderkrankheiten impfen. Sie wollten ihnen die Belastung durch Krankheiten ersparen. Die Alternative bestand darin, die Kinder bis zur Pubertät alle möglichen Krankheiten durchmachen zu lassen.

Erklärte **Impfgegner** sehen aber gerade hierin ein Hauptargument gegen umfassende Impfprogramme: Das Durchleben einer Infektion ist ihrer Ansicht nach „notwendig für die Entwicklung des Kindes". Dafür gibt es jedoch keine wissenschaftlichen Belege.

Nicht vergessen werden dürfen auch die hohen Risiken, wenn nicht geimpft wird. So kann etwa Mumps dazu führen, daß das Kind taub wird.

Außerdem stehen wir heute vor einer völlig anderen Situation: Die meisten Kinder sind geimpft. Das verringert auch für Nichtgeimpfte die Ansteckungsgefahr. Sie erkranken deshalb oft nicht während der Kindheit, sind dafür aber als Erwachsene viel stärker bedroht, da viele Krankheiten dann bedeutend schwerer verlaufen können. ▶

Entscheidungshilfe: Gegen was impfen?

- Die Krankheit, gegen die geimpft werden soll, kommt sehr häufig vor.
- Sie geht oft mit Komplikationen einher und kann schwere Folgen nach sich ziehen.
- Es gibt keine wirksame Therapie gegen die Erkrankung.
- Der Impfschutz gegen die Krankheit hält lange vor.
- Die Ansteckungsgefahr ist relativ hoch.

Impfversager

- Nicht jede Impfung schützt zuverlässig. Immer wieder gibt es sogenannte „Impfversager". Ob eine Impfung wirksam ist, kann Ihr Arzt nur mit Hilfe einer Blutuntersuchung ermitteln.

Optimal geschützt

Impfrisiko

So empfehlenswert und wirksam Impfungen auch sein mögen: Dem Nutzen steht immer ein gewisses **Impfrisiko** gegenüber. Man unterscheidet dabei normale Impfreaktionen (Kasten unten) von Impfschäden, die unterschiedlich schwer sein können.

Durch Konservierungsmittel, die den Impfstoffen zugesetzt werden, kann es

außerdem zu **allergischen Reaktionen** kommen.

Leichte Impfschäden sind Rötungen, Schwellungen und mäßige Schmerzen. Als **schwerwiegende Impfschäden** können vor allem Hirnschäden auftreten. Sie äußern sich durch Krampfanfälle oder eine Intelligenzminderung und können bei den betroffenen Kindern zu sehr schweren Behinderungen führen.

In Deutschland werden jährlich einige Hundert massive Gesundheitsschäden gemeldet, die vermutlich durch eine Impfung verursacht worden sind. Etwa ein Drittel davon werden als eindeutige Impfschäden anerkannt.

Diesen Fällen stehen unzählige problemlos verlaufende Impfungen gegenüber. Meist ist der Nutzen der Impfung also bedeutend größer als das Risiko.

Manche Eltern suchen aus Angst vor Impfrisiken nach Alternativen, um ihr Kind auf andere Art vor Infektionskrankheiten zu schützen. **Alternative Heilmethoden** sind dafür jedoch völlig ungeeignet: Es gibt keinen homöopathischen Schutz gegen Kinderkrankheiten. Bei Erkrankungen wie Keuchhusten und Diphtherie kann es sogar lebensgefährlich für Ihr Kind sein, wenn die nötige medizinische Betreuung durch homöopathische Mittel ersetzt wird.

Was ist eine Impfreaktion?

- Das Immunsystem reagiert auf eine Impfung wie auf eine richtige Infektion. Das kann sich in leichtem Fieber oder Unwohlsein äußern. Dabei handelt es sich nicht um eine Komplikation – im Gegenteil: Die Impfreaktion zeigt, daß das Immunsystem die Erreger bekämpft.
- Lokalreaktionen an der Impfstelle wie Rötung und Schwellung sind meist harmlos. Alkoholumschläge oder Insektengel helfen meist.

Mögliche Komplikationen: Darauf sollten Sie nach jedem Impftermin achten

- Lassen Sie sich vor der Impfung vom Arzt das Risiko erklären, das Ihr Kind dabei haben kann.
- Überprüfen Sie drei Tage lang zweimal täglich die Temperatur, und lassen Sie Ihr Kind viel Tee trinken. Sie können ihm auch gleich nach der Impfung vorsorglich ein Fieberzäpfchen geben.
- Wenn Ihr Kind sich nach der Impfung auffällig verhält, wenden Sie sich umgehend an Ihren Kinderarzt: Er kann abklären, ob eine Komplikation vorliegt.
- Folgende Symptome deuten auf eine Komplikation hin:
  • Ihr Kind ist ungewöhnlich schläfrig oder uninteressiert.
  • Es ist unruhiger oder schreckhafter als sonst.
  • Das Kind ist leicht reizbar.
  • Es erbricht.
  • Ihr Kind hat Fieber.
  • Es schreit ohne erkennbaren Grund.

Impfungen

Empfohlene Impfungen

Die ständige Impfkommission (STIKO) hat Vorschläge herausgegeben, an denen sich in Deutschland die Standardimpfungen für Kinder orientieren. Diese empfohlenen Schutzimpfungen sind gleichzeitig ein Bestandteil der Vorsorgeuntersuchungen (Impfplan nächste Seite).

Kinderlähmung (Seite 112) ist bei uns glücklicherweise – aufgrund jahrzehntelanger Impfungen – selten geworden. Die Impfung dagegen ist aber trotzdem sinnvoll, da die Erkrankung schwere Komplikationen nach sich ziehen kann. Statt der früheren Schluckimpfung gibt es jetzt eine Spritze mit einem inaktivierten Impfstoff. Sie ist sicherer als die Schluckimpfung und schützt wie diese zehn Jahre vor Kinderlähmung. Danach muß sie wiederholt werden.

Hib (Seite 110) kann zu Kehldeckel- oder Hirnhautentzündung führen. Ihr Kind sollte deshalb unbedingt dagegen geimpft werden. Die Impfung wird dreimal wiederholt, danach besteht ein jahrzehntelanger Schutz.

Einige Kinder, die gegen **Masern** (Seite 113) geimpft werden, erkranken acht bis zehn Tage später an sogenannten Impfmasern. Es kommt zu einem für die Erkrankung typischen Ausschlag und hohem Fieber, jedoch nicht zu den Komplikationen für das Gehirn, die bei den „echten" Masern auftreten können.

Erkrankt Ihr Kind an **Mumps** (Seite 114), kann es taub werden oder eine Hirnhautentzündung bekommen. Deshalb ist die Impfung dagegen dringend anzuraten. In seltenen Fällen schwellen danach die Speicheldrüsen an.

Röteln (Seite 117) können in der Schwangerschaft auf das Ungeborene übertragen werden: Das Baby kann daraufhin taub oder blind werden oder geistig behindert sein. Diese Impfung ist daher besonders für Mädchen wichtig.

Seit 1995 empfiehlt die STIKO eine Grundimmunisierung gegen **Hepatitis B**. Diese Erkrankung geht mit grippeähnlichen Symptomen einher. Oft verläuft sie auch gerade bei Kindern völlig unbemerkt. Es besteht ein – wenn auch sehr geringes – Risiko, daß die Hepatitis einen chronischen Leberschaden verursacht. Säuglinge sollten nach dem dritten Monat zweimal im Abstand von acht Wochen gegen Hepatitis B geimpft werden, dann nochmals im zweiten Lebensjahr. Nach der Impfung kann es zu grippeähnlichen Symptomen kommen.

Durch die **Tetanus**-Impfung wird einem Wundstarrkrampf vorgebeugt. Der Schutz hält zehn Jahre an, dann muß er aufgefrischt werden.

Verletzt sich ein Kind, ohne daß es gegen Wundstarrkrampf geschützt ist, wird in der Regel umgehend eine Simultanimpfung durchgeführt – das heißt, es wird gleichzeitig eine aktive und eine passive Immunisierung vorgenommen (Kasten Seite 128).

Diphtherie (Seite 108) verläuft oft lebensgefährlich. Deshalb ist eine Impfung dagegen dringend zu empfehlen. Danach kann es eventuell zu einer Rötung und Schwellung an der Einstichstelle kommen.

Für die Impfung gegen **Keuchhusten** (Seite 111) steht neuerdings ein gut verträglicher Wirkstoff zur Verfügung. Da Keuchhusten vor allem für Babys häufig lebensgefährlich verläuft, ist auch diese Impfung dringend zu empfehlen. ▶

Impfen – wann und wo?

- Lassen Sie Ihr Kind am besten am Vormittag und am Wochenanfang impfen, dann können Sie Ihren Arzt bei nachfolgenden Komplikationen problemlos erreichen.
- Säuglinge und Kleinkinder sollten in den Oberarm oder in den Oberschenkel geimpft werden. Wird in den Po gespritzt, kann die Impfstelle infiziert und der Ischiasnerv verletzt werden.

Optimal geschützt

Empfohlene Impfungen

Im nebenstehenden Kasten finden Sie einen Überblick über die Impfungen für Babys und Kleinkinder, die von der ständigen Impfkommission empfohlen werden.

Es ist sinnvoll, Ihr Kind mit einer einzigen Impfung gleich gegen verschiedene Krankheitserreger zu schützen, damit es so wenig Injektionen wie möglich bekommt.

Ab dem sechsten Lebensjahr müssen die Impfungen für Masern-Mumps-Röteln sowie Tetanus-Diphtherie **aufgefrischt** werden.

Ist Ihr Kind zehn Jahre alt, wird es erneut gegen Kinderlähmung geimpft.

Zwischen dem 11. und 15. Lebensjahr wird es dann nochmals gegen Tetanus und Diphtherie sowie gegen Hepatitis B geimpft.

Bei Mädchen wird zu diesem Zeitpunkt außerdem der Schutz gegen die Röteln aufgefrischt.

Standard-Impfplan für Babys und Kleinkinder	
ab 3. Monat	■ Diphtherie-Tetanus-Pertussis 3x im Abstand von 4 Wochen ■ Polio 2x im Abstand von 8 Wochen ■ Hämophilus influenzae (Hib) 2x im Abstand von 6 bis 8 Wochen ■ Hepatitis B 2x im Abstand von 8 Wochen
ab 2. Jahr	■ Masern-Mumps-Röteln (Kombinationsimpfstoff) 1. Impfung ■ Polio 3. Impfung ■ Diphtherie-Tetanus-Pertussis 4. Impfung ■ Hämophilus influenzae (Hib) 3. Impfung ■ Hepatitis B 3. Impfung

WER IST HIER EIN ANGSTHASE?

❾ Impfung? Spritze? Hilfe!!! Bei den ersten Impfterminen meiner älteren Kinder gab es noch viel theatralisches Getöse. Heute ist das zum Glück „Geschichte": Ich nehme zu sämtlichen Impfungen gleich alle Kinder mit – sie müssen ohnehin oft gleichzeitig geimpft werden. Die Jüngste sieht dann bei den Großen, daß alles gar nicht schlimm ist und versucht, das Piksen ebenso heldenmütig zu ertragen. Und die Älteren geben sich ohnehin betont „cool": Wer möchte schon vor der Kleinsten als Angsthase dastehen? ❻

Vorsicht

In folgenden Fällen sollten Sie vor einer Impfung unbedingt mit Ihrem Arzt sprechen:
■ Ihr Kind hat einen Schnupfen oder eine andere Infektion.
■ Es leidet unter einer Allergie, die zum Zeitpunkt der Impfung besonders stark ist.
■ Ihr Kind hat eine Eiweißallergie.
■ Das Immunsystem des Kindes ist geschwächt.
■ Ihr Kind bekommt bestimmte Medikamente, die seine Abwehr schwächen, oder es leidet unter einer Erkrankung des zentralen Nervensystems.

Spezialfälle

Über die Impfungen gegen Tetanus und die typischen Kinderkrankheiten hinaus kann eine **Zecken-Impfung** gegen die Frühsommer-Meningoenzephalitis (FSME) sinnvoll sein.

Es sollten jedoch nur Kinder geimpft werden, die sich in Verbreitungsgebieten aufhalten – dazu gehören in Deutschland einige Teile Niedersachsens und Bayerns. Fragen Sie Ihren Arzt, ob eine Impfung nötig ist.

Sommer, Sonne, Ferienzeit – wenn Sie im **Urlaub** Europa verlassen, denken Sie auch daran, daß Sie sich und vor allem Ihr Kind zusätzlich vor Krankheiten schützen sollten, die es im Urlaubsland noch gibt.

Außerdem verlangen einige Staaten vor der Einreise verschiedene Impfungen. Sie möchten so ihre Bewohner vor Krankheiten schützen, die dort in der Regel nicht vorkommen, aber von Touristen eingeschleppt werden könnten.

Welche Impfungen die Weltgesundheitsorganisation (WHO) für Ihr Urlaubsziel empfiehlt, erfragen Sie am besten rechtzeitig bei einem **Tropeninstitut** (Telefonnummern über die Auskunft oder im Reisebüro).

Gesund aus dem Urlaub zurückkommen

Bevor Sie Ihrem Kind eine von der WHO empfohlene Impfung geben lassen, bedenken Sie bitte:
- Wenn Sie sich nur in Touristikgebieten oder in westlich geprägten Großstädten aufhalten, ist die Ansteckungsgefahr gering – und die Impfung häufig überflüssig.
- Cholera und Typhus gehören zu den Krankheiten, die durch die Nahrung übertragen werden. Mit einigen einfachen Vorsichts- und Hygienemaßnahmen können Sie diesen Erkrankungen wirksam vorbeugen.

Kind und Umwelt

Belastungen vermeiden

Unsere Umwelt ist längst nicht mehr frei von Schadstoffen. Sie als Eltern sollten sich deshalb gut informieren: In diesem Kapitel erfahren Sie das Wichtigste über mögliche Belastungen. Und viel darüber, wie Sie selbst die Welt, in der Ihr Kind aufwächst, so gesund wie möglich gestalten können. Darüber hinaus gibt es sicher auch an Ihrem Wohnort die Möglichkeit, sich konkret für den Umweltschutz zu engagieren.

Belastungen vermeiden

Grundlagen

Ob bei einem Ausflug in die – scheinbar unberührte – Natur, beim täglichen Gang durch die Stadt oder beim Kleiderkauf: Immer stellt sich Eltern auch die Frage, wie sehr ihr Kind durch Umwelteinflüsse belastet wird – und wie sie es dagegen schützen können.

Sie sind als Eltern zu Recht besonders sensibel in dieser Beziehung: Was für Erwachsene allenfalls lästig ist, kann bei Kindern ernste Erkrankungen auslösen.

Der kindliche Körper wird nämlich durch Umweltreize viel stärker beeinflußt als der Körper eines Erwachsenen. So haben Kinder beispielsweise im Verhältnis zum Körpergewicht eine größere **Hautoberfläche** als Erwachsene. Der kleine Körper des Kindes nimmt deshalb viel mehr Schadstoffe über die Haut auf, die er verarbeiten muß.

Auch durch ihren höheren **Stoffwechsel** nehmen Kinder besonders viele Schadstoffe auf.

Kinder **atmen** rascher als Erwachsene. Zudem sind die Kleinen durch ihre Größe gehandicapt, besonders in der Stadt: Ob sie schon zu Fuß neben den Eltern her laufen oder noch im Kinderwagen sitzen, sie atmen zum Beispiel immer besonders viele Autoabgase ein.

Da der Körper eines Kindes im Verhältnis zu seinem Gewicht weniger Wasser enthält als der eines Erwachsenen, konzentrieren sich zudem die Schadstoffe auf weniger Körpermasse.

Es gibt **weitere Gründe** dafür, warum unsere Kinder für Umwelteinflüsse anfälliger sind als wir „Großen": Der kindliche Magen-Darm-Trakt ist durchlässiger für Schadstoffe, die Nervenzellen sind besonders sensibel, Leber und Niere des Kindes funktionieren noch nicht vollständig. Auch das kindliche Immunsystem ist noch nicht ausgereift.

Schon **geringe Schadstoffkonzentrationen** haben auf Kinder aus all diesen Gründen eine viel intensivere Wirkung als auf Erwachsene. Gerade Babys und Kleinkinder sind ganz besonders anfällig – auch für krebserregende Stoffe.

Sie können Ihr Kind nicht vor allen schädlichen Einflüssen schützen. Es ist aber sinnvoll und wichtig, sich über Umweltgefahren zu informieren und seinen Alltag daraufhin unter die Lupe zu nehmen.

Vielleicht möchten Sie dann in Ihrem Zuhause oder an Ihrem Lebensstil etwas ändern – das ist auch möglich, ohne daß Sie sich und Ihrem Kind alles verbieten oder sich sklavisch an bestimmte „Regeln" halten.

> **Umwelt und Lebensstil – Belastungen, die vermeidbar sind**
>
> Neben Schadstoffen und Giften im Trinkwasser und in der Luft gibt es zahlreiche Umwelteinflüsse, die mit dem modernen Leben und unserem Lebensstil zu tun haben – und die wir zum großen Teil selbst beeinflussen können. Dazu gehören:
> - Gifte in der Kleidung (Seite 139)
> - Überreizung und Überlastung durch Lärm: Räumen Sie Ihrem Kind daher möglichst oft „Geräuschpausen" ein: Achten Sie auch darauf, daß beispielsweise Radio und Fernseher nicht ständig eingeschaltet sind.
> - Elektrosmog (Seite 142)
> - Schadstoffe in der Nahrung (Seite 140f.)

Kind und Umwelt

Trinkwasser

Um die Umgebung Ihres Kindes möglichst gesund zu gestalten, sollten Sie wissen, wo Gifte vorkommen können und wie sie wirken.

So ist zum Beispiel die Qualität des **Leitungswassers** heute sehr hoch. Unter Umständen kann es jedoch trotzdem Schadstoffe enthalten, denn die Wasserrohre in **Altbauten** sind oft aus Kupfer oder Blei. Fließt das Wasser hindurch, werden winzige **Kupfer- oder Bleiteilchen** freigesetzt.

Werden diese mit dem Trinkwasser aufgenommen, führen sie möglicherweise zu Leberschäden, die vor allem für Babys lebensgefährlich sein können.

Wenn Sie in einem älteren Haus wohnen, erkundigen Sie sich deshalb am besten bei Ihrem Vermieter, aus welchem Material die Rohre sind. Befinden sich Kupfer- oder Bleirohre im Haus, verwenden Sie das Leitungswasser auf keinen Fall als Trinkwasser für Ihr Baby. Sehr hoch belastet ist vor allem die erste „Portion" Leitungswasser am Morgen, denn über Nacht bleibt das Wasser im Rohrsystem, so daß es besonders viele Schadstoffe aufnimmt.

Ein weiteres großes Problem stellen **Nitrate** im Trinkwasser dar. Werden Felder zu stark gedüngt, sickern Rückstände aus dem Dünger ins Grundwasser und gelangen damit auch in das Trinkwasser.

Im Verdauungstrakt wandeln Bakterien die aufgenommenen Nitrate in giftiges Nitrit um. Dieser Stoff hemmt den Sauerstofftransport im Blut. Das ist besonders für Säuglinge gefährlich: Ihr Körper bildet noch keine Enzyme, die einer solchen durch Nitrit verursachten Sauerstoffblockade entgegensteuern, so wie das bei Erwachsenen der Fall ist.

Beim zuständigen Wasserwerk können Sie Ihr Leitungswasser auf Schadstoffe prüfen lassen.

Der Höchstwert für die Nitratbelastung des Trinkwassers liegt in Deutschland bei 90 Mikrogramm pro Liter. Babynahrung sollte jedoch unbedingt vollkommen nitratfrei sein. Verwenden Sie für die Babynahrung deshalb am besten stilles Mineralwasser, das ausdrücklich **zur Zubereitung von Säuglingsnahrung geeignet** ist (Seite 45).

Um das Leitungswasser zu verbessern, werden häufig **Wasserfilter** verwendet. Wenn sie unsachgemäß angewendet werden, können sich jedoch dadurch im Wasser Keime und Bakterien übermäßig vermehren.

Auch manche der im Handel erhältlichen **Babysäfte** können mit Schadstoffen belastet sein, etwa mit Kupfer. Achten Sie darauf, daß der Saft auf Schadstoffe kontrolliert ist, und kaufen Sie nur Produkte aus ökologischem Anbau.

> **Unbelastetes für kleine Leute**
> - Die besten Durstlöscher sind stille Mineralwasser.
> - Bereiten Sie auch den Tee für Ihr Baby mit Mineralwasser zu.
> - Babysaft (aus ökologischem Anbau) sollte Ihr Kind nur stark verdünnt trinken.

Belastungen vermeiden

Luft

In der Luft können sich viele Gifte befinden – und gerade das Zusammenwirken verschiedener Schadstoffe ist gefährlich. Die **kindlichen Atemwege** reagieren sehr sensibel auf diese Reizstoffe. Dabei können Ekzeme entstehen, die Schleimhäute anschwellen oder sich Wucherungen im Rachen und Gaumen bilden. Manche Kinder sind aufgrund der Schadstoffbelastung auch besonders anfällig für Infekte oder Allergien.

Die Liste der Schadstoffe in der Luft ist mittlerweile schier endlos. Vielen Stoffen kann man nur schwer oder gar nicht ausweichen. Andere können Sie jedoch selbst aus der Umgebung Ihres Kindes verbannen.

Schwefeldioxide und Benzol sind die wichtigsten krebserregenden Giftstoffe in Autoabgasen. In „Nasenhöhe" eines Kleinkindes ist die Konzentration besonders hoch. Setzen Sie darum Ihr Kind möglichst wenig den Verkehrsabgasen aus.

Gleiches gilt auch für das **Ozon**, ein aggressives Gas, das die Lungenoberflächen verätzen kann und die Lunge vorzeitig altern läßt.

Kinder sind besonders gefährdet, da sie viel im Freien herumtoben. Achten Sie daher auf Hinweise im Radio, und lassen Sie Ihre Kinder bei erhöhten Ozonwerten lieber drinnen spielen.

Schäden durch **Nikotin** ersparen Sie Ihrem Kind ganz einfach, indem Sie nicht in seiner Gegenwart rauchen (siehe auch Kasten). Auch in der Öffentlichkeit können Sie Ihr Kind vor dem Passivrauchen schützen: Benutzen Sie Nichtraucherbereiche in Restaurants und Zügen.

In älteren Häusern kann möglicherweise **Asbest** verbaut sein, der früher als Brandschutz und zur Isolierung verwendet wurde. Werden Asbestteilchen eingeatmet, haken sie sich im Lungengewebe fest und können langfristig Lungenkrebs erzeugen. Lassen Sie asbesthaltige Teile des Hauses deshalb vom Fachmann austauschen – auch wenn das oft mit relativ hohen Kosten verbunden ist.

Formaldehyde werden ebenfalls aus Baustoffen in die Luft abgegeben. Sie stecken außerdem in manchen Farben, Kosmetika, Kunststoffschäumen, Textilien, Leder, Spanplatten und Waschmitteln. Formaldehyde können Atembeschwerden auslösen und die Anfälligkeit für Infekte und Allergien erhöhen.

UMZUG INS PARADIES?

Seit einiger Zeit quälten mich Gewissenskonflikte – abgasgeschwängerte Luft, belastetes Trinkwasser ... einfach von überall her drohten Umweltgefahren. Wäre es nicht das beste für unsere Kinder, aufs Land zu ziehen? Ich sah mich vor meinem geistigen Auge in Gummistiefeln und Regenjacke durch den spätherbstlichen Schlamm stapfen. Auch in Bezug auf meinen Mann hatte ich Zweifel: Würde ihm der Sprung aus der Anwaltskanzlei auf den harten Melkschemel im morgendlichen Kuhstall reibungslos gelingen? Oder sollte man vielleicht wenigstens in die Vorstadt ziehen? Aber würden nicht auch die Kinder bei einem Ortswechsel viel Liebgewonnenes vermissen? Sogar eine befreundete Psychologin fragte ich um Rat. Die fegte meine Bedenken schließlich mit einem Satz vom Tisch: „Kinder sind meist einfach dort glücklich und gesund, wo es auch ihre Eltern sind." In diesem Falle also in Hamburg statt in Bullerbü.

Schadstoff Nikotin

- Tabakrauch wird meist von den Eltern selbst erzeugt. Die Kinder sind dann Passivraucher – Allergien und Bronchialasthma können die Folge sein.
- Auch ein Zusammenhang zwischen dem Tabakkonsum der Eltern und dem plötzlichen Kindstod (Seite 115) ist inzwischen erwiesen.

Kind und Umwelt

Kinderkleidung

Ein tolles Geschenk, dieses T-Shirt in leuchtendem Gelb! Nur beim Auspacken roch es etwas unangenehm: Moderne Textilien können wahre „Giftbomben" sein. Das ist so gefährlich, weil Ihr Kind rund um die Uhr damit in Berührung ist.

Gerade in **bunter Kinderkleidung** stecken viele Textilgifte. Durch die empfindliche Kinderhaut dringen diese in den Körper ein und verursachen so Allergien oder Reizungen der Atemwege. Sogar das Entstehen verschiedener Krebsarten kann so begünstigt werden.

Die Kleidung ist häufig mit **Dioxinen** verunreinigt oder mit **Pestiziden** belastet, die beim Baumwollanbau eingesetzt werden.

In einigen Ländern wie Indien oder Ägypten wird außerdem Schaf- und Baumwolle mit **PCP**, einem in Deutschland verbotenen Schimmeltöter behandelt, der Dioxine enthält.

Synthetische Chemiefasern werden aus diesen Gründen oft besser vertragen, denn sie werden aus Erdöl gewonnen und enthalten keine Rückstände der genannten Gifte. Zudem färben sie meist nicht so leicht ab. Natürliche Textilien sind also nicht unbedingt immer das beste für Ihr Kind: Auf die Herstellungsart kommt es an.

Achten Sie beim Kleiderkauf für Ihr Kind deshalb vor allem auf das richtige Label: Und zwar nicht auf das des Designers, sondern auf das der **Schadstoffprüfung** (siehe Kasten).

Einkaufstips für ein unbelastetes Modevergnügen

- Achten Sie besonders bei Metallkontakt-Allergien auf Nickel in Schnallen und Reißverschlüssen.
- Kaufen Sie nur einheimische Wollprodukte. Bei uns ist der Einsatz von Pestiziden zur Haltbarmachung streng verboten.
- Häufiges Waschen vermindert den Gehalt an Pestiziden und Chemikalien, Secondhand-Kleidung ist somit oft schadstoffärmer als neue Sachen.
- Hohe Temperaturen in der Waschanleitung garantieren oft nicht nur längere Haltbarkeit. Sie sichern auch, daß sich die Farben nicht so stark auswaschen: So landen weniger Schadstoffe auf der Haut.
- Seien Sie vorsichtig mit dem Kauf von Ramschware. Oft werden gerade hierfür gefährliche Benzidinfarbstoffe verwendet.
- Sogenannte Schadstoffprüflabel sind leider noch recht unbekannt – dabei werden sie bereits europaweit vergeben. Die bekanntesten sind „Öko-Tex Standard 100", „ToxProof", „EcoProof" und „AKN".
Die Grundlage für die Vergabe dieser Öko-Label sind unabhängige Prüfungen, bei denen neben der Schadstoffbelastung oft auch die Produktionsbedingungen untersucht werden.

Belastungen vermeiden

Schadstoffe in der Nahrung

Luft und Wasser kennen keine Grenzen. Und auch die in ihnen enthaltenen Schadstoffe haben überall „Zutritt". Kein Landwirt kann deshalb garantieren, daß seine Produkte völlig frei von Giften sind.

Nahrungsmittel können vor allem durch **Pestizide** belastet sein, die im Pflanzenschutz und bei der Schädlingsbekämpfung eingesetzt werden, wie etwa **DDT**. Dieses Insektengift ist bei uns verboten. Dennoch gelangt es durch den Import von Lebensmitteln nach wie vor auf unsere Teller.

Pestizide reichern sich besonders stark in Körperfetten von Tieren an. Deshalb sind vor allem fettes Fleisch und fetthaltige Wurstwaren damit belastet.

Unter Umständen können auch Fische sehr viele Pestizide enthalten. Schädlich sind außerdem mit entsprechenden Giften behandeltes Obst und Gemüse.

Eine Vergiftung mit Pestiziden kann Störungen des Nervensystems, Nervosität oder chronische Müdigkeit zur Folge haben. Betroffene Kinder leiden zudem häufig unter Hyperaktivität und Verhaltensstörungen.

Neben Pestiziden gehen **Hormone** in Lebensmittel über, besonders in Fleischprodukte. Nicht umsonst sind die Mastmethoden in der Massentierhaltung von Schweinen, Hühnern und Rindern so umstritten.

Genmanipulationen bringen vielleicht einen hohen Nutzen für die Landwirtschaft – für die Verbraucher entstehen jedoch damit viele neue Gefahren. Durch die künstlich veränderte Erb- und Zellsubstanz mancher Nahrungsmittel kann es zu allergischen Reaktionen kommen. Auch genmanipulierte Bakterien, zum Beispiel im Joghurt, können Allergien begünstigen sowie die Darmflora negativ beeinflussen.

Gefahr geht auch von den **Antibiotika** aus, die in den riesigen Ställen die Infektionsgefahr eindämmen sollen. Reste dieser Medikamente finden sich häufig im Fleisch. Nimmt man die Antibiotika mit der Nahrung zu sich, können Allergien gegen diese Stoffe begünstigt werden.

Gefährlicher Genuß

Das essen wir häufig unfreiwillig mit:
- Blei
- Kadmium
- Quecksilber
- Nitrat
- Nitrit
- Pestizide
- Hormone
- Antibiotika
- Andere Arzneimittel
- radioaktiv belastete Nahrung
- genmanipulierte Lebensmittel

Kind und Umwelt

Schadstoffarme Ernährung

Auch wenn viele selbst schon mal ein „biologisch unkorrektes", aber trotzdem leckeres Schnitzel essen: Als verantwortungsbewußte Eltern sollten Sie sich bei der Ernährung Ihrer Kinder ausführlich informieren und bewußt einkaufen, denn die Kleinen sind anfälliger für Umwelteinflüsse (Seite 136), auch für die Belastungen in der Nahrung.

Wenn Sie Ihrem Kind **Gläschenkost** geben, achten Sie darauf, daß alle Zutaten aus **kontrolliert-biologischem Anbau** sind.

Gläschen werden streng auf Schadstoffe kontrolliert. Wenn Sie **selbst kochen**, nimmt Ihr Kind unter Umständen bis zu hundertmal mehr Nitrate, Schwermetalle und Pestizide zu sich.

Selbstkochen ist daher meist keine Alternative, vor allem wenn Ihr Kind noch sehr klein ist und nur winzige Portionen ißt (Seite 48).

Möchten Sie die Babykost trotzdem selbst herstellen, muß sie immer frisch zubereitet werden (Seite 48ff.).

Beim **Obst** sammeln sich die Schadstoffe vor allem in der Schale. Da diese aber auch besonders vitaminreich ist (Seite 49), sollte Ihr Kind sie möglichst mitessen. Kaufen Sie deshalb auch Obst nur aus kontrolliert biologischem Anbau. Ist das ausnahmsweise nicht möglich, schälen Sie die Äpfel und Birnen für Ihr Kind besser.

Vorsicht auch bei geöffneten **Säften**: Bewahren Sie sie höchstens drei Tage im Kühlschrank auf.

Muttermilch: So bleibt sie schadstoffarm

- Die Muttermilch ist in den ersten Wochen des Stillens besonders fettreich und kann deshalb relativ stark mit Giftstoffen belastet sein. Hohen Schadstoffkonzentrationen können Sie vorbeugen, indem Sie sich während der Stillzeit besonders bewußt ernähren (Seite 35).

Belastungen vermeiden

- Erwärmen Sie Gläschenkost grundsätzlich nur einmal.
- Auch Speisen mit Spinat, Mangold, Möhren, roten Beten und Kohl nicht wieder aufwärmen: Dabei entsteht aus Nitrat giftiges Nitrit (auch Seite 137). Besonders die Rippen von Mangold und Spinat enthalten viel Nitrat. Schneiden Sie sie ab – so reduzieren Sie die Belastung.
- Dosenkonserven und glasiertes oder emailliertes Geschirr enthalten Blei, das ins Essen gelangen kann. Im kindlichen Organismus belastet es vor allem das Gehirn.

Elektrosmog

menschlichen Organismus auswirkt. Sicher ist aber, daß der unsichtbare und nicht spürbare Elektrosmog **biochemische Zellprozesse** beeinflußt. So wirkt er zum Beispiel auf die Zirbeldrüse, die das Schlaf-Wach-Hormon produziert.

Man vermutet deshalb, daß der Elektrosmog unter anderem in Zusammenhang mit Migräne und auch bei Störungen des Immunsystems eine Rolle spielt.

Handys und **Fernbedienungen** sind aus unserem Alltag heute kaum mehr wegzudenken. Und auch die Kleinsten sind schon auf moderne Art „vernetzt": Als sei es die natürlichste Sache der Welt, meldet das **Babyphon**, wenn der Nachwuchs aufgewacht ist.

Es gibt immer mehr elektrische Geräte und ständig neue Anwendungsmöglichkeiten. Diese Vielfalt der modernen Technik hat aber auch zur Folge, daß unsere Umwelt zunehmend mit elektrischen und magnetischen Feldern belastet ist.

Die umfassende Stromversorgung und die intensive Nutzung von Kommunikationssystemen spielen dabei längst eine viel größere Rolle als die wenigen natürlichen elektrischen Felder.

Die spezielle Umweltbelastung, die durch elektrische und magnetische Wechselfelder erzeugt wird, nennt man **Elektrosmog**.

Elektrische Wechselfelder entstehen, sobald ein Gerät mit dem Stromnetz verbunden ist – egal, ob es eingeschaltet ist oder nicht. Zusätzlich tritt ein **magnetisches Wechselfeld** auf, wenn Strom fließt, also erst wenn das Gerät eingeschaltet wird.

Bis heute ist nicht endgültig bewiesen, wie sich Elektrosmog genau auf den

Unnötigen Elektrosmog vermeiden

- Um das Kinderzimmer weitgehend vom Elektrosmog zu befreien, können Sie sogenannte Netzfreischalter einbauen lassen – Sie bekommen solche Geräte beim Elektriker, der sie auch einbauen sollte. Mit Hilfe dieser Schalter wird der Stromfluß im Zimmer erst beim Einschalten aktiviert, vorher bleiben alle Geräte spannungsfrei.
- Wenn möglich sollten elektrische Geräte grundsätzlich nicht mit der Steckdose verbunden sein, solange sie nicht benutzt werden.
- Im Schlafzimmer Ihres Kindes sollten möglichst gar keine elektrischen Geräte stehen.
- Das Babyphon hat direkt neben dem Kinderbett nichts zu suchen. Steht es nur zehn Zentimeter vom Bett entfernt, ist die Belastung für Ihr Kind so hoch, als schliefe es unter einer Hochspannungsleitung. Wenn Sie ein Babyphon benutzen, sollte es deshalb mindestens zwei Meter vom Bettchen entfernt stehen.
- Stromtrassen stehen im Verdacht, zur Entstehung von Kinderleukämie beizutragen.

Kind und Umwelt

Umwelterkrankungen

Allergien durch chemiebelastete Nahrung, Leukämie durch Radioaktivität in der Nähe von Atomkraftwerken, Atemwegserkrankungen durch industrielle Luftverschmutzung und Autoabgase – die Liste typischer Umwelterkrankungen ließe sich beliebig verlängern. Und die **Belastungen steigen** immer weiter: Zu den Altlasten kommen ständig neue Stoffe hinzu.

Ein Umweltschadstoff allein löst nur selten eine Krankheit aus. Zweifellos tragen jedoch Giftstoffe in unserer Umgebung dazu bei, daß beispielsweise allergische Erkrankungen (ab Seite 144) immer häufiger auftreten.

Bei vielen Erkrankungen oder Beschwerden läßt sich zwar nicht beweisen, daß Umwelteinflüsse zu ihrer Entstehung beigetragen haben. Ein Zusammenhang ist aber in sehr vielen Fällen wahrscheinlich. Zahlreiche Schadstoffe wirken über einen längeren Zeitraum und **fast unmerklich** auf uns ein: Es kommt zu minimalen Veränderungen im Immunsystem, die sich kaum nachweisen lassen. Auswirkungen, die meist erst viel später auftreten, kann man oft den Ursachen nicht mehr sicher zuordnen.

Besonders **kleine Kinder** sind davon betroffen. Sie

haben ein unreifes Immunsystem und einen besonders schnellen Stoffwechsel. Damit sind sie Umweltgiften schutzloser ausgeliefert als Erwachsene (Seite 136).

Inzwischen gibt es sogar schon einen medizinischen Begriff, unter dem die vielen Erkrankungen zusammengefaßt werden, mit denen Kinder auf Umwelteinflüsse reagieren: Ärzte sprechen von der **Multiplen Chemischen Sensibilität (MCS)**.

Die Symptome dafür können unter anderem Abgeschlagenheit, Atemwegsbeschwerden oder diffuse Kopfschmerzen sein. Auch Reizungen der Haut, des Magen-Darm-Trakts und der Augen treten möglicherweise auf.

Darüber hinaus können die betroffenen Kinder verhaltensauffällig oder sogar verhaltensgestört sein. Manche sind auch hyperaktiv oder lerngestört.

Die MCS geht also mit sehr **verschiedenen Symptomen** einher. Deshalb müssen zur Diagnose der Krankheit auch die Umwelt und die Lebensgewohnheiten des Kindes gründlich untersucht werden.

Dafür entwickelt sich in der Kinderheilkunde derzeit ein neues Spezialgebiet, die **Ökopädiatrie**. Dieser neue Zweig sammelt Informationen und entwickelt Strategien, um Kindern zu einem möglichst unbelasteten Start ins Leben zu verhelfen.

Eines können wir als Eltern jedoch schon heute für unsere Kinder tun: Uns laufend über bekannte und neue Gefahren informieren, und sie – wo immer möglich – ausschalten.

Allergien

Immunsystem auf Abwegen

„Hatschi!" – schon horchen viele Eltern auf: Egal ob ihr Kind unter einem lästigen Schnupfen, plötzlichem Hautausschlag, Erbrechen oder Durchfall leidet – schnell denken Mütter und Väter heute an Allergien. Diese sind inzwischen **die** Zivilisationskrankheit bei Kindern. Wissen schützt: Meist können die Symptome gelindert werden, oft ist sogar eine Heilung möglich.

Grundlagen

Allergien sind heute in den Industrieländern die häufigste Zivilisationskrankheit bei Kindern – oft schon ab dem Säuglingsalter. Etwa jedes dritte Kind leidet inzwischen unter einer allergischen Krankheit wie zum Beispiel Asthma (Seite 152), Heuschnupfen (Seite 153), einer Nahrungsmittelallergie (Seite 154), einem Kontaktexzem oder unter Neurodermitis (Seite 155).

Die **Gründe** für eine derartige Zunahme allergischer Erkrankungen sind noch unklar. Man vermutet unter anderem, daß vor allem die Vielzahl neuer chemischer Substanzen und ein immer breiteres Angebot an Nahrungsmitteln dafür verantwortlich sind.

Ein weiterer Grund könnte sein, daß das **Immunsystem** der meisten Kinder durch die vielen Umweltgifte geschwächt ist. Da Kinder heute außerdem immer weniger Infekte „durchmachen", ist ihr Körper ebenfalls anfälliger für Allergien (auch Seite 148).

Die Veranlagung, wie gut das Immunsystem funktioniert, ist einerseits jedem Kind „in die Wiege gelegt". Genauso stark wie diese angeborenen körperlichen Voraussetzungen beeinflussen es jedoch äußere Bedingungen.

Mit Hilfe des Immunsystems wehrt sich der Körper gegen alles, was von außen in ihn eindringt und ihn schädigen könnte, zum Beispiel körperfremde Stoffe, Bakterien, Viren, Gifte, Pilze und Parasiten.

Substanzen, die das Immunsystem als fremd erkennt, werden als **Antigene** bezeichnet. Normalerweise werden solche Stoffe vom Immunsystem unschädlich gemacht, bevor sie Erkrankungen auslösen können. Dafür laufen im Körper verschiedene komplizierte Mechanismen ab, ohne daß wir es merken: Beim ersten Kontakt mit körperfremden Substanzen werden **Antikörper** gebildet, die Immunglobuline (Ig). Sie bekämpfen Wirkstoffe, die dem Körper gefährlich werden könnten.

Der Organismus speichert die Information, wie er auf die Substanz reagiert hat: Bei einem erneuten Kontakt aktiviert er dann einfach wieder das entsprechende Immunglobulin.

Diese Reaktionen sind normal und laufen täglich viele Male im Körper jedes Menschen ab. Der Organismus wehrt so unter anderem Krankheitserreger ab.

Bei einem Allergiker spielt einfach das Immunsystem verrückt: Ein völlig harmloser Stoff wird bekämpft, als wäre er ein gefährlicher Parasit. Eine solch übersteigerte „Immunantwort" wird als **allergische Reaktion** bezeichnet. Den Stoff, der diese Reaktion auslöst, nennt man **Allergen**. Nicht jede heftige Aktivität der körpereigenen Abwehr ist jedoch eine Allergie: Auch viele andere Erkrankungen, zum Beispiel Rheuma, beruhen auf einer unangemessenen „Immunantwort".

Was ist eine Allergie?

- Als Allergie bezeichnet man eine Überreaktion des Immunsystems. Nach dem Kontakt mit einem alltäglichen, eigentlich völlig harmlosen Reiz, wie zum Beispiel Tierhaaren oder Blütenpollen, reagiert das Abwehrsystem eines Allergikers massiv.
- Diese zu starke Reaktion richtet sich immer gegen einen ganz bestimmten Auslöser: Der Körper „antwortet" also stets auf den gleichen Reiz – eine sogenannte spezifische Reaktion.

Allergien

Vier Typen

Ob Tierhaare, Lebensmittel, Substanzen in Kosmetika, Waschmitteln oder in der Kleidung: Es gibt sehr viele verschiedene Stoffe, die Allergien auslösen können. Und auch die **Art der Reaktion** kann von Mensch zu Mensch ganz unterschiedlich sein.

Allergologen unterscheiden vier Erkrankungstypen: Der **Soforttyp (Typ 1)** reagiert spätestens eine Viertelstunde nach dem Kontakt auf die allergieauslösende Substanz, das sogenannte Allergen.

Eine spezielle Art von **Immunglobulinen** (Seite 146), die IgE, reagieren dabei besonders schnell und heftig auf das Allergen. Die IgE befinden sich vorwiegend auf den Außenflächen unseres Körpers, vor allem in den Augen und auf den Schleimhäuten.

Deshalb reagieren Typ-1-Allergiker oft mit allergischem Schnupfen (Seite 153), Asthma (Seite 152), Nesselfieber oder Schleimhautschwellungen im Hals, die zu starker Atemnot führen können. Im schlimmsten Fall kommt es zur heftigsten allergischen Reaktion: einem allergischen Schock (Seite 150), der sogar zu einem Herzstillstand führen kann.

Die **Typ-2**-Reaktion des sogenannten **zytotoxischen Typs** wird häufig durch Medikamente ausgelöst. Dabei werden Körperzellen – vor allem die des Blutes – nach Kontakt mit dem Allergen zerstört. Diese Reaktionsform ist jedoch recht selten.

Nach einem Schweizer Arzt ist der **Typ-3**-Allergiker benannt: der **Arthus-Typ**. Beim Kontakt mit dem allergieauslösenden Stoff reagieren unterschiedliche Antikörper so, daß dadurch eine Entzündung kleiner Blutgefäße ausgelöst wird. Auch Husten und Atemnot sind Symptome, die bei dieser Reaktionsform häufig vorkommen.

Die Reaktion kann bis zu zehn Stunden nach dem Kontakt mit einem entsprechenden Allergen – etwa Schimmelpilzen - auftreten.

Beim **Spättyp (Typ 4)** zeigen sich die Symptome erst Tage nach dem Kontakt mit dem Allergen. Dabei spielen die T-Lymphozyten eine große Rolle – im Gegensatz zu den anderen drei Reaktionstypen, bei denen vor allem die Antikörper beteiligt sind. Eine charakteristische Typ-4-Reaktion ist die Nickelallergie.

Ursachen

Man kann Allergien vorbeugen – aber man kann sich und sein Kind nicht hundertprozentig dagegen schützen. Manche Kinder reagieren auch bei starker Umweltbelastung nicht allergisch, andere entwickeln Allergien, obwohl die Eltern alles „richtig" machen.

Sicher gibt es eine **angeborene Veranlagung**, irgendwann einmal eine allergische Erkrankung zu bekommen. Dafür ist jedoch nicht ein bestimmtes Gen verantwortlich – vielmehr scheinen mehrere Faktoren eine Rolle zu spielen.

Die Wahrscheinlichkeit, daß ein Kind Allergien entwickelt, ist relativ hoch, wenn beide Eltern Allergiker sind (siehe Kasten).

Dieses Risiko erhöht sich noch weiter, wenn zu den angeborenen Anlagen **Umwelt- und Umgebungsfaktoren** kommen, die eine Allergie begünstigen: Zigarettenrauch und Wohngifte gehören dazu, außerdem allgemeine Umweltbedingungen, wie etwa eine stärkere Belastung mit Ozon, Abgasen oder Pestizidrückständen (ab Seite 134). Diese äußeren Einflüsse können das Immunsystem und Teile des Organismus schädigen – vor allem die Haut.

Zudem verändern gerade Luftschadstoffe die allergieauslösenden Substanzen weiter: Bei starker Luftverschmutzung können beispielsweise Pollen zusätzlich noch mit Rußpartikeln beladen sein. Die feinen Rußteilchen gelangen so auch in die Lunge. Dort bewirken sie, daß der Körper – ganz besonders die Lunge – anfälliger für Allergien wird.

Außerdem zerfallen Pollen in mit Schwefeldioxid belasteter Luft schneller und setzen dann viel mehr allergieauslösende Stoffe frei.

Auch die ungenügende **Stimulation unseres Immunsystems** begünstigt eventuell das Entstehen von Allergien: Wird der Körper des Kindes nicht durch Erkrankungen oder Impfungen „trainiert", funktioniert das Abwehrsystem nicht optimal. Es ist dann leichter zu stören, was sich unter anderem in Form von Allergien äußern kann.

Ist Ihr Kind allergiegefährdet?

- Die Veranlagung zu einer Allergie wird vererbt. Das gilt für alle Allergien der Atemwege – wie zum Beispiel Asthma (Seite 152) oder Heuschnupfen (Seite 153) – vor allem aber für Neurodermitis (Seite 155).
Die Wahrscheinlichkeit, daß ein Kind eine Allergie entwickelt, hängt davon ab, wie viele seiner Verwandten ersten Grades ebenfalls Allergiker sind:
- Gibt es keine Allergien bei Eltern und Geschwistern, hat das Kind ein Allergierisiko von 5 bis 15 Prozent.
- Ein Geschwisterkind ist Allergiker: 25 bis 35 Prozent.
- Ein Elternteil leidet unter Allergien: 20 bis 40 Prozent.
- Beide Eltern sind Allergiker: Ihr Kind hat ein stark erhöhtes Allergierisiko von 40 bis 80 Prozent.

Ein kosmetischer Schock

Kaum konnte Anna laufen, schon interessierte sie sich brennend für sämtliche kosmetischen Artikel. Mit kaum zwei Jahren hatte die kleine „Dame" bereits einen Karton, in dem sie leere Tuben und Cremetiegel hortete und immer wieder liebevoll beäugte. Wieviel interessanter war es dann erst, als sie eines Abends meine „richtige" Schminktasche fand! Durch die verdächtige Stille aufmerksam geworden, schaute ich nach ihr und fand sie vor dem Spiegel. Hingebungsvoll schminkte sich Anna: Dicker Lidschatten hier, ein wenig Wimperntusche dort, jede Menge Lippenstift überall. Mühsam und unter großem Protest der kleinen Visagistin entfernte ich die farbenfrohe Verzierung. Am nächsten Morgen gab es ein böses Erwachen: Annas ganzes Gesicht war angeschwollen und gerötet. Sie hatte eine Kontaktallergie entwickelt.

Allergien

Auslöser

Im Prinzip kann auch der Kontakt mit ganz harmlosen Stoffen zu Allergien führen. Zusätzlich gibt es in jedem Lebensalter des Kindes eine „Neigung" zu einer bestimmten Art von Allergien.

So reagieren Säuglinge und Kleinkinder besonders häufig auf Nahrungsmittel (Seite 154) allergisch. Schulkinder dagegen haben oft Probleme mit Inhalationsallergenen wie Pollen, Milben, Tierhaaren und Schimmelpilzen. Kontaktallergene – zum Beispiel Nickel – spielen dann etwa ab dem zwölften Lebensjahr eine größere Rolle.

Nahrungsmittel verursachen bei etwa ein bis zwei Prozent der Säuglinge allergische Erkrankungen. Babys und Kleinkinder sind dabei am häufigsten gegen Hühnereiweiß, Milch, Hülsenfrüchte und Nüsse allergisch. Zum Glück verliert sich eine reine Kuhmilchallergie meist nach zwei Jahren (auch Seite 154).

Nahrungsmittelallergien vorzubeugen ist schwer, da viele Allergene in Lebensmitteln „versteckt" sind – zum Beispiel Milch in einigen Wurstsorten.

Pollen lösen ebenfalls häufig Allergien aus. Um die Reaktion zu verhindern, muß man den Kontakt zu den allergieauslösenden Pollen vermeiden. Dafür ist es nötig, sich über Flugzeiten und die aktuelle Konzentration der Pollen in der Luft zu informieren (Seite 153).

Doch auch mit diesem Wissen ist es nicht einfach, den Pollen „auszuweichen": So setzt eine einzige Roggenpflanze bis zu sechs Millionen Pollenkörner frei! Schon 15 Körner pro Kubikmeter reichen jedoch aus, um bei einem Allergiker eine Reaktion auszulösen.

Auch **Hausstaub** ist in Bezug auf Allergien gefährlich. Vor allem die im Staub enthaltenen Partikel – Milben und deren Ausscheidungen sowie Schimmelpilzsporen – lösen rasch Allergien aus. Vor allem der **Milbenkot** wird bis in die feinsten Lungenästchen inhaliert. Milben finden sich in großer Anzahl in unseren Wohnräumen. Besonders wohl fühlen sie sich bei hoher Luftfeuchtigkeit. Milben ernähren sich hauptsächlich von Körperschuppen und Haaren, aber auch von Ausscheidungen anderer Tiere.

Überhaupt fördern **Haustiere** nicht nur das Vorkommen von Milben, sie sind auch selbst in hohem Maße Allergieauslöser. So haben fünf Prozent aller Schulkinder eine Tierhaarallergie. Katzenhaare sind dabei am gefährlichsten. Oft werden Haustiere in der Wohnung gehalten: Der enge Dauerkontakt führt verstärkt zu allergischen Reaktionen.

In Wohnräumen gelten **Schimmelpilzsporen** als starkes Allergen, das schwer zu identifizieren ist, da die Reaktionen darauf häufig verzögert auftreten.

Medikamente oder Naturheilmittel können ebenfalls Allergien auslösen. Meist reagiert der Körper darauf relativ rasch, nachdem das Medikament eingenommen wurde.

Viele Menschen sind gleich gegen mehrere Substanzen allergisch, man spricht dann von einer **Kreuzallergie**. Einige Kombinationen sind besonders häufig, etwa die Allergie gegen Kuhmilch und gegen Rindfleisch.

> **Die häufigsten Allergene in Nahrungsmitteln**
>
> - Aal, Ananas, Anis, Äpfel, Bananen, Curry, Dorsch, Erdbeeren, Gluten, Hühnerei, Kakao, Kasein, Krabben, Milcheiweiß, Muskat, Roggenmehl, Tomaten, Walnüsse

Immunsystem auf Abwegen

Symptome

In nahezu allen Organen und Geweben können allergische Reaktionen auftreten. Am häufigsten betroffen sind jedoch die „Grenzflächen" des Körpers zur Außenwelt: also Haut, Augen, Atmungsorgane und Verdauungstrakt. Die einzelnen Körperorgane reagieren jeweils in einer für sie typischen Weise.

Auf der **Haut** zeigen sich Rötungen, Schwellungen und Quaddeln, manchmal bilden sich sogar Blasen. Auch Juckreiz und schuppige Verkrustung können massiv auftreten, etwa bei Neurodermitis (Seite 155).

Am **Auge** kann sich eine allergische Reaktion durch Juckreiz, Bindehautentzündung oder geschwollene Lider bemerkbar machen.

Die **Atemwege** und die Lungen reagieren, indem sie verstärkt Sekret produzieren – deshalb läuft die Nase (Seite 153). Heftige **Komplikationen** können entstehen, wenn eine allergische Reaktion zu Schwellungen im Bereich des Kehldeckels oder der Luftröhre führen.

Aufgrund der gereizten und schließlich verengten Bronchien kann es zu akuter Atemnot kommen. Möglicherweise entwickelt sich auch Asthma (Seite 152).

Auch der **Magen- und Darmtrakt** antwortet auf Reizungen meist mit Schleimhautschwellungen. Diese können Erbrechen, Durchfall oder Bauchweh auslösen. Unter Umständen kann es auch zu verdeckten Blutungen kommen. Selbst das **Nervensystem** kann betroffen sein und mit Migräne reagieren.

Im schlimmsten Fall tritt ein **allergischer Schock** ein: Der gesamte Organismus kommt aus dem Gleichgewicht. Die Nierenfunktion kann gestört und die Blutbildung beeinträchtigt werden. Dabei ist auch das Herz-Kreislauf-System betroffen – möglicherweise tritt sogar ein Herzstillstand ein.

Dahinter kann eine Allergie stecken

- Häufige Bindehautentzündungen
- Ständiger oder langanhaltender Schnupfen
- Heftige Niesanfälle
- Kurzatmigkeit
- Juckreiz an bestimmten Körperstellen
- Immer wieder auftretende Durchfälle

Allergien

Diagnostik

Die Diagnose einer allergischen Erkrankung ist recht schwierig und erfordert eine gründliche Untersuchung. Die Symptome können vielfältig sein: Schon hinter Kopf- und Bauchschmerzen, Durchfall, Schnupfen oder Husten verbirgt sich möglicherweise eine Allergie.

Die Diagnose wird in **drei Schritten** durchgeführt: Zuerst erfolgt die **Anamnese**: Der Arzt informiert sich über die Vorgeschichte der Krankheit. Dazu ist eine ausführliche Befragung der Eltern nötig. Der Arzt muß möglichst genau über die Lebensumstände des Kindes Bescheid wissen. Außerdem sollten Sie ihm unbedingt mitteilen, in welcher Situation die Beschwerden auftreten und ob auch andere Familienmitglieder unter einer allergischen Erkrankung leiden.

Besteht nach diesem ausführlichen Gespräch der begründete Verdacht auf eine Allergie, wird der Arzt die Diagnose durch einen gezielten **Test** sichern. Dabei können verschiedene Haut- oder Bluttests eingesetzt werden. In diesem **zweiten Schritt** der Diagnose wird ermittelt, ob der Körper Ihres Kindes auf einen bestimmten Stoff reagiert.

Bei einem **Hauttest** werden die Stoffe, die vermutlich die Allergie auslösen, in oder auf die Haut gebracht. Dann wird beobachtet, ob die Haut Ihres Kindes mit Schwellungen, Rötungen oder Bläschen reagiert.

In jedem Fall muß ein solcher Test von einem fachkundigen Arzt durchgeführt werden. Es kann dabei zu

schweren allergischen Reaktionen kommen, die eine Notfallbehandlung erforderlich machen.

Als Testvariante für Kinder verwendet man meist den sogenannten **Pricktest**, bei dem zunächst ein Tropfen mit der verdächtigen Substanz auf die Haut gegeben wird. Mit einem Nadelstich wird er dann unter die Hautoberfläche geleitet, damit die Substanz eindringen kann. Mit diesem Test kann man Allergien vom Soforttyp (Seite 147) wie Heuschnupfen erkennen.

Der **Scratchtest** funktioniert ebenso, nur wird hier die Haut angeritzt, was schmerzhafter ist. Bei einem **Reibetest** werden die Stoffe lediglich auf die Hautoberfläche gerieben. Er funktioniert nur bei starken allergischen Reaktionen.

Für einen **Intrakutantest** werden größere Mengen eines Allergens direkt in die Haut gespritzt, und bei einem **Epikutantest** werden Pflaster mit den allergieverdächtigen Stoffen auf die Haut geklebt.

Neben den Haut- gibt es die **Bluttests**. Sie werden immer dann durchgeführt, wenn Hauttests kein Ergebnis liefern können, etwa weil Medikamente eingenommen werden, die Reaktionen verhindern. Außerdem ist ein Bluttest völlig ungefährlich, da der Allergiker nicht mit dem Allergen

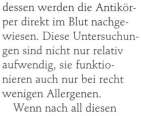

in Kontakt kommt. Statt dessen werden die Antikörper direkt im Blut nachgewiesen. Diese Untersuchungen sind nicht nur relativ aufwendig, sie funktionieren auch nur bei recht wenigen Allergenen.

Wenn nach all diesen Tests immer noch Unsicherheit besteht oder wenn man bei Nahrungsmittelallergien herausbekommen will, ob eine Allergie verschwunden ist, so gibt es die Möglichkeit eines **Provokationstests**. Er erfordert eine besonders strenge ärztliche Überwachung, da man dem Körper das Allergen absichtlich zuführt und dabei die allergischen Reaktionen auslösen kann.

Auch wenn einer der Tests nachgewiesen hat, daß Ihr Kind auf einen bestimmten Stoff sensibel reagiert, ist das noch kein endgültiger Beweis für eine Erkrankung. Erst der **dritte Schritt** der Diagnose schafft Gewißheit: Wenn die Symptome der Allergie verschwinden, sobald der vermutete Auslöser weggelassen wird, ist der Beweis dafür erbracht, daß eben dieser Stoff die Erkrankung ausgelöst hat.

Asthma

Wie eine Eisenklammer packt es einen am Hals und schnürt einem die Luft ab, man droht zu ersticken – mit dieser Angst werden Kinder, die unter Asthma leiden, bei jedem Anfall aufs neue konfrontiert.

Asthma bronchiale ist eine der häufigsten chronischen Erkrankungen im Kindesalter. Es kann durch **körperliche Belastung** ausgelöst werden. Aber auch Zigarettenrauch, Infektionskrankheiten oder **allergische Auslöser** können die Erkrankung verursachen.

Asthma tritt anfallsartig auf: Oft beginnt es mit hartnäckigem Reizhusten. Häufig hustet das Kind dabei sehr zähen Schleim ab. Bei allergischem Asthma (siehe Kasten) reagiert vor allem die Schleimhaut in den Atemwegen überempfindlich und schwillt besonders schnell an.

Da die Atemnot dem Kind große Angst macht, entsteht ein Teufelskreis: Die einsetzende Panik verschlimmert alles, weil das Kind sich verkrampft und die Luftwege dadurch immer enger werden. Es atmet mit deutlich hörbarem Pfeifen und unter großen Schwierigkeiten aus.

Bei vielen Kleinkindern tritt nur vorübergehend ein sogenanntes Infektasthma auf. Ist die Infektion überstanden, kommt es nicht zu weiteren Asthmaanfällen.

Bei einem Drittel der erkrankten Kinder verschwindet das Asthma bis zum sechsten Lebensjahr.

Wird schweres Asthma im Kleinkindalter nicht oder nur unzureichend behandelt, bleibt die Erkrankung jedoch oft bestehen. Häufig verschlimmert sie sich dann sogar noch.

Asthmatische Beschwerden richtig deuten

- Häufig werden asthmatische Beschwerden fehlgedeutet und einer Lungenentzündung oder anderen Infekten zugeordnet.
- Hat Ihr Kind einen länger andauernden Husten, gehen Sie mit ihm zum Kinderarzt, um eine entsprechende Untersuchung zu veranlassen.
- Leidet Ihr Kind unter akuter Atemnot, müssen Sie unbedingt sofort einen Arzt oder den Notarzt verständigen.

Was tun bei allergischem Asthma bronchiale?

Da die Ursachen vielfältig sind, gibt es auch verschiedene Möglichkeiten, Asthma zu behandeln:
- Grundsätzlich sollten Sie versuchen, Ihr Kind vor dem Kontakt mit den auslösenden Substanzen (Seite 149) zu schützen; das sind häufig Milben, Tierhaare oder Pollen. Auch Schadstoffe in der Luft können einen Asthmaanfall verursachen.
- Ist das Asthma bereits ausgebrochen, kann eine medikamentöse Behandlung die Symptome mildern. Außerdem können so die Schleimhäute geschont und der Bronchialschleim verflüssigt werden.
- Atemtherapien und Atemtraining sollten begleitend zu einer ärztlichen Behandlung durchgeführt werden.
- Helfen Sie Ihrem Kind während eines Anfalls: Beruhigen Sie es, bringen Sie es möglichst dazu, sich hinzusetzen, da es in dieser Haltung besser ein- und ausatmen kann.
- Feuchte Luft kann die Beschwerden lindern und das Abhusten des zähen Schleims erleichtern. Sie können sich mit Ihrem Kind im Bad vor der laufenden Dusche aufhalten.
- Auch das Inhalieren mit einem Inhalationsgerät hilft. Damit kann Ihr Kind Medikamente auch direkt einatmen, die so in der Lunge besonders intensiv wirken.

Allergien

Heuschnupfen

Gerade in der schönsten Zeit des Jahres, wenn die warmen Sonnenstrahlen farbenfrohe Blüten hervorlocken, machen tränende Augen und eine verstopfte Nase immer mehr Kindern zu schaffen: Der nun schon berüchtigte Heuschnupfen hat sie „überfallen".

Es handelt sich bei dieser häufigsten aller Allergieformen keineswegs nur um eine Reaktion auf Heu, sondern auf eine Vielzahl von Allergenen wie Pollen, Milben und Tierhaare (auch Seite 149). Treffender ist deshalb die medizinische Bezeichnung **allergisch bedingter Schnupfen mit Bindehautentzündung**.

Schon nach kurzem Kontakt mit dem Auslöser kommt es zu Niesanfällen und wäßrigem Schnupfen. Auch die Augen sind meist stark betroffen: Die Bindehaut schwillt an, rötet sich und juckt heftig.

Wird Heuschnupfen nur von Pollen ausgelöst, heißt er **Pollinosis**. Er tritt immer dann auf, wenn die Pflanze blüht, deren Pollen die allergische Reaktion auslöst, also vor allem im Frühjahr und Sommer (siehe Kasten).

Mit der Zeit schädigt Heuschnupfen die Schleimhäute: Da sie ständig gereizt werden, verdicken sie und sind dann besonders empfindlich. Schließlich können sogar die Bronchien in Mitleidenschaft gezogen werden, und es entwickelt sich ein **allergisches Asthma bronchiale** (Seite 152).

Allergischen Schnupfen richtig deuten

- In vielen Fällen wird Heuschnupfen lange nicht richtig erkannt. Das Kind wirkt ständig verschnupft und hat immer eine laufende Nase.
- Behandeln die Eltern ihr Kind dann wieder und wieder mit abschwellenden Nasentropfen, werden die Symptome verdeckt, und niemand denkt an eine Allergie.
- Gehen Sie daher bei einem länger andauernden Schnupfen grundsätzlich zum Kinderarzt.

Was tun bei allergischem Schnupfen?

- Ihr Arzt kann Ihrem Kind Präparate mit Cromoglycinsäure verordnen, die die Schleimhäute vor Überreaktionen schützen.
- Auch Medikamente mit Antihistaminika mindern die Stärke allergischer Reaktionen.
- Eine Hyposensibilisierung (Seite 157) sollte erst ab dem sechsten Lebensjahr durchgeführt werden. Das Immunsystem des Kindes ist vorher noch nicht genügend ausgereift. In Ausnahmefällen, etwa bei einer Insektengiftallergie, wird jedoch auch schon bei jüngeren Kindern eine Hyposensibilisierung empfohlen.

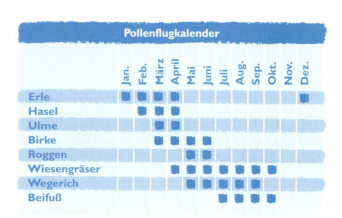

Pollenflugkalender

Immunsystem auf Abwegen

Nahrungsmittelallergien

Ob Milch, Eier oder Getreide – prinzipiell kann jedes Nahrungsmittel eine Allergie auslösen. Dabei reagiert der Körper mit ganz unterschiedlichen Symptomen (siehe Kasten).

Den besten Schutz vor Allergien geben Sie Ihrem Kind mit, indem Sie es das erste halbe Jahr voll **stillen** (Seite 61). Beginnen Sie dann langsam zuzufüttern, das heißt, Sie sollten immer nur ein Nahrungsmittel neu einführen und dann dem kindlichen Körper mindestens eine Woche lang Zeit lassen, sich daran zu gewöhnen (auch Seite 59).

Vermutlich entstehen Nahrungsmittelallergien häufig nach Magen-Darm-Infektionen. Die Schleimhaut des Darms ist dann empfindlicher als sonst und deshalb anfälliger für allergieauslösende Substanzen, die mit der Nahrung aufgenommen werden. Leidet Ihr Kind nach einer **Magen-Darm-Infektion** an länger andauerndem Durchfall, ist es also möglicherweise zu einer Allergie gekommen.

Bitte „experimentieren" Sie dann nicht selbst, sondern gehen Sie mit Ihrem Kind zum Arzt, der die entsprechenden Tests durchführen wird (Seite 151). Oft lassen Eltern nämlich „auf Verdacht" wichtige Lebensmittel weg, ohne daß das in jedem Fall notwendig ist.

Die am häufigsten auftretende Nahrungsmittelallergie ist die **Kuhmilch-Unverträglichkeit** (auch Seite 60). Diese Allergie gegen die in der Kuhmilch enthaltenen Eiweiße tritt fast ausschließlich im Säuglingsalter auf.

Anzeichen einer Kuhmilchallergie kann ein anhaltender Durchfall sein. Das Kind nimmt nur noch schlecht zu. Eventuell erbricht es auch häufig und leidet immer wieder unter Bauchschmerzen.

Hat der Arzt diese Allergie diagnostiziert, muß Ihr Kind für ein bis zwei Jahre ohne Kuhmilch ernährt werden. Das ist gar nicht so einfach: Viele Wurstprodukte und Teigwaren enthalten geringe Mengen Milcheiweiß – fragen Sie deshalb bei Ihrem Bäcker und beim Metzger nach. Auch bei Gläschenkost sollten Sie die **Zutatenliste** immer sehr genau studieren. Wenn Sie die Diät einhalten, verschwindet eine Kuhmilchallergie meist bis zum zweiten Lebensjahr.

Zöliakie (Sprue) ist eine angeborene Unverträglichkeit gegen das Getreideeiweiß Gluten, das in Weizen, Roggen, Hafer, Gerste und Dinkel vorkommt.

Die erkrankten Kinder wachsen meist schlecht und sind oft unruhig. Der Bauch ist gebläht, der Stuhl ist voluminös, fettig und riecht unangenehm.

Bei Verdacht auf Zöliakie sollten Sie mit Ihrem Kind unbedingt den Arzt aufsuchen: Er wird spezielle Untersuchungen durchführen. Wenn Ihr Kind an Zöliakie erkrankt ist, muß es sich glutenfrei ernähren – oft lebenslang. An Körnerfrüchten sind Reis, Mais, Hirse und Buchweizen erlaubt. Beachten Sie das bei der Ernährung Ihres Kindes konsequent, erholt sich die Dünndarmschleimhaut rasch, und Ihr Kind wächst und gedeiht völlig normal. Eine Liste glutenfreier Lebensmittel können Sie bei der Deutschen Zöliakie-Gesellschaft anfordern (Seite 206).

> **Mögliche Symptome**
> - Die Haut ist gerötet und juckt stark.
> - Die Augen können ebenfalls gerötet und geschwollen sein.
> - Das Kind leidet unter allergischem Husten und Schnupfen.
> - Lippen und Mundschleimhaut jucken und sind geschwollen.
> - Auch Blähungen, Durchfälle, Koliken und Bauchschmerzen treten auf.

Allergien

Neurodermitis

Neurodermitis (atopisches Ekzem) ist neben Asthma (Seite 152) und Heuschnupfen (Seite 153) die häufigste allergische Erkrankung im Kleinkindalter. Bei dieser Krankheit sind die **Hautfunktionen gestört**: Normalerweise erneuert sich ständig die äußere Hautschicht, die Oberhaut (Seite 99). Bei Neurodermitis ist sie besonders aktiv und schuppt sich stark. Die darunter liegende Lederhaut entzündet sich allergisch.

Kinder mit Neurodermitis sind häufig sehr blaß. Da auch die Funktion der fettproduzierenden Drüsen gestört ist, ist die Haut außerdem sehr trocken.

Neurodermitis wird durch **Vererbung** begünstigt. Ist das Immunsystem beeinträchtigt, kann das ebenfalls die Ursache für eine Neurodermitis sein.

Häufig tritt die Erkrankung gemeinsam mit Stoffwechselstörungen auf. Ungefähr 20 Prozent der von Neurodermitis betroffenen Kinder haben zusätzlich noch Allergien.

Vermutlich beeinflussen auch seelische Belastungen den Verlauf der Erkrankung.

Glücklicherweise verliert sich eine Neurodermitis in den meisten Fällen mit zunehmendem Alter.

Symptome

- Typisch sind ein starker Juckreiz und Rötungen. Die Haut ist an den betroffenen Stellen trocken und häufig schuppig.
- Oft treten die Hautveränderungen an den Beugeseiten der Hand-, Knie- und Ellenbogengelenke, den Ohrläppchen und am Hals auf.
- Bei Babys sind vor allem Kopf, Hals, Oberschenkel und Arme betroffen.

Milchschorf – oft eine Form der Neurodermitis

- Viele Säuglinge haben in den ersten Lebenswochen einen harmlosen Ausschlag auf der Kopfhaut, den sogenannten Milchschorf. Betupfen Sie die Haut mehrfach mit Öl, das Sie längere Zeit – am besten über Nacht – einwirken lassen. Danach können Sie die Hautschuppen behutsam entfernen.
- Nässt dieses Ekzem, kann es sich um eine Erscheinungsform der Neurodermitis handeln. Suchen Sie den Arzt auf, der geeignete Salben verschreiben wird.

Was tun bei Neurodermitis?

- Bei Neurodermitis gibt es keine zuverlässig heilende Behandlung: Man kann aber die Beschwerden lindern, eine Verschlimmerung des Ekzems vermeiden und dem kleinen Patienten helfen, mit der Krankheit zu leben.
- Gute Hautpflege ist bei Neurodermitis besonders wichtig: Die Haut soll möglichst oft mit fetthaltigen Cremes behandelt werden. Dadurch lösen sich die Schuppen, der Juckreiz wird gelindert und die kranke Haut geschützt.
- Medikamente mit Harnstoff und Kortison können die Krankheitsschübe mildern. Diese Präparate dürfen jedoch nur unter Kontrolle eines Facharztes angewandt werden.
- Juckreizstillende Medikamente wie Antihistaminika können ebenfalls sehr hilfreich sein.

Vorbeugung

Einen hundertprozentigen Schutz vor Allergien gibt es nicht (auch Seite 148). Mit einigen einfachen „Grundregeln" kann eine Allergie jedoch wenigstens hinausgezögert oder die Symptome gelindert werden.

Die richtige Vorbeugung beginnt in der **Schwangerschaft**: Versuchen Sie schon in dieser Zeit, die Umwelt Ihres ungeborenen Kindes so allergenarm wie möglich zu gestalten. Eine **allergenarme Diät** ist in dieser Zeit dagegen unnötig. Wenn Sie „vorbeugend" Lebensmittel wie Milch, Eier und Fisch weglassen, schützen Sie Ihr ungeborenes Kind nicht vor Allergien. Statt dessen führt eine solche Ernährung dazu, daß Ihnen und eventuell auch Ihrem Baby wichtige Nährstoffe fehlen.

Übrigens: Kinder, die in den Monaten März bis Mai geboren werden, leiden häufiger an Allergien als andere – in diesen beiden Monaten schwirren nämlich ganz besonders viele Pollen in der Luft herum.

Pollen ausweichen

Pollen kann man zwar nicht völlig entkommen. Der Kontakt läßt sich jedoch vermindern.
- Gehen Sie bei Pollenflug nicht mit Ihrem Kind spazieren.
- Waschen Sie Ihrem Kind abends die Haare, nachdem es im Freien war. So können nachts weniger Pollen auf den Körper einwirken.
- Trocknen Sie Ihre Wäsche nicht im Freien.
- Lassen sie Kleidungsstücke, die am Tag getragen wurden, nachts nicht im Schlafzimmer liegen.

Die besten Tips: Allergien vorbeugen

Hat Ihr Kind ein erhöhtes Allergierisiko (Kasten Seite 148), können Sie ihm bei einem möglichst „unbelasteten" Start ins Leben helfen, wenn Sie einiges beachten:
- Schwangere Frauen sollten ohnehin nicht rauchen. Auch in den Räumen, in denen Ihr Kind sich aufhalten wird, sollte grundsätzlich schon vor der Geburt des Babys – und natürlich auch danach – nicht geraucht werden: Zigarettenrauch begünstigt allergisches Asthma (Seite 152).
- Stillen Sie Ihr Kind in den ersten vier, besser sechs Monaten (Seite 61). So kommt es erst später mit Fremdeiweißen in Kontakt, und sein Körper reagiert nicht mehr so empfindlich darauf wie im ersten Lebenshalbjahr.
- Verbannen Sie Tierhaare aus dem Kinderzimmer: Das betrifft nicht nur Haustiere, sondern auch Federbetten, Roßhaarmatratzen, Schaffelle, Wollkleidung usw.
- Auf wischbaren Fußböden finden Hausstaubmilben keinen Nährboden. Sie halten sich dagegen gern in Teppichböden, aber auch in allen anderen „Staubfängern" wie offenen Regalen und Polstermöbeln auf – versuchen Sie wenn möglich Ihre Wohnung entsprechend einzurichten.
- Bettdecken und Kissen sollten möglichst in der Maschine waschbar sein.
- Topfpflanzen gehören nicht ins Kinderzimmer. In der Blumenerde befinden sich viele allergieauslösende Stoffe.
- Lüften Sie Ihre Wohnung gut. In Altbauten, wo Zimmer rasch „muffig" werden, oder in schlecht zu lüftenden Räumen fühlen sich Schimmelpilzsporen besonders wohl.
- Lassen Sie Ihr Kind besser gegen Keuchhusten impfen (Seite 131f.). Aus dieser Erkrankung kann sich unter Umständen Asthma entwickeln.

Therapien

Der letzte Schritt, eine Allergie sicher zu diagnostizieren, ist es, den allergieauslösenden Stoff wegzulassen (Seite 151). Und das ist gleichzeitig der Beginn der Therapie: Meidet man den Auslöser, kann es auch nicht zu allergischen Reaktionen kommen. Leider ist eine derartige **Allergenkarenz** nur in den wenigsten Fällen möglich. Viele Auslöser – etwa Luftschadstoffe oder Pollen – sind so allgegenwärtig, daß man ihnen einfach nicht ausweichen kann.

Bei den meisten Allergien werden darum zunächst lediglich die unangenehmen Krankheitserscheinungen gelindert. Medikamente mit **Cromoglicinsäure oder Antihistaminika** bewirken, daß der Körper weniger heftig auf ein Allergen reagiert. Kortison hilft bei schweren Hautproblemen und anderen allergischen Reaktionen.

Auch viele **homöopathische und pflanzliche Heilmittel** helfen bei akuten allergischen Beschwerden. Gegen Heuschnupfen wirkt zum Beispiel manchmal die tägliche Einnahme von **Honig**, der ja Blütenpollen enthält – diese Therapie darf jedoch im ersten Lebensjahr nicht angewendet werden!

Häufig ist ein Wechsel in eine Region oder ein Klima mit geringer Pollendichte zu empfehlen, etwa ins Gebirge oder an die Küste – aber das ist natürlich in den meisten Fällen nicht dauerhaft möglich.

Gerade das noch nicht ausgereifte Immunsystem eines Kindes ist auf **ausreichend Schlaf** angewiesen. Schlafmangel kann die Entstehung von Allergien begünstigen, da er das Immunsystem schwächt.

Eine besondere Form der Therapie ist die **Hyposensibilisierung**. Dabei wird versucht, den Körper langsam an den Stoff zu gewöhnen, der eine allergische Erkrankung provoziert.

Die Erfolgsrate liegt bei 70 Prozent. Eine Hyposensibilisierung ist jedoch nicht für jede Allergie geeignet, sie ist außerdem sehr langwierig und darf nur unter fachkundiger ärztlicher Aufsicht durchgeführt werden.

Die Methode ist sinnvoll, wenn sich die Symptome verstärken, das Allergen sicher erkannt wurde und es nicht möglich ist, ihm auszuweichen. Recht erfolgversprechend ist diese Therapie bei Allergien vom Soforttyp (Seite 147). Dazu zählen unter anderem Pollen- und Insektengiftallergien.

In einer symptomfreien Zeit wird begonnen, eine möglichst kleine Menge des reinen Allergenkonzentrats unter die Haut zu spritzen. Die Dosis wird kontinuierlich gesteigert, bis der Patient keine Reaktion mehr auf das Allergen zeigt. Körperliche Anstrengung sollte während einer Hyposensibilisierung vermieden werden.

Leider ist niemand dagegen gefeit, daß sich möglicherweise nach einer erfolgreichen Behandlung neue allergische Reaktionen auf andere Stoffe ausbilden.

> ### Allergie und Gefühl – das empfindet Ihr Kind
>
> ■ Ein allergiekrankes Kind erlebt bei all den – teilweise vergeblichen – Heilbemühungen die Krankheit schnell als persönliches Versagen und entwickelt Schuldgefühle. Es bekommt ja ständig mit, wie sich alle nach ihm richten und trotzdem kein Erfolg erzielt wird. Einfühlsame Unterstützung ist deshalb unbedingt nötig, damit Ihr Kind leichter mit seiner allergischen Erkrankung fertig werden kann und nicht ein Teufelskreis aus Enttäuschungen und Schuldzuweisungen entsteht.
> ■ Die Krankheit muß in die Familie integriert werden, damit sie nicht allzu präsent wird. So sollten Sie den Verzicht auf Haustiere oder Süßigkeiten niemals mit der Erkrankung Ihres Kindes begründen. Das kann zu Spannungen innerhalb der Familie führen.
> ■ Ärztliche Untersuchungen bedeuten für ein kleines Kind Angst und Streß: Gehen Sie also bitte nicht davon aus, daß für Ihr Kind die häufigen Arztbesuche irgendwann nur noch Routine sind.
> ■ In der Krabbelgruppe und im Kindergarten tauchen nicht selten Probleme auf: Rasch kann ein allergiekrankes Kind zum Außenseiter werden.
> ■ Grundsätzlich ist gerade für kleine Allergiker eine stabile und ausgeglichene Stimmungslage sehr wichtig.

Hausmittel

Für die kleinen Wehwehchen

Es muß nicht immer gleich der Griff zur Tablette sein: Oft helfen schon die einfachen, bewährten Hausmittel. Meist ist die Behandlung damit zwar etwas aufwendiger, doch gerade die liebevolle Zuwendung wird Ihrem Kind das gute Gefühl vermitteln, umsorgt zu werden.
Außerdem verraten wir Ihnen in diesem Kapitel einige Tricks, wie Sie Ihrem Kind die vom Arzt verordnete Arznei am besten geben können.

Für die kleinen Wehwehchen

Grundlagen

Gegen viele Krankheiten sind im wahrsten Sinne des Wortes einige Kräuter gewachsen: Als es die Medikamente der modernen Pharmaindustrie noch nicht gab, setzten unsere Großmütter auf diese Heilkräfte der Natur. Heute werden altbewährte Hausmittel mehr und mehr wiederentdeckt.

Sie eignen sich besonders gut, um die **Selbstheilungskräfte** des Körpers „anzukurbeln". Gerade bei vielen harmlosen Erkrankungen im Kindesalter sind sie deshalb oft erstaunlich wirksam.

Auch wenn Ihr Kind gesund ist, können Sie mit natürlichen Mitteln seine Körperabwehr steigern. Einfache Maßnahmen sind in diesem Zusammenhang eine gesunde, ausgewogene Ernährung, viel frische Luft, ausreichend Bewegung sowie das Abhärten mit kaltem Wasser.

Bei Krankheiten können Sie neben einer Vielzahl von **Pflanzen** auch verschiedene Wasseranwendungen als natürliche Hausmittel einsetzen, wie etwa **Thermalbäder** oder **Trinkkuren**.

Grundsätzlich ist es zwar aufwendiger, eine Krankheit mit Hausmitteln zu behandeln, als rasch Tabletten zu verabreichen: Ihrem kranken Kind wird aber nicht zuletzt die Mühe und Sorgfalt gut tun, mit der Sie die natürlichen Heilmittel vorbereiten und anwenden.

So sanft sie wirken: Auch bei Hausmitteln müssen Sie die Dosierungs- und Anwendungsvorschriften genau beachten. Es kann sonst zu **unerwünschten Nebenwirkungen** kommen.

Hausmittel wirken bei jedem Menschen verschieden. Wenn Ihr kleiner Patient auf eine Anwendung nicht oder sogar allergisch reagiert, sollten Sie deshalb auf Alternativen ausweichen.

Die natürlichen Helfer können nicht die moderne

Medizin ersetzen: Bessert sich der Zustand Ihres Kindes nicht oder geht es ihm schlechter als vorher, gehen Sie unbedingt zum Arzt.

> **Bewährte Helfer aus dem Haushalt**
>
> - Eiswürfel oder Kühlbeutel im Tiefkühlfach helfen rasch bei Beulen und Prellungen
> - Dehnbare Gürtel stützen und stabilisieren bei Verstauchungen und Zerrungen
> - Ein Umschlag mit Essigwasser (Wasser und Essig 2:1) lindert Insektenstiche
> - Mit ein bis zwei Eßlöffeln Meersalz im Badewasser kann die Haut besser entgiften
> - Zwiebeln lindern Insektenstiche und Ohrenschmerzen

> **Vorsicht bei Allergien!**
>
> - Neigt Ihr Kind zu Allergien, sollten Sie vorsichtig mit der Anwendung von Heilpflanzen sein: Sie sind oft reich an ätherischen Ölen, die allergische Reaktionen hervorrufen können. Hautrötungen, Hautjucken und kleine Bläschen auf der Haut weisen auf eine Allergie hin (Seite 144ff.).
> - Brechen Sie die Behandlung in diesem Fall sofort ab, und suchen Sie einen Allergologen auf: Er testet, auf welche Substanzen Ihr Kind allergisch reagiert und wird danach die entsprechende Behandlung einleiten.

Hausmittel

Wickel und Umschläge

Wickel und Umschläge helfen schonend. Ihre Wirkung beruht vor allem auf Temperaturreizen – setzen Sie **Wärme und Kälte** deshalb bewußt ein. Die Anwendungen sollten nicht zu heiß, aber auch nicht eiskalt sein. Extreme Reize helfen keinesfalls mehr. Behandeln Sie auch nie bereits kalte Körperteile mit Kälte. Mag Ihr Kind eine Anwendung gar nicht, brechen Sie sie ab.

Es gibt verschiedene Wickel: Warme helfen meist bei chronischen Beschwerden, kalte eher bei akuten Erkrankungen. Ob man einen trockenen oder einen feuchten Wickel anwendet, hängt nicht zuletzt von den Vorlieben des kleinen Patienten ab.

Für den **feucht-warmen Wickel** tauchen Sie ein kleines Frottier- oder Moltontuch in heißes Wasser. Bevor Sie es auflegen, wringen Sie das Tuch etwas aus und lassen es soweit abkühlen, daß es angenehm warm ist – prüfen Sie die Temperatur am eigenen Unterarm. Legen Sie das Tuch auf die Körperstelle, die behandelt werden soll, und umwickeln Sie es mit einem trockenen Moltontuch. Ein großes Handtuch umschließt alles.

Bei **feucht-kalten Wickeln** verfahren Sie ebenso: Nur verwenden Sie dafür kühles statt warmes Wasser. Für einen **trocken-warmen Wickel** lassen Sie ein Moltontuch etwa zehn Minuten bei 150 °C im Back-

ofen. Legen Sie das auf angenehme Temperatur abgekühlte Tuch auf den Körper Ihres Kindes. Wie beim feucht-warmen Wickel folgen auch hier ein trockenes Tuch und ein dickes Handtuch. Eine Wärmflasche oder ein Heizkissen verstärken die Wirkung noch.

Es gibt Wickel für Bauch, Brust, Wade und Hals. Man kann dabei auch die Reflexzone eines inneren Organes behandeln. Meist werden Wickel und Umschläge jedoch dort eingesetzt, wo es weh tut: Also bei Bauchschmerzen ein Bauchwickel, bei Husten oder Heiserkeit dagegen ein Halswickel. Die Ausnahme macht ein „Klassiker": Der **feucht-kühle Wadenwickel**. Wenn Ihr Kind Fieber hat, senken Sie es damit meist erfolgreich. Sie benötigen dafür zwei Leinen- oder Küchenhandtücher. Halten Sie sie unter kaltes Wasser (etwa 18 °C), wringen Sie sie etwas aus und falten Sie sie. Dann legen Sie die Tücher so um die Waden Ihres Kindes, daß sie vom Knöchel bis zum Knie reichen. Darüber wickeln Sie ein Handtuch. Mit einem großen Socken fixieren Sie den Wickel. Liegt Ihr Kind im Bett, legen Sie am besten eine Plastiktüte oder ein Tuch darunter.

Wenn Sie dem Wasser zusätzlich ein bis zwei Eßlöffel Obstessig hinzufügen, verdunstet die Flüssigkeit besser, und der Wickel kühlt noch intensiver. Erneuern Sie den Wadenwickel alle 10 bis 20 Minuten – so lange, bis Sie das Fieber um 1 °C gesenkt haben. Das dauert etwa zwei Stunden.

> **Gut gewickelt – das brauchen Sie**
> - Ein Leinen- oder Baumwolltuch, das feucht, trocken oder mit entsprechenden „Zutaten" direkt auf der Haut liegt
> - Ein Molton- oder ein Handtuch, das darüber gelegt wird
> - Eine leichte Wolldecke oder ein dickes Handtuch als „Abschluß"

Für die kleinen Wehwehchen

Wickel für Brust und Bauch

Ein **Bauchwickel** wirkt entspannend und sorgt dafür, daß die Bauchorgane besser durchblutet werden (auch Kasten unten). Er soll den Körper des Kindes von den Rippen abwärts bis zum Unterbauch bedecken.

Feucht-warme Bauchwickel (Anleitung auf Seite 161) sollten ein bis zwei Stunden liegen bleiben.

Trocken-warme Bauchwickel können Sie mehrere Stunden wirken lassen – so lange, wie es Ihrem kleinen Patienten gefällt.

Bei Magen-Darm-Problemen hilft auch ein **Wickel mit Kamille**. Tauchen Sie ein Moltontuch in warmen Kamillentee. Wringen Sie es gut aus, und legen Sie es auf den Bauch Ihres Kindes.

> **Hierfür eignet sich ein Bauchwickel**
> - Bauchschmerzen
> - Blähungen
> - Durchfall
> - Erbrechen
> - Magenkrämpfe
> - Wichtig: Wenden Sie einen Bauchwickel nicht bei Verdacht auf Blinddarmentzündung an.

Darüber wickeln Sie noch ein trockenes Tuch und ein dickes Handtuch. Lassen Sie die Anwendung ungefähr 15 Minuten einwirken.

Eine weitere geeignete „Wickelzutat" sind **gekochte Pellkartoffeln**. Sie speichern sehr lange die Wärme – es macht jedoch etwas Arbeit, sie für den Wickel vorzubereiten (Anleitung nächste Seite). Legen Sie das mit Kartoffeln „gefüllte" Tuch auf den Bauch Ihres Kindes, und umwickeln Sie alles mit einem großen Tuch oder einer leichten Wolldecke. Der Wickel sollte etwa drei Stunden wirken.

Brustwickel steigern die Durchblutung der Atmungsorgane und helfen vor allem bei Husten und Heiserkeit (Kasten oben rechts).

Um festsitzenden Husten zu lösen, können Sie zusätzlich auf Brust und Rücken Ihres Kindes einige Tropfen Rosenöl verreiben. Oder Sie klopfen den Rücken von unten nach oben ab, bevor Sie den Wickel anlegen.

Trockene, warme Brustwickel (Anleitung Seite 161) können Sie die ganze Nacht einwirken lassen.

Für einen **feucht-warmen Brustwickel** (Anleitung auf

> **Dagegen können Brustwickel helfen**
> - Husten
> - Bronchitis
> - Erkältungen

Seite 161) tauchen Sie das Tuch in heißes Wasser, lassen es etwas abkühlen und legen es auf die Brust Ihres Kindes oder wickeln es einmal straff in Brusthöhe um seinen Körper. Darüber kommen wieder ein trockenes Tuch und ein dickes Handtuch. Lassen Sie den Wickel so lange liegen, wie Ihr Kind mag (in der Regel ungefähr 30 Minuten).

Eine aufwendigere Version ist der Wickel mit **warmem Schweineschmalz**. Es speichert die Wärme recht lange. Erhitzen Sie etwas Schmalz in der Pfanne. Anschließend lassen Sie das Fett abkühlen und reiben es mit der Hand auf Brust und Rücken des Kindes. Komplett wird dieser Wickel, wenn Sie darüber ein ebenfalls angewärmtes Moltontuch legen. Umwickeln Sie alles mit einem Handtuch, und lassen Sie es über Nacht einwirken.

Brustwickel mit Quark wirken bei Husten und spastischer Bronchitis krampf- und schleimlösend. Hierfür brauchen Sie zwei Stoffwindeln und ein Handtuch. Streichen Sie auf eine der Windeln fingerdick zimmerwarmen Magerquark: Die Schicht sollte ungefähr zehn Zentimeter breit sein und so lang, daß sie einmal über den ganzen Brustkorb des Kindes reicht. Decken Sie den Quark mit der anderen Windel ab, und wickeln Sie alles in Brusthöhe um den Oberkörper Ihres Kindes.

Das Handtuch falten Sie längs – es soll aber breiter als der kindliche Brustkorb sein – und wickeln es darüber. Der Quarkwickel kann für mindestens eine Stunde liegen bleiben.

Hausmittel

Halswickel und Ohrkompresse

Wenn es in der kalten Jahreszeit im Hals kratzt, greifen wir automatisch zum dicken Schal – vor allem die Kleinsten werden jetzt gut eingepackt. Und das ist auch richtig so: Wärme fördert die Durchblutung. Sitzt die Erkältung schon im Hals, werden Krankheitserreger so schneller abtransportiert.

Ein **warmer Halswickel** ist besonders rasch gemacht: Legen Sie einfach einen Wollschal auf die Heizung. Ist er warm, umwickeln Sie den Hals Ihres Kindes damit. Achten Sie darauf, daß der Schal nicht aus einem kratzigen Material ist.

Etwas aufwendiger ist es, einen **Kartoffelwickel** vorzubereiten. Er wirkt jedoch dafür besonders intensiv, weil Kartoffeln die Wärme sehr lange speichern. Kochen Sie für diesen Wickel Pellkartoffeln, und legen Sie diese noch warm und ungeschält in die Mitte eines Leinentuches. Zerdrücken Sie die Kartoffeln, und schlagen Sie die freien Enden des Tuches darüber. Legen Sie das mit Kartoffeln „gefüllte" Tuch um den Hals Ihres Kindes und darüber noch einen Wollschal. Lassen Sie den Wickel am besten zwei bis drei Stunden einwirken.

Ein **kühler Halswickel** hemmt die Entzündung im Hals – setzen Sie ihn jedoch nie ein, wenn Ihr Kind Fieber hat oder fröstelt.

Für diesen Wickel befeuchten Sie ein Küchentuch mit kaltem Wasser, wringen es aus und falten es mehrmals. Dann legen Sie Ihrem Kind das Tuch um den Hals – darüber kommt wieder ein trockenes Leinentuch und ein Wollschal. Nach etwa 10 bis 15 Minuten sollten Sie den Wickel entfernen. Trocknen Sie den Hals Ihres Kindes sehr gut ab, und sorgen Sie dafür, daß er nach dieser Behandlung warm gehalten wird.

Ein **Quarkwickel** hilft, wenn der Hals Ihres Kindes stark verschleimt ist. Hierfür bestreichen Sie ein Leinentuch fingerdick mit zimmerwarmem Magerquark, und zwar so, daß in der Mitte ein Streifen des Tuches mit Quark bedeckt ist, die Seiten jedoch nicht. Schlagen Sie die freien Längsseiten nun über die Quarkschicht, und legen Sie das Ganze faltenfrei um den Hals Ihres Kindes. Darüber schlingen Sie einen Wollschal oder ein Handtuch.

Bei akuten Ohrenschmerzen (Seite 70) kann eine **Ohrkompresse** mit gehackter, roher Zwiebel den Schmerz lindern. Sie wirkt entzündungshemmend und abschwellend.

Für eine Ohrkompresse hacken Sie eine rohe Zwiebel und wickeln sie in ein Stofftaschentuch oder eine Baumwollsocke. Fixieren Sie alles mit einem Tuch oder einer Mütze auf der Ohrmuschel Ihres Kindes, und lassen Sie die Kompresse ein bis zwei Stunden wirken.

Die Kompresse kann zwar oft die Schmerzen lindern: Die Bakterien im Mittel- und Innenohr kann sie jedoch nicht bekämpfen! Sie müssen also bei Ohrenschmerzen unbedingt mit Ihrem Kind zum Arzt gehen, auch wenn diese nach dem Einsatz der Kompresse abgeklungen sind. Eine verschleppte Mittelohrentzündung kann unter Umständen dazu führen, daß Ihr Kind taub wird oder den Gleichgewichtssinn verliert. Auch chronische Entzündungen im Ohr oder ein Hirnabszeß können die Folge sein.

Erkrankungen, gegen die Halswickel helfen

- Halsentzündungen
- Erkältungen
- Verspannungen im Nacken- und Halsbereich (dagegen bitte grundsätzlich nur warme Wickel anwenden)

Für die kleinen Wehwehchen

Bäder

> **Wasser – richtig eingesetzt**
>
> Folgende wichtige Regeln sollten Sie bei Wasseranwendungen beachten:
> - Führen Sie grundsätzlich keine kalten Wasseranwendungen bei Ihrem Kind durch, wenn es friert, fröstelt, kalte Hände oder kalte Füße hat.
> - Wenn Sie Ihr Kind mit einer warmen Wasseranwendung behandeln möchten, steigern Sie bitte die Temperatur immer nur langsam. Fangen Sie also keinesfalls gleich mit ganz heißem Wasser an.
> - Eine warme Anwendung schließt man mit einem kurzen kühlen Guß oder Wickel ab, damit sich die Blutgefäße wieder zusammenziehen und die Wärme im Körper bleibt. Anschließend ziehen Sie Ihr Kind warm genug an oder legen es ins Bett, damit es nicht auskühlt.
> - Machen Sie bei Fieber keine warmen Anwendungen.

Wasser ist vielseitig anwendbar. Sie können es kalt oder warm, am ganzen Körper oder an bestimmten Stellen einsetzen.

Bereits im 19. Jahrhundert erforschte der Pfarrer Sebastian Kneipp die medizinischen Einsatzmöglichkeiten des Wassers: In Form von Umschlägen, Kompressen, Bädern, Inhalationen oder Güssen. Seitdem sind die **Kneippschen Wasseranwendungen** kontinuierlich weiterentwickelt worden.

Wasseranwendungen wirken vor allem durch **Temperaturreize**. Geeignete Badezusätze können diese Wirkung noch unterstützen.

Behandeln Sie Ihr Kind mit **warmem Wasser**, wird die Durchblutung des betreffenden Körperteils gesteigert. Das wirkt muskelentspannend und krampflösend. **Kälte** dagegen verengt die Gefäße, dadurch wird dem Körper Wärme entzogen. Das nutzt man bei Fieber aus. Kaltes Wasser wirkt außerdem entzündungshemmend, schmerzlindernd und abschwellend.

Der **Wechsel von Kälte und Wärme** schließlich trainiert die Gefäße, stärkt das Abwehrsystem Ihres Kindes und beugt so Erkrankungen vor.

Bedenken Sie bitte, daß Wasseranwendungen immer nur unterstützende Maßnahmen sein können. Sie sollten den Arzt aufsuchen, wenn – etwa bei Fieber oder anderen Erkrankungen – keine Besserung eintritt.

Hausmittel

Bäder

Ein **Vollbad** kann für ein krankes Kind belastend sein. Vor einer solchen Anwendung sprechen Sie deshalb mit Ihrem Arzt. Baden Sie Ihr Kind nie, wenn es gerade gegessen hat.

Mit einem **Abkühlungsbad** können Sie hohes Fieber senken. Beginnen Sie mit einer Wassertemperatur, die etwa 1 °C unter der Körpertemperatur Ihres Kindes liegt. Lassen Sie nun kühleres Wasser hinzulaufen – bis eine Wassertemperatur von etwa 34 °C erreicht ist. Nach höchstens fünf bis zehn Minuten packen Sie Ihr Kind ins warme Bett.

Bei Entzündungen am Po (Seite 19, 102f.) hilft ein **Sitzbad**. Setzen Sie Ihr Kind ins Wasser (etwa 37 °C), das bis zur Hüfte reichen sollte. Vorsichtiges Zugeben von heißem Wasser hält die Temperatur konstant. Nach zehn Minuten beenden Sie das Bad und legen Ihr Kind eine halbe Stunde ins Bett.

Ein **Kopfdampfbad** zum Inhalieren wirkt bei Erkältungen, Schnupfen und Husten. Durch den warmen Dampf werden die Schleimhäute besser durchblutet, der Schleim löst sich. Geben Sie für das Dampfbad einen gestrichenen Eßlöffel Salz in zwei Liter kochendes Wasser. Nehmen Sie Ihr Kind auf den Schoß, und beugen Sie sich mit ihm über den dampfenden Topf. Dabei ist selbstverständlich Vorsicht oberstes Gebot: Sie können das heiße Wasser auch ins Handwaschbecken geben – so kann nichts umkippen, und die Verbrühungsgefahr ist geringer. Legen Sie über Kopf und Schultern ein großes Tuch. Das Kind sollte die Augen geschlossen halten und durch die Nase einatmen. Zehn Minuten reichen aus.

DER NASSE MÜDEMACHER

Lena war ein anstrengendes Kind: Den ganzen Tag hüpfte sie wie ein Stehaufmännchen umher. Und auch abends war sie nicht zu beruhigen. Wir trugen sie stundenlang herum. Wir raunten ihr im abgedunkelten Zimmer selbstgedachte Märchen ins Ohr. Auch Schnuller oder Flasche brachten unseren nimmermüden Zwerg nur für wenige Minuten zur Ruhe. Bis mir die rettende Idee kam: Ein wohltemperiertes Bad brachte das kleine Energiebündel schließlich zum „Erliegen". Allabendlich genossen wir nun die Wirkung dieses Wundermittels: Sobald Lena im warmen Wasser saß, überkam sie Müdigkeit, und nach dem Abtrocknen und Windeln fiel sie sofort in tiefen, erholsamen Schlaf.

Zusätze zum Vollbad

- Bei Juckreiz und Neurodermitis: 100 Gramm Eichenrinde in einem Liter Wasser eine halbe Stunde kochen.
- Bei nässenden Ekzemen und Neurodermitis: 50 Gramm Weizenkleie in einem Liter Wasser 10 Minuten lang kochen.

Für die kleinen Wehwehchen

Heilende Tees

Ob im fernen Asien, in den Teestuben arabischer Länder oder in feinen englischen Landhäusern: Überall auf der Welt hat das Teetrinken eine lange Tradition. Der Teegenuß steht dabei oft für gemütliche oder gesellige Stunden. Tee kann aber noch viel mehr: Bestimmte Teesorten helfen sehr gut bei Erkältungen, Magen-Darm-Problemen und Harnwegsinfekten.

Sie können sich dafür Ihren ganz „persönlichen" Tee zusammenstellen oder in der Apotheke eine fertige Mischung kaufen. Darüber hinaus kann Ihnen auch Ihr Apotheker eine spezielle Teemischung zubereiten. Kaufen Sie Tee stets in kleinen Mengen, da er nur begrenzt haltbar ist. Bewahren Sie ihn lichtgeschützt in dunklen Glasgefäßen auf.

Wenn Sie Ihrem Kind Tee zubereiten, geben Sie ihn immer schön warm – also nicht zu heiß und nicht kalt. Mag Ihr Kind den Tee „pur" nicht, können Sie einen Löffel Honig hineingeben (Vorsicht: Bitte nicht im ersten Lebensjahr!).

Viele Heilkräuter eignen sich aber nicht nur zur Teezubereitung: Auch zum Inhalieren (Seite 165) sowie bei Wickeln (Seite 161ff.) können Sie entsprechende Heilkräuter hinzufügen.

Auf dieser und der folgenden Seite finden Sie Rezepte für einige Tees, die verschiedene Erkrankungen lindern helfen. Für eine Tasse Tee benötigen Sie etwa 150 Milliliter. Wenn Sie gleich für den ganzen Tag vorkochen möchten, bereiten Sie einfach entsprechend mehr Tee zu und halten ihn in einer Thermoskanne warm.

Bei Hustenreiz und Fieber

■ Tee aus **Lindenblüten** (Abbildung rechts) ist schweißtreibend und lindert Hustenreiz. 1 Teelöffel Blüten in 1/4 Liter kochendem Wasser 5 bis 10 Minuten ziehen lassen.

Bei Fieber und Erkältungen

■ Tee aus **Holunderblüten** (Abbildung links) wirkt schweißtreibend. 2 Teelöffel davon mit 1/4 Liter kochendem Wasser übergießen, 10 Minuten ziehen lassen. Packen Sie Ihr Kind ins warme Bett, nachdem es den Tee getrunken hat, so kann es die Krankheit „ausschwitzen".

Bei Husten mit Verschleimung

■ Mischen Sie 25 Gramm Fenchelfrüchte (Abbildung rechts) mit 20 Gramm Thymiankraut, 25 Gramm Isländisch Moos und 20 Gramm Spitzwegerichkraut. 2 Teelöffel dieser Mischung zerstoßen, mit einer Tasse kochend heißem Wasser übergießen und etwa 10 Minuten lang ziehen lassen. Dann durch ein Teesieb abseihen. Ihr Kind kann davon mehrmals täglich eine halbe bis eine Tasse trinken.

Hausmittel

Heilende Tees

Bei trockenem Husten

- 25 Gramm Eibischwurzel, 10 Gramm Fenchel (vorher zerstoßen), 20 Gramm Thymiankraut (Abbildung unten) mischen. 2 Teelöffel davon mit 1/4 Liter kochendem Wasser übergießen. 10 Minuten ziehen lassen und abseihen. Täglich bis zu drei Tassen geben.

Bei Schlafstörungen

- **Tee aus Hopfen** 2 Teelöffel Hopfenzapfen mit 1/4 Liter kochendem Wasser übergießen und 10 Minuten ziehen lassen. Dann durch ein Sieb abseihen. Geben Sie Ihrem Kleinkind davon eine Tasse vor dem Schlafengehen.

Bei Halsschmerzen

- **Salbeitee** kann getrunken oder zum Gurgeln verwendet werden. 1/2 Teelöffel getrockneten Salbei oder einige frische Salbeiblätter (Abbildung oben) mit 1/4 Liter kochendem Wasser übergießen, 10 Minuten ziehen lassen, abseihen. Ihr Kind sollte mit dem Tee stündlich gurgeln und ihn danach hinunterschlucken. Kann es nicht gurgeln, sollte es den Tee in kleinen Schlucken trinken.
- **Kamillentee** Übergießen Sie 1 Teelöffel Kamillenblüten (Abbildung rechts) mit 1/2 Liter kochendem Wasser. Den Aufguß etwa 10 Minuten ziehen lassen, dann abseihen. Bis zu dreimal täglich eine Tasse geben.

Bei Durchfall

- **Brombeerblättertee** 2 Teelöffel Brombeerblätter mit 1/2 Liter kochendem Wasser übergießen, 10 Minuten ziehen lassen und abseihen. Täglich schluckweise bis zu 1 Liter trinken lassen.
- **Blaubeertee** 5 Teelöffel getrocknete Blaubeeren in 1/2 Liter kaltes Wasser geben, erhitzen und 10 Minuten kochen lassen. Danach durch ein Teesieb abseihen. Dreimal täglich maximal eine Tasse geben.

Bei Magen-Darm-Beschwerden und Blähungen

- je 25 Gramm Anis (Vorsicht: kann Allergie auslösen!), Fenchel- und Kümmelfrüchte, Pfefferminzblätter (Abbildung oben) und Kamillenblüten (links). Anis-, Fenchel- und Kümmelfrüchte unmittelbar vor dem Gebrauch zerquetschen oder in der Apotheke zerstoßen lassen, mit den übrigen Zutaten mischen. 1 bis 2 Teelöffel davon mit einer Tasse kochendem Wasser übergießen und 10 Minuten ziehen lassen. Babys bekommen täglich 1 Teelöffel davon ins Fläschchen. Größeren Kindern bieten Sie mehrmals täglich 1 Teelöffel voll an.

Für die kleinen Wehwehchen

Tricks und Handgriffe

Vor allem in den ersten Lebensjahren des Kindes wirft eine Krankheit die Eltern oft genauso aus der Bahn wie den kleinen Patienten.

Sie sollten jedoch gerade jetzt kühlen Kopf bewahren, damit Ihr Kind rasch wieder gesund wird: Verschreibt Ihr Arzt etwas, informieren Sie sich unbedingt genau, wie Ihr Kind die **Medikamente einnehmen** soll: Einige vertragen sich nicht mit bestimmten Speisen oder weiterer Arznei, andere müssen nüchtern genommen werden, manche vor, einige nach dem Essen und so weiter. Wenn Sie etwas nicht genau verstanden haben, fragen Sie lieber nochmals nach – wenn nötig, schreiben Sie sich auf, was Ihr Arzt sagt.

Es ist wichtig, daß Ihr Kind seine Medizin auch einnimmt. Oft sind Medikamente für Kleinkinder ohnehin zu einem süßen Sirup verarbeitet. Darüber hinaus gibt es Tricks und Belohnungen, die das Kind dazu bewegen, die Medizin einzunehmen. Zeigen Sie Ihrem Kind vor allem, daß Sie entschlossen sind, ihm die Medizin zu geben – natürlich, ohne es zu bestrafen.

Ihr Kind wird sich ganz selten körperlich wehren. Nur dann muß im allerletzten Notfall Zwang helfen.

Am besten legen oder setzen Sie Ihr Kind auf Ihren Schoß und klemmen dabei einen seiner Arme unter die eigene Achsel. Den anderen Arm können Sie dann gut festhalten, während Sie Ihrem Kind die Medizin geben (siehe Abbildung).

Ohren- oder Nasentropfen können Sie vorher im Wasserbad anwärmen. Die Pipette sollte Nase oder Ohr möglichst nicht berühren, sonst könnten Krankheitserreger in die Flasche gelangen. Rezeptfreie Tropfen sollten Sie immer nur kurzfristig anwenden. Um Ihrem Kind Ohrentropfen zu verabreichen, legen Sie es so hin, daß das kranke Ohr oben liegt. Geben Sie die Tropfen dann mittig in den äußeren Gehörgang. Halten Sie das Köpfchen in dieser Position noch einige Sekunden fest, damit die Tropfen in den Gehörgang sickern können. Müssen Sie Ihrem Kind Nasentropfen geben, legen Sie es auf den Rücken und überstrecken seinen Kopf vorsichtig etwas nach hinten.

Um **Augentropfen** einzuträufeln, neigen Sie den Kopf Ihres Kindes ein wenig zur kranken Seite. Dann ziehen Sie das Unterlid nach unten und lassen die Tropfen auf das Innere des Unterlides fallen. Ist Ihr Kind sehr unruhig, können Sie die Tropfen auch in den inneren Augenwinkel geben. Der Lidschlag verteilt die Flüssigkeit dann im Auge.

Um ein **Zäpfchen** zu geben, bringen Sie Ihr Kind in die gleiche Position wie zum rektalen Fiebermessen (nächste Seite). Damit das Zäpfchen gleitfähiger ist, geben Sie etwas fetthaltige Salbe darauf.

Hausmittel

Tricks und Handgriffe

Hat Ihr Kind einen Fremdkörper im Auge oder eine eitrige Bindehautentzündung, müssen Sie sein **Auge auswischen**. Nehmen Sie dafür ein Stofftuch, das nicht fusselt, oder einen Einmalwaschlappen. Tauchen Sie das Tuch in abgekochtes, abgekühltes Wasser, und wischen Sie das Auge von außen nach innen aus. Verwenden Sie keine Kamille – sie könnte allergische Reaktionen auslösen.

Wenn Sie eine **Wärmflasche** benutzen, sollten Sie sie nicht bis zum Rand füllen. Streichen Sie beim Einfüllen behutsam die Luft heraus, da sonst das Wasser schneller abkühlt. Wickeln Sie etwas Stoff um die Flasche, damit das heiße Gummi nicht direkt auf dem Körper Ihres Kindes liegt.

Um das lästige **Fiebermessen** kommen Sie und Ihr Kind oft nicht herum. Elektronische Thermometer, die im Ohr angesetzt werden, eignen sich nicht für Babys und Kleinkinder, denn sie messen ungenau. Verwenden Sie ein quecksilberfreies Thermometer (Quecksilber ist ein sehr giftiges Schwermetall), am besten mit Digitalanzeige.

Bei Säuglingen und Kleinkindern messen Sie die Körpertemperatur am genauesten rektal, das heißt im Po.

Vor dem Messen fetten Sie die Spitze des Thermometers mit etwas Babycreme ein. Dann legen Sie Ihr Kind auf den Rücken

und halten mit einer Hand seine Beine nach oben. Sie können den kleinen Patienten auch bäuchlings über Ihre Knie legen. Führen Sie die Spitze des Thermometers etwa zwei Zentimeter weit ein. Während der Messung halten Sie Ihr Kind und das Thermometer gut fest.

Von Fieber spricht man bei einer Temperatur von über 38 °C (rektal gemessen). Die Höhe der Temperatur zeigt dabei nicht unbedingt immer an, wie schwer ein Kind erkrankt ist.

Fieber ist eine Abwehrreaktion des Körpers und sollte deshalb nicht grundsätzlich unterdrückt werden – es sei denn, die Körpertemperatur Ihres Kindes steigt über 39,5 °C, es ist unruhig und verwirrt oder leidet unter Fieberkrämpfen.

Wie Sie Ihr Baby oder Kleinkind „verarzten"

- Am besten geht es zu zweit: Vor allem die ersten Male sollten Sie sich einen „Helfer" suchen. Einer kann dann das Kind festhalten, ablenken und trösten, während der andere die Medizin gibt. Folgende Tricks können Sie genausogut aber auch allein einsetzen:
- Wenn Ihr Baby sich kräftig bewegt, hüllen Sie es in eine Decke.
- Geben Sie Ihrem Baby oder Kleinkind immer nur wenig Arznei in den Mund, damit es sich nicht daran verschluckt.
- Halten Sie Ihrem Kind die Nase leicht zu, dann schmeckt es weniger von der Medizin.
- Stellen Sie sein Lieblingsgetränk zum „Nachspülen" bereit.
- Tabletten können Sie zerkleinern und mit etwas Süßem (Marmelade oder Eis) mischen.
- Wenn Sie Ihrem Kind flüssige Medikamente (Tropfen, Sirup) geben, lassen Sie es aufrecht sitzen oder stehen: Wenn es flach auf dem Rücken liegt, kann es sich sonst leicht an der Medizin verschlucken. Babys sitzen dabei am besten in Ihrer Armbeuge, mit der anderen Hand können Sie die Medizin verabreichen (siehe vorhergehende Seite).
- Flüssige Medikamente können Sie Ihrem Kind am besten mit einem Löffel, ebenso aber auch mit einer Pipette geben.

Erste Hilfe

Auf alles gut vorbereitet

Ob beim Krabbeln, beim Laufenlernen oder später beim Herumtollen: Verletzungen gehören zum Kinderleben. Glücklicherweise tragen die Zwerge meist nur recht harmlose Kratzer davon. Sollte es doch einmal schlimmer kommen, ist es wichtig zu wissen, wie Sie richtig und schnell reagieren und was Sie tun können, bis ein Arzt kommt.

Auf alles gut vorbereitet

Hausapotheke

Kleine Kinder wollen alles erforschen und sind ständig in Bewegung: Kein Wunder, daß sie sich öfter ein paar Schrammen holen. Die harmlosen „Wehwehchen" müssen verarztet werden.

Darüber hinaus sollten Sie im Notfall auch schwerere Verletzungen rasch versorgen können.

Dafür ist eine Hausapotheke unentbehrlich. Hier haben Sie immer alles Nötige parat, um eine Wunde zu versorgen. Außerdem sollten sich darin Medikamente für die häufigen leichten Infekte befinden.

Am besten eignet sich ein **abschließbares Schränkchen** als Hausapotheke. Sie sollten es nicht in Bad oder Küche stellen, da es dort zu feucht sein kann. Jedes erwachsene Familienmitglied muß wissen, wo die Apotheke steht – so wird im Notfall unnötige Hektik vermieden. Für Kinder muß sie natürlich unerreichbar sein.

Da man gerade auf Reisen nicht vor Unfällen und Verletzungen geschützt ist, sollten Sie im Urlaub stets eine **Reiseapotheke** bei sich haben. Am besten bewahren Sie diese in einer kleinen handlichen Tasche auf, die wasserdicht und gut zu verschließen ist.

Sie sollte Verbandsmaterial (Pflaster, Mullbinden, elastische Binden, sterile Kompressen), ein Fieberthermometer, eine Pinzette und folgende Medikamente enthalten: Fieberzäpfchen, Wunddesinfektionssalbe, Tabletten gegen Durchfall, Sonnenschutzcreme und Gel gegen Insektenstiche.

Das gehört in die Hausapotheke

Verbandsmaterial:
- Heftpflaster, auf der Rolle ohne Mull
- Heftpflaster mit Mull – 4, 6 und 8 Zentimeter breit
- Sterile Mullkompressen (jeweils 2 Stück à 8 x 6 und à 8 x 10 Zentimeter)
- Elastische Binden (6 und 8 Zentimeter) mit Klammern
- Mullbinden, 6 und 8 Zentimeter breit
- Augenkompressen, steril verpackt
- Verbandswatte, Klammerpflaster, Dreiecktuch

Medikamente:
- Schmerz- und Fiebermittel als Saft oder Zäpfchen
- Abschwellende Nasentropfen
- Meerwasser-Nasenspray
- Wunddesinfektionsmittel
- Brandsalbe
- Hustensaft
- Kohletabletten gegen Durchfall
- Medikamente, die Ihr Kind speziell benötigt

Instrumente und anderes Zubehör:
- Fieberthermometer
- Verbandsschere
- Pinzette
- Wärmflasche
- Mikroklistier (Einlauf)
- Sterile Einmalhandschuhe

Erste Hilfe

Bewußtlosigkeit

Ursachen
- Alkohol- oder Medikamentenvergiftungen
- Epilepsie (Krampfanfälle)
- Schwere Unfälle
- Infektionen, etwa eine Hirnhautentzündung
- Zuckerkrankheit
- Schock

Symptome
- Ihr Kind ist nicht ansprechbar.
- Es reagiert wenig bis gar nicht auf äußere Reize (ansprechen, ins Ohr kneifen).
- Das Kind ist auffallend blaß.

Was tun?
- Zuerst müssen Sie herausfinden, ob Ihr Kind noch atmet. Dazu halten Sie Ihr Ohr an seinen Mund und schauen dabei auf seinen Brustkorb. Wenn Ihr Kind noch atmet, spüren Sie den Atemzug am Ohr und sehen gleichzeitig, daß sich die Brust des Kindes hebt und senkt. Ist das der Fall, bringen Sie es in folgenden fünf Schritten in die stabile Seitenlage (atmet es nicht mehr: Seite 185ff.):
  1. Knien Sie sich neben Ihr Kind, das auf dem Rücken liegt. Drehen Sie seinen Kopf ein wenig zu sich, und überstrecken Sie ihn dabei leicht nach hinten.
  2. Der Arm des Kindes, der Ihnen am nächsten liegt, wird unter seinen Körper geschoben. Das Bein der gleichen Körperseite beugen Sie im Kniegelenk.
  3. Dann fassen Sie die entferntere Schulter und Hüfte und drehen Ihr Kind zu sich herum.
  4. Jetzt schieben Sie die Hand des oberen Armes unter die Wange des Kindes.
  5. Abschließend strecken Sie den Kopf Ihres Kindes noch etwas in Richtung Nacken.
- Wichtig: Ein bewußtloses Kind dürfen Sie niemals allein lassen. Es besteht immer Lebensgefahr. Rufen Sie unbedingt sofort den Notarzt.

Ob nach einem Unfall oder scheinbar aus heiterem Himmel: Liegt Ihr Kind da, und können Sie es weder durch Ansprechen noch durch andere Reize aufwecken – wie leichtes Kneifen ins Ohr oder in die Nase, einen kleinen Klaps auf die Wange –, ist es bewußtlos.

Je nach Tiefe und Dauer der Bewußtlosigkeit gibt es verschiedene Stadien, die fließend ineinander übergehen können.

Die erste Phase ist die **Somnolenz**. Ihr Kind ist schläfrig, Sie können es aber jederzeit aufwecken. Im zweiten Stadium, dem **Stupor**, reagiert es nur noch auf starke (Schmerz-)Reize. Die dritte und gefährlichste Phase ist das **Koma**: Das Kind zeigt keine Reaktion mehr auf äußere Reize.

Atmet das bewußtlose Kind noch, bringen Sie es in die **stabile Seitenlage** (siehe Kasten). Da der Würge- und Hustenreflex bei Bewußtlosigkeit nicht mehr funktioniert, könnte Ihr Kind sonst an Erbrochenem, Schleim oder Blutungen aus Mund oder Nase ersticken.

Atmet Ihr Kind nicht mehr, müssen Sie es sofort beatmen (Seite 185ff.).

Elektrounfälle

Elektrische Geräte, die leuchten, Musik oder andere Geräusche machen, faszinieren einfach jedes Kind. Deshalb passieren Elektrounfälle häufig, wenn Kinder unbeaufsichtigt mit Haushaltsgeräten spielen oder an ungesicherten Steckdosen hantieren.

Elektrounfälle können zu tiefen und gefährlichen **Verbrennungen** führen. Weitere Komplikationen entstehen, wenn durch die Elektrizität **Nervenbahnen**, **Herzmuskel** oder **Atmungsorgane** beeinträchtigt werden.

Durch die Wirkung der Elektrizität kommt es zu ruckartigen Körperbewegungen: Dabei stürzt das Kind unter Umständen auch noch und zieht sich weitere Verletzungen zu, wie zum Beispiel **Knochenbrüche**.

Bei Elektrounfällen mit Spannungen bis 220 Volt entstehen Verbrennungen, die sogenannten **Strommarken**. Sie sehen meist wie kleine Brandwunden aus, reichen aber häufig tief in das Gewebe.

Bei Unfällen, die durch Hochspannung – wie etwa Blitzschlag – verursacht werden, müssen Sie immer sofort den Notarzt rufen.

Mögliche Folgen eines Elektrounfalls

- Die Verletzungen an der Ein- und Austrittsstelle (Strommarken) können bis tief ins Gewebe reichen oder sogar zum Nierenversagen führen.
- Herzrhythmusstörungen können noch nach Stunden auftreten.
- Ist durch den Unfall das zentrale Nervensystem betroffen, können Bewußtlosigkeit, Krampfanfälle, Atemstillstand und Lähmungen die Folge sein.

Wie Sie Elektrounfällen vorbeugen

- Jede Steckdose braucht eine Kindersicherung.
- Lassen Sie angeschaltete elektrische Geräte niemals unbeaufsichtigt.
- Achten Sie darauf, daß Sie keine defekten Elektrogeräte in Ihrem Haushalt benutzen.
- Erziehen Sie Ihr Kind frühzeitig zu vorsichtigem Umgang mit Elektrogeräten – und gehen Sie dabei mit gutem Beispiel voran.

Was tun?

- Die Stromzufuhr muß sofort unterbrochen werden, wobei Sie selbst den Kontakt mit der Stromquelle vermeiden müssen: Drehen Sie die Sicherung heraus, ziehen Sie den Stecker, oder schieben Sie mit Hilfe eines nichtleitenden Gegenstandes das Elektrogerät beiseite.
- Berühren Sie Ihr Kind erst, wenn der Stromkreis unterbrochen ist – andernfalls gefährden Sie sich lediglich selbst, ohne daß Sie Ihrem Kind dann noch helfen könnten.
- Ist Ihr Kind bei Bewußtsein? Atmet es? Bei Bewußtlosigkeit bringen Sie es in stabile Seitenlage (Seite 173), atmet es auch nicht, beginnen Sie mit Wiederbelebung (Seite 185ff.). Anschließend kühlen Sie die Strommarken (Ein- und Austrittsstelle des Stromes) 10 bis 15 Minuten mit kaltem Wasser. Dann decken Sie die Brandwunden mit Verbandsstoff ab.
- Es besteht eine hohe Infektionsgefahr. Außerdem leidet Ihr Kind möglicherweise unter inneren Verletzungen oder Störungen, die für Sie nicht erkennbar, aber gefährlich sind (siehe Kasten oben links). Bringen Sie deshalb Ihr Kind nach einem Elektrounfall auf jeden Fall zum Arzt. Er wird wenn nötig auch den Tetanusschutz (Seite 131f.) auffrischen.

Erste Hilfe

Ertrinken

Ertrinken zählt zu den häufigsten Todesursachen bei Kleinkindern. Das Wasser muß dabei keineswegs tief sein: Die Kleinen können auch schon in seichtem, nur wenige Zentimeter tiefem Wasser ertrinken.

Bringen Sie sich bei der **Rettung** grundsätzlich nicht selbst in Gefahr.

Atmet das Kind nicht mehr, beginnen Sie sofort nach der Rettung mit der **Wiederbelebung** (siehe Kasten). Versuchen Sie nicht, zuerst das Wasser aus der Lunge zu holen.

Vorbeugung

- Besonders wenn Sie einen eigenen Swimmingpool haben oder oft mit Ihren Kindern ins Schwimmbad oder an den Strand gehen, sollten die kleinen Wasserratten schon früh – etwa mit drei Jahren – das Schwimmen lernen. Dreijährige verlernen es jedoch schnell wieder. Üben Sie also regelmäßig mit Ihren Kindern.

Was tun nach der Rettung aus dem Wasser?

- Wenn Ihr Kind noch bei Bewußtsein ist und normal atmet, hüllen Sie es in warme Decken ein. Trotzdem muß es grundsätzlich nach einem solchen Unfall zur Beobachtung zum Arzt, da unter Umständen noch Stunden später plötzlich Atemprobleme auftreten können.
- Ist Ihr Kind bewußtlos, atmet aber noch, bringen Sie es in die stabile Seitenlage (Seite 173) und decken es warm zu. Beobachten Sie weiterhin genau seine Atmung, um notfalls mit der Mund-zu-Nase-Beatmung (Seite 185ff.) zu beginnen.
- Wenn Ihr Kind bewußtlos ist und nicht mehr atmet, müssen Sie sofort mit Wiederbelebung – Beatmung und Herzmassage – beginnen (Seite 185ff.). Bei starker Unterkühlung können Wiederbelebungsversuche auch nach mehreren Minuten noch erfolgreich sein.

Auf alles gut vorbereitet

Fremdkörper und Ersticken

Babys bekommen häufig Nahrungsmittel in die Luftröhre, wenn sie von älteren Geschwistern gefüttert werden. Erklären Sie darum Ihren „Großen", daß ein Baby noch nicht so essen kann wie sie.

Kleinkinder erkunden die Umwelt mit dem **Mund** – dabei wird manch interessante Neuentdeckung verschluckt. Das passiert auch mit Lebensmitteln, die die Kleinen noch nicht richtig kauen können. Am häufigsten kommt das im zweiten und dritten Lebensjahr vor.

Oft läuft das Kind auch mit Essen im Mund herum. Fällt es hin oder erschrickt es, können glatte Nahrungsteile in die **Luftröhre** rutschen, weiche und klebrige Lebensmittel geraten eher in die **Speiseröhre**.

Knöpfe und Perlen sind nichts für Kleinkinder: Sie werden oft in die **Nase** gesteckt. Von hier können sie in die Luftröhre und schließlich in die **Bronchien** gelangen. Ihr Kind bekommt daraufhin einen schweren Hustenanfall und dann weitere keuchhustenartige Attacken.

Auch andauernder, einseitiger, gelblicher Schnupfen oder häufiges Nasenbluten können durch einen Fremdkörper ausgelöst sein.

Wenn Sie befürchten, daß Ihr Kind einen Fremdkörper eingesaugt (aspiriert) hat, suchen Sie sofort einen Arzt auf – es besteht **Lebensgefahr**! Der Gegenstand kann die Luftwege versperren und zum Ersticken führen.

Der Arzt hört die Lunge ab und röntgt sie. Dann wird er den Fremdkörper – wenn nötig unter Narkose – entfernen.

Wie erkenne ich, daß mein Kind etwas verschluckt hat?

- Ihr Kind beginnt plötzlich zu husten.
- Wenn sich der Fremdkörper im Kehlkopfbereich verklemmt hat, läuft das Gesicht des Kindes blau an.
- Gelangen kleinere Gegenstände tiefer in Lunge und Bronchien, verursachen sie dort meist wenig oder gar keine Beschwerden. Nach einigen Tagen entsteht aber eine Bronchitis.

Was tun, wenn sich Ihr Kind an einem Fremdkörper verschluckt hat?

- Rufen Sie möglichst eine zweite Person zu Hilfe, die einen Rettungswagen benachrichtigt.
- Ermuntern Sie Ihr Kind zum Husten und Würgen, damit es den Fremdkörper eventuell durch eigene Anstrengung herausbekommt.
- Wenn das nicht gelingt oder Ihr Kind nicht hustet, legen Sie es so auf Ihren Schoß, daß sein Oberkörper und die Arme herunterhängen. Schlagen Sie ihm – natürlich nicht zu kräftig – mehrmals mit der flachen Hand zwischen die Schulterblätter. Babys werden nicht über die Knie, sondern auf den Unterarm gelegt, wobei die Brust des Babys auf Ihrer Hand liegt.
- Bleibt auch diese Maßnahme erfolglos, umfassen Sie das stehende Kind von hinten in Höhe der Taille. Bilden Sie mit der rechten Hand eine Faust, legen Sie die linke Hand darüber, und umfassen Sie mit ihr das rechte Handgelenk. Stoßen Sie mehrmals kräftig mit beiden Händen nach innen aufwärts zwischen Nabel und Rippenbogen. Durch diesen Druck von unten sollte sich der Fremdkörper lösen.
- Danach legen Sie Ihr Kind wieder kopfüber auf den Schoß und klopfen erneut zwischen die Schulterblätter, damit der gelockerte Fremdkörper herausfliegen kann.
- Ist Ihr Kind bewußtlos, und atmet es nicht mehr, beginnen Sie sofort mit Beatmung und Herzmassage (Seite 185ff.).

Woran sich Kinder häufig verschlucken

- Erdnüsse stehen ganz oben auf der „Hitliste" verschluckter Sachen
- Erbsen und andere Hülsenfrüchte sind besonders gefährlich, weil sie aufquellen
- Rohe Apfel- und Karottenstücke
- Weintrauben
- kleine Spielzeuge
- Knöpfe und Münzen

Erste Hilfe

Insektenstiche

Sommerliche Kaffee- und Kakao-Runden auf der Terrasse oder im Garten werden häufig von ungebetenen „Gästen" gestört: Bienen und Wespen. Ihre Stiche sind zwar oft schmerzhaft, aber meist ungefährlich.

Stechen Wespen oder Bienen jedoch in den Mund oder den Rachen, schwillt die Schleimhaut sehr stark an. Das kann zu Atemnot und im schlimmsten Fall zum Ersticken führen.

Gefährlich ist auch, wenn Ihr Kind allergisch auf einen Insektenstich reagiert. Dann kommt es unter Umständen zu einer verstärkten **Lokalreaktion**: Eine Fläche von mindestens zehn Zentimetern rund um die Einstichstelle oder sogar der ganze Arm oder das Bein schwellen dabei an. Am stärksten ist diese Schwellung in der Regel am zweiten oder dritten Tag nach dem Stich. Sie kann bis zu einer Woche anhalten.

Auch eine **leichte Allgemeinreaktion** ist bei Allergikern möglich. Dabei kann der ganze Körper jucken, anschwellen oder gerötet sein. Die stärkste und gefährlichste Reaktion auf einen Insektenstich ist der sogenannte **allergische Schock** (Seite 150). Reagiert Ihr Kind auf einen Stich mit einer Lokalreaktion, beträgt das Risiko eines allergischen Schocks beim nächsten Mal etwa ein bis zwei Prozent.

Symptome

- Die Einstichstelle ist gerötet, leicht geschwollen, juckt oder schmerzt.
- Bei einer Insektengift-Allergie kann es zu verschiedenen Reaktionen kommen (ab Seite 144), im schlimmsten Fall zum allergischen Schock.

Was tun?

- Mückenstiche können Sie mit juckreizstillendem Gel (einem Antihistaminikum) einreiben, oder Sie legen eine Zwiebelscheibe auf.
- Bei Wespen- oder Bienenstichen entfernen Sie den Stachel und kühlen die Einstichstelle sofort mit einem Eiswürfel oder etwas kaltem Wasser. Danach machen Sie kühle Umschläge oder geben den Saft einer gehackten Zwiebel, den Saft einer Zitrone, etwas essigsaure Tonerde, Calendula-Essenz oder juckreizstillendes, kühlendes Gel auf den Stich.
- Hat eine Wespe oder Biene Ihr Kind in den Mund oder Rachen gestochen, geben Sie ihm Eiswürfel zum Lutschen. Leidet Ihr Kind unter Atemnot, bringen Sie es sofort zum Arzt.
- Reagiert es allergisch auf den Stich, rufen Sie den Notarzt oder bringen das Kind umgehend ins Krankenhaus. Hat Ihr Kind einmal allergisch auf einen Insektenstich reagiert, wird Ihr Arzt ein Notfall-Set zusammenstellen, das Sie dann immer bei sich haben sollten.

Kopfverletzungen

Kinder stoßen sich beim Laufenlernen, Spielen oder Rangeln häufig einmal den Kopf – glücklicherweise meist ohne schwerwiegende Folgen. Eine kleine Beule ist in der Regel nicht weiter schlimm. Wenn Ihr Kind jedoch nach dem Unfall unter Kopfschmerzen, Übelkeit und Schwindel leidet oder sogar kurzfristig ohne Bewußtsein war und eine Erinnerungslücke hat, muß an eine **Gehirnerschütterung** gedacht werden.

Ein Kind, das nach einer Kopfverletzung bewußtlos wurde, sollte auf jeden Fall vom Arzt untersucht werden. Er wird eine Röntgenaufnahme oder auch eine Computertomographie vom Schädel des Kindes machen. Außerdem kontrolliert der Arzt die Pupillenweite sowie die Lichtreaktion und vergleicht die Größe beider Pupillen. So kann er erkennen, ob eine Gehirnverletzung vorliegt.

Nach einer Kopfverletzung kann es auch zu einem **Schädel-Hirn-Trauma** kommen. Dabei treten anfangs meist nur leichte Beschwerden wie Schwindel, Übelkeit oder Kopfschmerzen auf. Auch langsame Sickerblutungen machen sich oft erst nicht bemerkbar, können jedoch später zu lebensgefährlichen Blutungen im Gehirn führen.

Ist Ihr Kind gestürzt, und haben Sie den Verdacht auf eine Hirnverletzung, gehen Sie immer sofort zum Arzt. Vielleicht weist er Ihr Kind zur Beobachtung ins Krankenhaus ein oder erklärt Ihnen, auf was Sie in den nächsten Stunden besonders achten müssen.

Blutet Ihr Kind nach einer Schädelprellung aus Nase, Mund oder Ohr, kann das ein Hinweis auf einen **Schädelbasisbruch** sein.

Kinder mit **Platzwunden am Kopf** bluten meist sehr stark. Können Sie die Blutung nicht problemlos stoppen (Seite 184), oder handelt es sich um eine größere Wunde, bringen Sie Ihr Kind zum Arzt oder ins Krankenhaus, wo die Verletzung behandelt wird.

Symptome

Bei einer Gehirnerschütterung
- Bewußtlosigkeit
- Übelkeit, Erbrechen
- Kopfschmerzen
- Erinnerungslücke
- Kreislauf und Atmung des Kindes sind meist in Ordnung

Bei einem Schädelbasisbruch
- Blut oder seröse Flüssigkeit fließt aus Nase, Mund oder Ohren
- Kopfschmerzen
- Bewußtlosigkeit

Bei einem Schädel-Hirn-Trauma
- Anfangs zeigen sich häufig nur leichte Symptome. Typische Warnzeichen sind:
- Zunehmende Bewußtseinseintrübung nachdem der Zustand des Kindes zwischenzeitlich in Ordnung war
- Langandauerndes Erbrechen
- Veränderung der Pupillenreaktion
- Gehstörungen
- Sprachstörungen
- Zunehmender Kopfschmerz
- Krampfanfälle

Was tun?

- Ist Ihr Kind bei Bewußtsein, beobachten Sie die Reaktion der Pupillen: Blenden Sie dazu mit einer Taschenlampe in die Augen des Kindes, und schauen Sie, ob beide Pupillen gleich groß sind und sich auf den Lichtreiz hin beide gleich verengen. Wenn nicht, fahren Sie mit Ihrem Kind sofort in das nächste Krankenhaus.
- Auch wenn Blut oder seröse (nichteitrige) Flüssigkeit aus Ohren, Nase oder Mund läuft, müssen Sie Ihr Kind umgehend ins nächste Krankenhaus bringen.
- Kopfplatzwunden decken Sie ab (zum Beispiel mit einem sauberen Taschentuch). Drücken Sie etwa zehn Minuten auf die Wunde, um die Blutung zu stoppen. Blutet die Wunde weiterhin stark, lassen Sie sie beim Kinderchirurgen oder im Krankenhaus nähen.
- Bei Bewußtlosigkeit bringen Sie Ihr Kind in die stabile Seitenlage (Seite 173), hat es einen Schock (Seite 179), lagern Sie seine Beine hoch.

Erste Hilfe

Schock

Symptome

- Das Kind hat Angst, ist unruhig, friert, zittert und kann benommen sein, da sein Gehirn nicht gut genug durchblutet wird.
- Seine Haut ist kühl, blaß, bläulich und schweißbedeckt.
- Der Puls ist schnell, schwach und nur schwer tastbar.
- Ihr Kind atmet schnell und flach.

Was tun?

- Versuchen Sie Ihr Kind zu beruhigen, indem Sie bei ihm bleiben, mit ihm sprechen und seine Hand halten.
- Lagern Sie es in der sogenannten Schocklage, das heißt, der Oberkörper des Kindes liegt flach auf einer ebenen Unterlage, und seine Beine werden hochgelagert, zum Beispiel auf einen Stuhl, oder Sie halten die Beine hoch. Dadurch fließt das Blut aus den Beinen in den Körper.
- Halten Sie Ihr Kind mit Hilfe einer Decke warm.

Ein Schock ist eine sehr umfassende Funktionsstörung des kindlichen Körpers. Meist tritt er mit einer **Kreislaufstörung** auf. Dabei werden erst die „unwichtigeren", später auch die lebenswichtigen Organe und Gewebe nur noch unzureichend mit Sauerstoff versorgt. Wenn Ihr Kind einen Schock hat, muß es unbedingt sehr schnell ärztlich versorgt werden, da nicht vorhersehbar ist, wie sich sein Zustand entwickelt. Ein Schock kann immer lebensbedrohlich werden.

Es gibt **verschiedene Ursachen** für einen Schock. Bei Kindern kommt am häufigsten der sogenannte hypovolämische Schock vor. Er entsteht durch Blutungen, Verbrennungen, Blutvergiftung, Durchfälle, Erbrechen und Hitzschlag. Dabei verliert der Körper Blut oder Flüssigkeit.

Sehr schwere allergische Reaktionen, etwa auf Insektenstiche, können zu einem sogenannten anaphylaktischen oder allergischen Schock (Seite 150) führen.

179

Unterkühlung

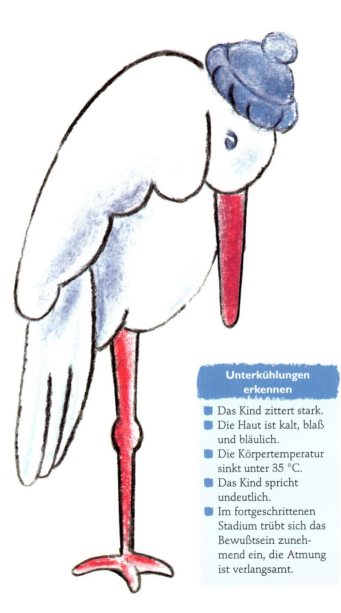

Eine Unterkühlung kann lebensbedrohlich werden, wenn die Körpertemperatur unter 35 °C sinkt. Die Funktion von Herz, Lunge, Leber und Darm verlangsamt sich dann, bis sie schließlich ganz zum Erliegen kommt.

Der kindliche Körper kann sehr schnell **auskühlen**, wenn das Kind zu lange im kalten Wasser ist oder in durchnäßter Kleidung niedrigen Temperaturen ausgesetzt war.

Erfrierungen entstehen durch extreme Kälteeinwirkungen an einzelnen Körperteilen wie Finger, Nase, Ohren oder Zehen. Betroffene Körperteile werden gefühllos. Die Haut wird zuerst rot, später bilden sich Blasen.

Hat Ihr Kind sich Erfrierungen zugezogen, wärmen Sie die erfrorenen Gliedmaßen langsam und vorsichtig (Kasten unten), am besten mit Ihrer Körperwärme.

Unterkühlungen erkennen

- Das Kind zittert stark.
- Die Haut ist kalt, blaß und bläulich.
- Die Körpertemperatur sinkt unter 35 °C.
- Das Kind spricht undeutlich.
- Im fortgeschrittenen Stadium trübt sich das Bewußtsein zunehmend ein, die Atmung ist verlangsamt.

Was tun?

- Wärmen Sie Ihr Kind: mit Decken, einem Mantel oder Ihrem eigenen Körper.
- Bringen Sie es an einen warmen Ort. Dort entfernen Sie gegebenenfalls seine nasse Kleidung und hüllen es wieder in eine Decke ein.
- Wenn das Kind bei Bewußtsein ist, geben Sie ihm etwas Warmes (nichts Heißes) zu trinken.
- Kontrollieren Sie etwa alle halbe Stunde mit dem Fieberthermometer die Körpertemperatur: Wenn sie nicht steigt oder unter 32 °C liegt, müssen Sie Ihr Kind umgehend ins Krankenhaus bringen.
- **Wichtig:** Ihr Kind darf nach einer Unterkühlung nicht zu schnell und zu stark erwärmt werden: Um die lebensnotwendige Temperatur im Körperinneren möglichst lange aufrechtzuerhalten, sind bei starker Abkühlung die oberflächlichen Blutgefäße verengt. Durch zu rasche und zu hohe Wärmezufuhr werden sie geweitet und stärker durchblutet. Dadurch kann der Blutdruck fallen und die Körpertemperatur weiter sinken.

Erste Hilfe

Verbände

Verbände für kleine und größere Wunden gehören in jeden Haushalt mit Kindern (auch Seite 172).

Am häufigsten kommen bei kleinen Patienten wohl **Pflaster** zum Einsatz. Sie eignen sich optimal für kleinere Verletzungen. Die meisten Pflaster sind luftdurchlässig und saugfähig.

Es gibt auch besonders hautfreundliche Sorten – sie eignen sich besonders für Kinder, die zu allergischen Hautreaktionen neigen.

Außerdem gibt es die kleinen „Trostpflaster" auch mit bunten Bildern.

Mit einem **Druckverband** können Sie kleinere Blutungen stoppen. Dabei wird die Wunde steril abgedeckt, zum Beispiel mit einer sterilen Mullkompresse, und mit einer elastischen Mullbinde fest angewickelt. Nach einigen Minuten lockern Sie den Verband.

Ruhigstellende Verbände wenden Sie an, wenn Ihr Kind sich Hand- oder Fußgelenk verstaucht hat.

Ganz gleich, was für ein Verband nötig ist, Sie müssen immer unterhalb der Verletzung beginnen und zur verletzten Stelle und zur Körpermitte hin wickeln. Damit Sie die Blutzirkulation überwachen können, lassen Sie Fingerspitzen und Zehen immer frei. Zur Kontrolle drücken Sie einen Nagel, bis er weiß wird. Wenn alles in Ordnung ist, wird er rosig, sobald Sie loslassen, Ihr Kind empfindet den Druck, und es kann den Finger bewegen. Sonst müssen Sie den Verband lockern.

Ein **Gipsverband** wird nur vom Arzt angelegt. Bei Verdacht auf einen Bruch müssen Sie deshalb sofort zum Arzt. Auf dem Weg dahin bewegen Sie das verletzte Körperteil möglichst überhaupt nicht. Lediglich einen offenen Bruch decken Sie vorsichtig steril ab – entweder mit einer Kompresse oder einem gekochten Stofftaschentuch.

Durch den unelastischen Gips kann es zu Druckstellen kommen. Beklagt sich Ihr Kind über Schmerzen unter dem Gips, lassen Sie ihn kontrollieren.

Kompressionsverbände werden im Krankenhaus verwendet. Damit beugt man Nachblutungen oder Thrombosen nach Operationen vor.

 1
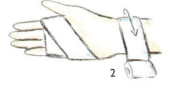 2
 3
 4

Richtig verbunden: So versorgen Sie kleinere Verletzungen

- **Handverband:** Eine elastische Mullbinde zuerst um die Fingergrundgelenke, dann diagonal um das Handgelenk wickeln und wieder über den Handballen zu den Fingern zurück. Bitte immer dachziegelartig versetzt wickeln.
- **Fußverband:** Ähnlich wie der Handverband: Einmal zur Fixierung um den Vorderfuß (Zehengrundgelenke) wickeln. Dann in „Achtertouren" vom Außenknöchel über den Spann, die Fußinnenseite, Fußsohle und Fußaußenrand zum Innenknöchel. Wickeln Sie so weiter, daß jede Schicht zwei Drittel der vorherigen bedeckt. Der Fuß muß beim Verbinden in angewinkelter Position sein, nicht gestreckt.
- **Arm- und Beinverband:** Legen Sie eine elastische Binde unterhalb der Verletzung an. Wickeln Sie sie einmal straff um Arm oder Bein. Dann spiralförmig mit sich überlappender Binde Richtung Körpermitte (nach oben) wickeln.

Auf alles gut vorbereitet

Verbrennungen und Verbrühungen

Gerade kann der Zwerg krabbeln, schon hangelt er sich auf seinen ersten Entdeckungsreisen an sämtlichen Schränken, Tischen und Tischdecken entlang – und da passiert es: Ein vom Tisch oder vom Herd gezogenes Gefäß mit kochender Flüssigkeit führt zu Verbrühungen. Diese treten bei Kindern viermal so häufig auf wie Verbrennungen.

Das typische Alter dafür liegt zwischen einem und sechs Jahren. Ältere Kinder erleiden häufiger Hautverbrennungen beim „Zündeln" oder beim unvorsichtigen Hantieren mit Grillgeräten.

Schon wenn fünf bis zehn Prozent der Körperoberfläche verbrannt oder verbrüht sind, kann das für Säuglinge und Kleinkinder lebensgefährlich sein. Ihr Kind muß deshalb in diesem Fall sofort ins Krankenhaus gebracht werden und auch dort bleiben.

Wie schwer eine Verbrennung ist, hängt nicht nur vom oberflächlichen Ausmaß ab: Auch die sogenannte **Tiefenwirkung** spielt eine wichtige Rolle – sie hängt davon ab, wie hoch die schädigende Temperatur war und wie lange die Hitze auf das Kind einwirkte.

Ein weiteres Problem bei Verbrennungen und Verbrühungen ist, daß sie meist nicht nur die Haut betreffen, sondern unter Umständen den gesamten Organismus in Mitleidenschaft ziehen, etwa durch Infektionen oder einen Schock (Seite 179).

Symptome
- Gerötete Hautstellen
- Blasen, die mit Flüssigkeit gefüllt sind
- Starke Schmerzen

Was tun?
- Brennende Kleidung entweder mit Wasser löschen oder die Flammen mit einer Decke aus nicht brennbarem Material ersticken.
- Wenn mehr als fünf Prozent der Körperoberfläche verbrannt oder verbrüht sind, müssen Sie umgehend den Notarzt rufen!
- Betroffene Körperteile sofort für etwa 20 Minuten in kaltes Wasser tauchen oder unter fließendes kaltes Wasser halten. Heiße Kleidung erst mit der kalten Brause abkühlen. Hierzu die Brause zwischen Kleidung und Hautoberfläche halten. Danach die Sachen aufschneiden, vorsichtig ausziehen und die verletzten Stellen weiter kühlen. Bei kleinen Kindern Vorsicht vor Unterkühlung.
- Großflächige Wunden mit speziellen Brandwundenverbänden (sind meist im Autoverbandskasten) oder sterilen Kompressen abdecken, die Sie mit Trinkwasser anfeuchten können. Notfalls können Sie auch frische, möglichst gebügelte Bettücher oder Alufolie benutzen. Wenden Sie auf keinen Fall „alte Hausmittel" wie Mehl, Salben, Puder oder Zahnpasta an! Sie führen oft zu Infektionen. Außerdem machen sie es Ärzten und Pflegern in der Klinik schwer, die Wunde zu säubern und zu beurteilen.
- Hat Ihr Kind starke Schmerzen, helfen Paracetamolzäpfchen.

Erste Hilfe

Vergiftungen

Vergiftungen bei kleinen Kindern treten in den letzten Jahren immer häufiger auf. Das liegt unter anderem daran, daß mehr und mehr **Reinigungs- und Arzneimittel** verwendet werden.

Etwa 80 Prozent aller Vergiftungen, die durch Kinder selbst verursacht werden, betreffen Babys und Kleinkinder zwischen sechs Monaten und vier Jahren, da sich Kinder in diesem Alter alles in den Mund stecken, was sie finden.

Die meisten Vergiftungen – etwa 90 Prozent – passieren mit Medikamenten oder Chemikalien. Dabei können die Kleinen in nahezu jedem Raum der Wohnung „fündig" werden: In der Küche und im Bad stoßen sie oft auf Reinigungsmittel. Im Schlafzimmer werden häufig Medikamente aufbewahrt, und im Wohnzimmer schließlich finden die Kinder oft Zigaretten oder auch Alkohol.

Schon wenn ein Kleinkind nur eine Zigarette ißt, kann das Symptome wie Übelkeit, Erbrechen, Schwitzen, Kopfschmerzen, Blässe und Herzrasen bis hin zur Atemlähmung auslösen.

Am wirksamsten schützen Sie Ihr Kind gegen Vergiftungen, indem Sie **vorbeugen**: Bewahren Sie alle Haushaltmittel, Medikamente sowie alkoholische und nikotinhaltige Genußmittel grundsätzlich so auf, daß Ihr Kind sie nicht in die Hände bekommt.

Symptome
■ Sehstörungen
■ Pupillen sind erweitert oder verengt
■ Schwitzen oder besonders trockene Haut
■ Übelkeit, Erbrechen
■ Ihr Kind wirkt ohne Fieber plötzlich schwerkrank
■ Bewußtlosigkeit
■ Krämpfe

PROTOKOLL EINES PILZALARMS

Kelly, zwei Jahre alt, hatte im Garten etwas Interessantes aufgestöbert: Einen Pilz! Ich untersuchte ihn und fand verdächtige Knabberspuren. Sofort lief es mir eiskalt den Rücken hinunter: Hatte sich meine Tochter vergiftet? Entsetzt rief ich die Giftnotzentrale an, wo man mir zwei Telefonnummern von Pilzspezialisten gab. Der erste war nicht erreichbar, beim zweiten war besetzt. Panik! Ich rief meinen Kinderarzt an. Der ließ ausrichten: „Finger in den Mund und Erbrechen auslösen." Ich machte einen halbherzigen und natürlich unwirksamen Versuch. Endlich hatte ich einen der Pilzfachmänner am Apparat, doch er wollte sich nicht festlegen: Er müsse den Pilz sehen. Die Fahrt zu ihm würde knapp eine Stunde dauern. Vielleicht doch besser ins Krankenhaus? Inzwischen war fast eine Stunde seit Auslösen des Pilzalarms vergangen: Meiner Tochter ging es besser als mir. Sie war quietschfidel und verstand den ganzen Trubel nicht – offensichtlich also falscher Alarm.

Was tun?
■ Das ist für die weitere Behandlung wichtig: Lassen Sie sich wenn möglich von Ihrem Kind sagen oder zeigen, was es zu sich genommen hat. Oder versuchen Sie herauszufinden, was es geschluckt haben könnte: Sind zum Beispiel Pillendosen oder Flaschen geöffnet?
■ Rufen Sie sofort den Arzt oder eine Giftnotzentrale an. **Bundesweiter Giftnotruf: Telefon 0 30/1 92 40 oder 0 33 72/9 65 33 53.**
■ **Achtung:** Versuchen Sie nur, Ihr Kind zum Erbrechen zu bringen, wenn es sich mit Medikamenten, Alkohol, Tabak oder Pflanzen vergiftet hat, nicht bei Vergiftungen mit ätzenden (Säuren und Laugen) oder schäumenden Substanzen (Waschmittel, Petroleum) oder bei Bewußtseinstrübung (Erbrochenes kann in die Lunge geraten).
■ Es gibt zwei Wege, Ihr Kind erbrechen zu lassen: Lassen Sie es reichlich Wasser oder Fruchtsaft (keine Milch) trinken. Legen Sie es dann in Bauchlage quer über Ihre Knie, und stecken Sie einen Finger in den Rachen des Kindes, bis es erbricht. Besser ist es, wenn Sie Gelegenheit haben, schnell genug einen Arzt zu konsultieren. Er wird Ihrem Kind Medikamente geben.

Verletzungen und Blutungen

Aus der Nase tropft Blut, die erste Schürfwunde sorgt für Tränen, vielleicht bereitet sogar ein Biß große Schmerzen – keinem Kind bleibt die Bekanntschaft mit einer Verletzung erspart, bei der häufig auch Blut fließt.

Das passiert, wenn Venen oder Arterien verletzt werden. **Äußerliche Blutungen** sehen zwar manchmal erschreckend aus, noch gefährlicher können aber **innere Blutungen** sein: Sie sind nicht sichtbar, und man kann oft nicht einschätzen, wie sie verlaufen und wie kompliziert sie sind.

Wenn Ihr Kind zuviel Blut verliert, wird sein Körper nicht mehr ausreichend mit Sauerstoff versorgt. Das kann zu einem Schock führen (Seite 179).

Eine besondere Art der Verletzung sind **Bisse**. Dazu kommt es häufig, wenn ein Kind mit einem Tier – etwa einem Hund – spielt. Bißverletzungen durch sonst scheue Waldtiere sind immer tollwutverdächtig.

Bißwunden ziehen ohnehin oft Infektionen nach sich. Ein Biß sollte deshalb immer von einem Arzt behandelt werden. Er wird die Wunde reinigen und chirurgisch versorgen.

Nasenbluten kann auftreten, wenn Ihr Kind einen Schnupfen bekommt oder wenn die Nasenschleimhäute ausgetrocknet sind. Blutet die Nase, setzen Sie Ihr Kind aufrecht hin. Legen Sie kalte Kompressen in seinen Nacken und auf die Stirn, oder drücken Sie seine Nasenflügel zusammen (Seite 69).

Die Symptome

- Das Kind hat Schmerzen.
- Je nachdem, ob es sich um eine Schürf-, Biß-, Platz-, Schnitt- oder Quetschwunde handelt, ist die Blutung mehr oder weniger stark.
- Die Wundränder sind entweder glatt oder unregelmäßig.
- Große, stark blutende Wunden können durch den hohen Blutverlust zum Schock führen (Seite 179).

Das sollten Sie immer beachten

- Ist Ihr Kind gegen Tetanus geschützt (Seite 131f.)?
- Größere Fremdkörper, etwa einen Nagel, dürfen Sie nie selbst aus der Wunde entfernen – damit lösen Sie möglicherweise eine noch stärkere Blutung aus.
- Wenn die Wunde tiefer als ein halber und länger als ein Zentimeter ist, auseinanderklafft oder nicht aufhört zu bluten, muß sie innerhalb von höchstens sechs Stunden genäht werden.

Ihr Kind hat sich verletzt – was tun?

- **Kleinere Wunden:** Reinigen Sie die verletzte Stelle unter fließendem Wasser. Ist die Wunde sehr verschmutzt, geben Sie etwas Desinfektionsmittel darauf. Anschließend kommt ein Pflaster darüber.
- **Stark blutende Wunden:** Drücken Sie eine sterile Kompresse direkt auf die Wunde. Heben Sie den verletzten Körperteil so an, daß er sich über der Brusthöhe Ihres Kindes befindet. Legen Sie Ihr Kind dann hin, wobei der verletzte Körperteil weiterhin nach oben gehalten werden muß. Üben Sie Druck auf die Verletzung aus.
Legen Sie einen Druckverband an, indem Sie eine sterile Kompresse auf die Wunde legen und diese dann mit einer Mullbinde, einem Schal oder ähnlichem befestigen. Achten Sie darauf, daß Sie den verletzten Körperteil nicht abschnüren.
Bringen Sie Ihr Kind danach möglichst schnell ins Krankenhaus.

Erste Hilfe

Wiederbelebung

Symptome des Atem- und Herzstillstandes

- Das Kind ist bewußtlos.
- Die Haut ist sehr blaß oder bläulich (besonders an Lippen, Finger- und Fußnägeln sichtbar).
- Es ist keine Atmung erkennbar.
- Der Puls am Handgelenk oder am Hals neben dem Kehlkopf ist nicht tastbar – das heißt, daß der Kreislauf nicht mehr arbeitet.
- Die Pupillen des Kindes sind geweitet und reagieren nicht auf Licht. Dieses Symptom allein kann aber auch auf eine Vergiftung (Seite 183) hinweisen.

Was tun?

- Ist Ihr Kind bewußtlos – also nicht ansprechbar und nicht durch Schmerzreize aufzuwecken – überprüfen Sie sofort, ob es noch atmet. Überstrecken Sie dazu seinen Kopf nach hinten, legen Sie Ihr Ohr an den Mund des Kindes, und beobachten Sie gleichzeitig seinen Brustkorb. Sie können so sehen, ob er sich hebt und senkt und spüren außerdem den Atem des Kindes am Ohr. Wenn Ihr Kind noch atmet, bringen Sie es in die stabile Seitenlage (Seite 173).
- Atmet es nicht mehr, beginnen Sie sofort mit der Atemspende (nächste Seite). Schnelles Handeln ist für den Erfolg der Wiederbelebung entscheidend.
- Eine Atemstörung mit Sauerstoffmangel zieht oft einen Herzstillstand nach sich. Überprüfen Sie deshalb auch den Herzschlag Ihres Kindes (Pulskontrolle Seite 75).
- Ist kein Puls an den Handgelenken oder am Hals neben dem Kehlkopf festzustellen (siehe Abbildung Seite 187 oben), müssen Sie während der Beatmung zusätzlich eine Herzdruckmassage durchführen (Seite 187).
- Lassen Sie möglichst eine andere Person den Rettungswagen rufen.

Wenn Sie Ihr Kind bewußtlos vorfinden, ist das eine schreckliche Situation. Aber genau in diesem Moment kommt es darauf an, daß Sie schnell, überlegt und sicher handeln.

Deshalb sollten alle Eltern einen **Erste-Hilfe-Kurs** absolvieren und diesen auch immer wieder auffrischen.

Wenn Sie dieses Kapitel lesen, soll es das Gelernte lediglich vertiefen: Auf gar keinen Fall kann es einen Erste-Hilfe-Kurs ersetzen, da in diesen Kursen auch praktische Übungen an Puppen stattfinden. Sie können also alles „ausprobieren" und werden vom Lehrer zielgerichtet korrigiert.

Zusätzlich befinden sich an den Puppen Vorrichtungen, die Ihnen signalisieren, ob Sie alles korrekt machen oder nicht.

Ein Sauerstoffmangel kann schon nach sehr kurzer Zeit – etwa drei bis fünf Minuten – im Gehirn bleibende Schäden verursachen. Deshalb ist schnelles Handeln in einer Notfallsituation so wichtig.

Dabei gehen Sie in einer bestimmten Reihenfolge vor. Für Sofortmaßnahmen gibt es das folgende feste „ABC"-Schema.

A = Atemwege freimachen: Drehen Sie den Kopf Ihres Kindes zur Seite (Illustration unten). ▸

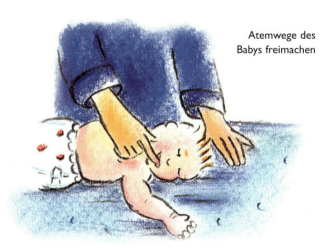

Atemwege des Babys freimachen

Wiederbelebung

Tasten Sie mit dem Zeigefinger die Mundhöhle ab: Befinden sich darin Zahnspangen, Erbrochenes oder anderes, entfernen Sie es. Tun Sie das sehr vorsichtig, um eventuell vorhandene Fremdkörper nicht noch tiefer in die Atemwege zu schieben.

Ein **Baby** nehmen Sie danach bäuchlings auf den Arm, ein **Kleinkind** legen Sie über die Knie. Dabei soll der Kopf des Kindes weiter unten als sein Oberkörper sein. Klopfen Sie mit der flachen Hand zwischen die Schulterblätter des Kindes.

Danach legen Sie Ihr Kind auf den Rücken und knien sich seitlich neben seinen Kopf. Legen Sie eine Hand auf die Stirn, die andere an das Kinn des Kindes. Überstrecken Sie nun den Kopf Ihres Kindes leicht nach hinten in den Nacken. In dieser Position werden die Atemwege freigelegt. Das ist nötig, da bei Bewußtlosigkeit die Muskeln erschlaffen, wodurch Zunge und Unterkiefer nach hinten fallen und die oberen Luftwege verschließen. Oft kommt schon durch das Freilegen der Atemwege die Atmung wieder in Gang.

B = Beatmung: Ihr Kind muß mit dem Rücken auf einer harten Unterlage liegen. Überstrecken Sie den Kopf des Kindes nach hinten, wie beim Schritt A beschrieben.

Halten Sie die Nase Ihres Kindes zu, und beatmen Sie es, indem Sie einatmen und dann mit weit geöffnetem Mund in den Mund Ihres Kindes ausatmen.

Bei Säuglingen ist der Abstand zwischen Mund und Nase so klein, daß man eine Mund-zu-Mund-und-Nase-Beatmung macht. Legen Sie Ihren geöffneten Mund über Mund und Nase Ihres Babys, und atmen Sie sanft aus, bis die Brust des Kindes sich hebt (obere Abbildung).

Beatmen Sie Babys und Kleinkinder 25- bis 30mal pro Minute. Schauen Sie dabei auf den Brustkorb des Kindes, und beobachten Sie, ob er sich hebt und senkt.

C = Circulation (Herzmassage): Falls während der Mund-zu-Mund-Beatmung kein Puls tastbar ist, muß mit einer Herzmassage begonnen werden (siehe gegenüberliegende Seite). Die Technik der Herzmassage ist vom Alter Ihres Kindes abhängig.

Das Baby beatmen

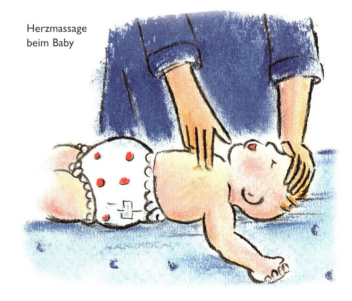

Herzmassage beim Baby

Erste Hilfe

Wiederbelebung

Den Puls kontrollieren

Mögliche Ursachen des Atem- und Herzstillstandes

- Unfälle (zum Beispiel Ertrinken, Seite 175)
- Plötzlicher Kindstod (Seite 115)
- Fremdkörper-Aspiration (verschluckte Gegenstände in der Luftröhre, Seite 176)
- Angeborene Herzfehler, Herzrhythmusstörungen
- Drucksteigerung im Kopf, beispielsweise durch Infektionen, Blutungen, Gehirnschwellung

Den Punkt für die Herzmassage finden

Herzmassage

- Legen Sie Ihr Kind mit dem Rücken auf eine feste Unterlage oder auf den Fußboden.
- **Säuglinge:** Legen Sie zwei Finger in Höhe der Brustwarzen auf das Brustbein des Babys (Abbildung Seite 186 unten). Drücken Sie den Brustkorb 2 bis 3 Zentimeter weit herunter. Massieren Sie langsam, mit gleichmäßigem Druck. Vermeiden Sie ruckartige Bewegungen.
- **Kleinkinder:** Der Druckpunkt für die Herzmassage befindet sich zwei Finger breit unterhalb der Brustwarzen auf dem Brustbein. Wenn Ihre Hände nicht zu breit sind, finden Sie ihn, indem Sie Ihre Fäuste entlang des gesamten Brustbeins legen: Der Druckpunkt liegt dann zwischen Ihren Daumen (mittlere Abbildung). Legen Sie einen Handballen auf diese Stelle, und drücken Sie das Brustbein des Kindes 3 bis 4 Zentimeter herunter (Abbildung unten).
- **Rhythmus:** Die Formel bei der Wiederbelebung lautet 5:1. Das heißt, Sie führen jeweils 5mal die Herzmassage und einmal die Atemspende durch. Säuglinge massieren Sie so, daß Sie bei der Herzmassage 80- bis 100mal pro Minute drücken. Bei Kleinkindern sollte dies 100- bis 120mal in der Minute erfolgen. Drücken Sie dabei nicht allzu heftig zu, da Sie sonst Ihrem Kind die Rippen brechen könnten.

Herzmassage beim Kleinkind

Zum Nachschlagen

Alles auf einen Blick

Im folgenden erfahren Sie, wie Sie dieses Buch optimal nutzen und zudem Ihr Wissen noch vertiefen können: Im Glossar werden wichtige medizinische Begriffe erläutert. Die Beschwerden- und Sachregister weisen Ihnen schnell den richtigen Weg zur gewünschten Information im Buch. Adressen und Literaturtips helfen Ihnen weiter, wenn Sie zu einem speziellen Thema detailliertere Informationen suchen.

Alles auf einen Blick

Glossar

Wo es möglich ist, haben wir in diesem Buch Krankheitsbezeichnungen und medizinische Begriffe benutzt, die allgemein verständlich sein dürften. Fachwörter, für die es noch keine „landläufige" Bezeichnung gibt, haben wir für Sie auf den folgenden Seiten zusammengestellt und kurz erläutert. Auch einige Begriffe, die Ihr Arzt vielleicht verwendet und die Sie gern noch einmal nachschlagen möchten, haben wir in dieses Glossar mit aufgenommen.

Natürlich kann es keinen Anspruch auf Vollständigkeit erheben: Das würde den Rahmen eines solchen Buches sprengen. Im Zweifelsfall wenden Sie sich deshalb vertrauensvoll an Ihren Arzt – er wird Ihnen sicher gern die Bedeutung seiner Diagnose erklären.

Abdomen: Bauch – der Abschnitt zwischen Brustkorb und Becken, der die Eingeweide enthält
Abszeß: Abgekapselte Eiteransammlung
Acetylsalicylsäure (ACC): Bestandteil schmerzstillender und fiebersenkender Medikamente
Adenoide: Rachenmandeln
Adenotomie: Entfernung der Rachenmandeln
Akut: Plötzlich auftretend; schneller, heftiger Verlauf
Allergie: Überempfindlichkeitsreaktion auf Reizstoffe
Anaphylaktischer Schock: Plötzliche und sehr heftige, unter Umständen lebensbedrohliche, allergische Reaktion des ganzen Körpers
Angina: Entzündung der Gaumenmandeln
Antibiotikum: Sinngemäß übersetzt „Mittel gegen Lebendes"; Medikament, das das Wachstum krankheitserregender Mikroorganismen wie → Bakterien hemmt oder diese abtötet
Antigen: Stoff, der vom Körper als fremd erkannt wird und gegen den der Organismus → Antikörper bildet
Antikörper: Abwehrstoff, der vor Infektionen schützt. Wird vom Körper gebildet, wenn → Antigene in den Körper eindringen
Anus: After, Darmausgang

Apathie: Teilnahmslosigkeit
Apgar-Index: Punktesystem zur Vitalitätsprüfung des Neugeborenen. Eine, fünf und zehn Minuten nach der Geburt werden dabei Muskelspannung, Hautfärbung, Reflexe, Atmung und Herzschlag beurteilt
Aphten: Entzündliche und schmerzhafte Veränderung der Schleimhaut
Appendektomie: Operative Entfernung des Wurmfortsatzes am Blinddarm
Arterie: Schlagader; versorgt den Körper mit sauerstoffreichem Blut
Aspiration: Eindringen von festen oder flüssigen Stoffen in die Atemwege, beispielsweise durch Verschlucken oder Einatmen
Auskultation: Abhören von Organen (Herz, Lunge, Darm) auf Schallzeichen, meist mit dem Stethoskop.

Bakterien: Einzellige Kleinstlebewesen, die Krankheiten verursachen können
Biopsie: Kleinerer operativer Eingriff in Verbindung mit einer → Endoskopie
Blutbild: Zusammensetzung des Blutes hinsichtlich seiner Beschaffenheit sowie der Art und Anzahl der Blutkörperchen
Bronchien: Von der Luftröhre abgehende Verzweigung im Bereich beider Lungenflügel

Chronisch: Sich langsam entwickelnd, schleichend, von langer Dauer
Computertomographie: Per Computerverfahren wird der Körper Schicht für Schicht geröntgt; so kann genau bestimmt werden, an welcher Stelle im Körper krankhafte Veränderungen vorliegen
Conjunctivitis: Bindehautentzündung

Dehydrierung: Austrocknen des Körpers durch Wasser

Glossar

verlust, beispielsweise nach Durchfall oder Erbrechen
Diabetes mellitus: „Zuckerkrankheit"; der Kohlenhydratstoffwechsel ist wegen eines Insulinmangels oder zu geringer Insulinwirksamkeit gestört
Diarrhoe: Durchfall

Eiter: Durch Fremdkörper oder Krankheitserreger hervorgerufene entzündliche Ansammlung von Blutzellen und Wundflüssigkeit
Elektroenzephalogramm (EEG): Messung der Hirnstromwellen, die in Form einer Kurve aufgezeichnet werden; damit können Funktionsstörungen im Gehirn nachgewiesen werden

Elektrokardiogramm (EKG): die Aufzeichnung der Herzstromkurve
Elektrosmog: Elektromagnetische Strahlung; entsteht durch Fenseh-, Radar-, Mikrowellen und ähnliches
Embryo: Ungeborenes Kind im Mutterleib während der ersten drei Monate
Endoskopie: Spiegelung und Betrachtung von Körperhöhlen und Hohlorganen durch ein röhrenförmiges Instrument (Endoskop)
Enzyme (auch Fermente): lebensnotwendige Eiweißkörper, die chemische Reaktionen beschleunigen
Epilepsie: Fallsucht; Anfallskrankheit, die häufig mit Bewußtseinsverlust und Krämpfen einhergeht
Erythrozyten: Rote Blutkörperchen, die unter anderem den Sauerstoff transportieren
Exanthem: Hautausschlag; tritt häufig bei Infekten auf (Windpocken, Masern, Röteln, Scharlach usw.); kann auch allergisch oder toxisch bedingt sein
Extremitäten: Obere und untere Gliedmaßen

Fermente: → Enzyme.
Fetus (auch Fötus): Ungeborenes Kind im Mutterleib nach dem dritten Schwangerschaftsmonat
Fieber: Erhöhte Körpertemperatur über dem Normalwert (37 bis 38 °C, rektal gemessen); Abwehrreaktion des Körpers
Fissur: Furche, Spalte, Einschnitt, Riß in Haut oder Schleimhaut
Fontanellen: Die zwei angeborenen, natürlichen Knochenlücken im Schädel eines Säuglings
Fungizid: Pilzabtötend

Galaktosämie: Stoffwechselstörung; Galaktose, ein Bestandteil des Milchzuckers, wird nicht vertragen
Gastroskopie: Magen-Darm-Spiegelung (→ Endoskopie)
Gluten: Klebereiweiß im Getreide

Granulozyten: Spezielle weiße Blutzellen (→ Leukozyten), die der Infektionsabwehr dienen
Grünholzfraktur: Bei Kindern vorkommender Knochenbruch der langen Röhrenknochen

Hämatom: Bluterguß
Heimlich-Handgriff: Wird bei Erstickungsgefahr nach dem Verschlucken eines Fremdkörpers angewendet, um den Gegenstand aus den Atemwegen zu entfernen
Hernie: Eingeweidebruch; Verlagerung von Eingeweiden aus der Bauchhöhle
Homöopathie: Heilkunde; Patienten werden mit hochverdünnten Wirkstoffen behandelt, die bei Gesunden ähnliche Symptome hervorrufen wie beim Erkrankten bereits vorhanden sind
Hormone: Lebenswichtige Stoffe; werden in den Drüsen gebildet, steuern Stoffwechselvorgänge im Körper
Hypertonie: Zu hoher Blutdruck
Hypotonie: Zu niedriger Blutdruck
Hypovolämischer Schock: Durch hohen Blut- oder Flüssigkeitsverlust ausgelöstes lebensbedrohliches vollständiges Kreislaufversagen

Immunglobuline: Spezifische körpereigene Proteine, wirken als → Antikörper.
Immunität: Unempfindlichkeit gegenüber Krankheitserregern; entsteht durch Schutzimpfung oder nach

Alles auf einen Blick

Glossar

überstandener Infektion
Immunsystem: Körpereigenes Abwehrsystem, bestehend aus Organen, Zellen und Eiweißkörpern; schützt den Organismus vor Krankheitserregern und körperfremden Substanzen
Infektion: Ansteckung mit Krankheitserregern
Inhalation: Einatmen von Gasen, Dämpfen oder sehr fein zerstäubten Teilchen
Inkubationszeit: Zeitspanne zwischen Ansteckung (→ Infektion) und Auftreten erster Krankheitszeichen

Inkubator: Brutkasten
Insulin: Lebenswichtiges, blutzuckersenkendes Hormon, das in der Bauchspeicheldrüse gebildet wird
Intoxikation: Vergiftung
Intrauterin: In der Gebärmutter
Invagination: Einstülpung eines Hohlorgans oder eines Teils davon (meist des Darms)

Karzinogen: Krebsauslösend
Katarrh: Entzündung der Schleimhäute
Kernspintomographie (NMR): Computerverfahren zur Diagnostik krankhafter Veränderungen
Klistier: Darmeinlauf
Kolik: Krampfartiger Schmerz
Kolostrum: Sogenannte Vormilch, die in den ersten Tagen nach der Entbindung gebildet wird
Kohlenhydrate: Aus Kohlenstoff, Sauerstoff und Wasserstoff zusammengesetzte organische Verbindung („Zucker"); einer der wichtigsten Grundbestandteile der Nahrung
Kollaps: Zusammenbruch
Koma: Tiefe Bewußtlosigkeit
Kompressionsverband: Druckverband
Kortison: Hormon der Nebennierenrinde; wird unter anderem bei Streß ausgeschüttet; wirkt auch entzündungshemmend

Leukozyten: Weiße Blutkörperchen
Logopädie: Stimm- und Sprachheilkunde
Lokalanästhesie: Örtliche Betäubung

Mastoiditis: Seröse bis eitrige Schleimhaut- und Knochenentzündung; meist bei Mittelohrentzündung
Maligne: Bösartig
Meningitis: Hirnhautentzündung und/oder Entzündung der Rückenmarkshaut
Mineralstoffe: Lebenswichtige, anorganische Stoffe, die mit der Nahrung aufgenommen werden (z. B. Eisen, Jod)
Motorik: Körperliche Bewegungsabläufe

Naevus: Muttermal
Near SIDS: Plötzlich auftretender, lebensbedrohlicher Zustand beim Baby; verlangsamte Atmung bis zum Atemstillstand, Blässe oder Blauanlaufen, verzögerter Herzschlag; erhöhtes Risiko für → SIDS
Nekrose: Gewebstod; besonders schwere Folge einer Stoffwechselstörung
Neuralgie: Anfallsweise auftretende Schmerzen im Versorgungsgebiet eines Nervs
Nierenversagen, akutes: Plötzlicher Ausfall der Nierenfunktion (teilweise oder komplett); dabei ist auch die Ausscheidungsfunktion eingeschränkt

Obstipation: Verstopfung
Ödem: Schwellung des Gewebes durch verstärkte Wassereinlagerung
Ossifikation: Knochenbildung
Otitis: Ohrenentzündung
Otoskop: Ohrenspiegel

Pädiater: Facharzt für Kinderheilkunde
Pankreas: Bauchspeicheldrüse
Paracetamol: Wirkstoff schmerzstillender und fiebersenkender Medikamente
Penicillin: Spezielles → Antibiotikum
Phimose: Verengung der Penisvorhaut
Plasma: Flüssiger Anteil des Blutes
Poliomyelitis: Kinderlähmung
Postnatal: Nach der Geburt
Prophylaxe: Vorbeugung und Verhütung
Psychiatrie: Lehre von den seelischen Erkrankungen
Pupillenreaktion: Größen-

Zum Nachschlagen

Glossar

und Formveränderung der Pupillen auf Lichtreize hin

Rachitis: Vitamin-D-Mangelkrankheit mit Knochenerweichung
Reanimation: Wiederbelebung
Rektal: Den Mastdarm (Rektum) betreffend
Rektroskopie: Enddarmspiegelung (→ Endoskopie)
Rezidiv: Rückfall
Rhagaden: Kleine, oft sehr schmerzhafte Hautrisse vor allem um Körperöffnungen wie Mund, Nase und After

Salmonellen: Bakterien, die besonders in Geflügelfleisch vorkommen können; führen zu schweren Magen-Darm-Erkrankungen
Schleimhaut: Zellschicht, die die Hohlorgane des Körpers auskleidet
Schock: Lebensbedrohliches Kreislaufversagen
Sepsis: Blutvergiftung

Seröse Flüssigkeit: Wäßriger Bestandteil des Blutes
SIDS (Sudden Infant Death Syndrome): Plötzlicher Kindstod
Smegma: Von den Talgdrüsen unter der Vorhaut sowie zwischen Klitoris und kleinen Schamlippen abgesondertes, weißliches Sekret
Sonographie: Ultraschalluntersuchung
Soor: Hefepilz
Sternum: Brustbein
Stethoskop: „Hörrohr" zur Untersuchung der Schallphänomene im Körperinneren
Streptokokken: Bakterien, die natürlicherweise auf den Schleimhäuten vorkommen und zu deren Untergruppe unter anderem der Scharlach-Erreger gehört
Struma: Vergrößerte Schilddrüse
Symptom: Krankheitszeichen
Syndrom: Gruppe von gemeinsam auftretenden Krankheitszeichen, die typisch für eine bestimmte Krankheit sind

Teerstuhl: Sehr dunkler Stuhl, der mit Blut aus dem Magen oder dem oberen Darm vermischt ist
Therapie: Behandlung

Tetanus: Wundstarrkrampf
Thrombose: Blutpfropf, der sich durch Gerinnung in den Gefäßen bildet
Tonsillektomie: Operative Entfernung der Gaumenmandeln

Toxin: Giftstoff
Trauma: Schaden, der sowohl durch körperliche Einwirkung als auch durch ein psychisches Erlebnis entstanden sein kann
Tumor: Geschwulst; örtlich begrenzte Schwellung von Körpergeweben; entsteht, wenn sich Zellen beschleunigt vermehren

Ulkus: Geschwür
Ultraschalluntersuchung: Mit Hilfe für Menschen nicht wahrnehmbarer Schallwellen werden Gewebe und Organe untersucht

Vakzine: Impfstoff

Vene: Blutgefäß, das sauerstoffarmes (venöses) Blut zum Herzen zurückführt
Virus: Kleinster bekannter Krankheitserreger; entwickelt sich nur in lebenden Zellen (läßt sich nicht auf Nährböden züchten)
Vitamine: Lebensnotwendige Nahrungsbestandteile, die ausreichend in der Nahrung vorhanden sein sollten; fehlen dem Körper Vitamine, kommt es zu Mangelerscheinungen

Zerebral: Das Gehirn betreffend
Zirkumzision: Beschneidung der Vorhaut des Penis
ZNS: Zentralnervensystem; dazu gehören Gehirn und Rückenmark
Zöliakie: Chronische Erkrankung der Darmschleimhaut aufgrund einer Glutenunverträglichkeit (→ Gluten)
Zoster (Herpes Zoster): Gürtelrose; akute Hautkrankheit, die durch eine Infektion mit dem Windpocken-Virus auftritt; verläuft meist ausgesprochen schmerzhaft
Zyanose: Blaufärbung von Haut und Schleimhäuten infolge eines Sauerstoffmangels im Blut

Alles auf einen Blick

Beschwerdenregister

Die folgende Beschwerdenliste soll Ihnen helfen, die Erscheinungsformen verschiedener Krankheiten zu verstehen. Wir können Ihnen an dieser Stelle natürlich nicht alle Krankheitsbilder darstellen – dafür gibt es einfach zu viele Symptomkombinationen. Außerdem können die Beschwerden von Fall zu Fall unterschiedlich stark ausgeprägt sein. Einige Krankheiten tauchen mehrmals auf, weil sie in der Regel mit mehreren Symptomen einhergehen.

Benutzen Sie diese Liste bitte nicht dazu, selbst Diagnosen zu stellen, sondern suchen Sie im Zweifelsfall grundsätzlich Ihren Haus- oder Kinderarzt auf. Viele Auffälligkeiten werden sich dabei sicher als harmlos herausstellen, gefährliche und bösartige Erkrankungen sollten jedoch unbedingt immer ausgeschlossen werden.

Deshalb gehört die Diagnose von Krankheiten stets in die Hände von Fachleuten.

Beschwerden	Mögliche begleitende Symptome und Besonderheiten	Mögliche Ursache	Information und Hilfe
Bauchschmerzen			
Haben kleinere Kinder Bauchschmerzen, haben die Beschwerden wahrscheinlich körperliche Ursachen.		Seelische Probleme schlagen in der Regel erst im höheren Lebensalter sprichwörtlich auf den Magen.	
Bauchschmerzen mit Fieber			
Bauchkrämpfe	Übelkeit, Erbrechen, Durchfall	**Magen-Darm-Infekt**	Seite 83
Schmerzen zuerst im gesamten Bauch, dann im rechten Unterbauch	Schneller Puls, tastbarer Widerstand im Unterbauch; evtl. Durchfall, Erbrechen; bei Babys oft nur Trinkunlust und aufgeblähter Bauch	**Blinddarmentzündung**	Seite 84
Vorwölbung in der Leiste; heftige Krämpfe	Bruchsack des Leistenbruches läßt sich nicht mehr zurückschieben; Übelkeit, evtl. sogar Schock	**eingeklemmter Leistenbruch**	Seite 87
Bauchkrämpfe, vor allem beim Wasserlassen	Häufiges Wasserlassen, evtl. näßt das Kind wieder ein; trüber, übelriechender Urin; Schmerzen im Unterbauch, evtl. geschwollene Leistenlymphknoten	**Harnwegsinfektion**	Seite 91f.
Bauchschmerzen ohne Fieber			
Starke Koliken, dazwischen schmerzfreie Ruhephasen	Kind wirkt plötzlich schwer krank, zieht die Beine an den Körper; evtl. Erbrechen, Durchfall, Blut oder Schleim im Stuhl, Krämpfe, Bewußtlosigkeit oder Schock	**Darmverschlingung**	Seite 84

Beschwerdenregister

Beschwerden	Mögliche begleitende Symptome und Besonderheiten	Mögliche Ursache	Information und Hilfe
Bauchkrämpfe, geblähter Bauch	Vorwiegend in den ersten drei bis vier Lebensmonaten	**Dreimonatskoliken**	Seite 78
Krampfartige Schmerzen nach dem Essen	Durchfall, Blähungen, Erbrechen; evtl. geschwollene Mundschleimhaut, Hautausschläge, Schnupfen oder Asthmaanfälle	**Nahrungsmittelunverträglichkeit**	Seite 59, 154
Bei Jungen: akute Schmerzen im Unterbauch	Rötung und Schwellung des Hodens; werden die Hoden hochgelagert, verstärken sich die Schmerzen	**Hodentorsion**	Seite 88
Häufig nur leichte Bauchschmerzen	Rötung der Analregion; oft Juckreiz am After, evtl. Appetitlosigkeit	**Wurmerkrankungen**	Seite 103

Durchfall

Durchfall kann vor allem bei kleinen Kindern rasch zur Austrocknung des Körpers und damit zu ernsteren Komplikationen führen. Deshalb sollten Sie bei länger anhaltendem Durchfall unbedingt einen Arzt aufsuchen.

Durchfall mit Bauchschmerzen

Beschwerden	Mögliche begleitende Symptome und Besonderheiten	Mögliche Ursache	Information und Hilfe
Bauchkrämpfe	Übelkeit, Erbrechen, Fieber	**Magen-Darm-Infekt**	Seite 83
Krampfartige Schmerzen nach dem Essen	Blähungen, Erbrechen; evtl. geschwollene Mundschleimhaut, Hautausschläge, Schnupfen oder Asthmaanfälle	**Nahrungsmittelunverträglichkeit**	Seite 59, 154
Schmerzen erst im ganzen Bauch, dann im rechten Unterbauch	Schneller Puls, tastbarer Widerstand im Unterbauch; evtl. Erbrechen; bei Babys oft nur Trinkunlust und aufgeblähter Bauch	**Blinddarmentzündung**	Seite 84
Starke Koliken, dazwischen schmerzfreie Ruhephasen	Kind wirkt plötzlich schwer krank, zieht die Beine an den Körper; evtl. Erbrechen, Durchfall, Blut oder Schleim im Stuhl, Krämpfe, Bewußtlosigkeit oder Schock	**Darmverschlingung**	Seite 84

Beschwerdenregister

Beschwerden	Mögliche begleitende Symptome und Besonderheiten	Mögliche Ursache	Information und Hilfe
Große Mengen übelriechender, fettiger und unverdauter Stuhl	Aufgetriebener Bauch, ständige Entzündung der Nebenhöhlen, evtl. Hautausschlag; häufig erst schwere Atemwegsinfekte, später chronischer Husten	Mukoviszidose	Seite 85
Durchfall ohne Bauchschmerzen			
Durchfall und Verstopfung im Wechsel	Das Kind wirkt gesund und ist eher überaktiv	Toddlers Diarrhöe	Seite 82
Große Mengen übelriechender, breiiger Stuhl	Vorgewölbter Bauch, dünne Arme und Beine, blasse Haut; evtl. Gedeihstörungen und Minderwuchs	Zöliakie	Seite 154
Oft nur leichter Durchfall, wunder Po	Tritt häufig nach Einnahme von Antibiotika auf	Pilzerkrankung (Windelsoor)	Seite 103
Unbewußter Abgang von flüssigem Stuhl	Gefühl für den normalen Stuhlgang geht verloren; Krankheit entsteht meist durch chronische Verstopfung im Babyalter	Paradoxer Durchfall	Seite 80

Erbrechen

Bei kleinen Kindern kommt es häufiger zu Erbrechen. Nicht immer ist es harmlos: Besonders bei Säuglingen stecken hinter lang anhaltendem Erbrechen oft ernste Erkrankungen. Außerdem kann für Babys der damit verbundene Wasserverlust schnell gefährlich werden. Erbrechen darf dabei aber nicht mit dem Spucken, das heißt dem Wiederaufstoßen kleiner Nahrungsmengen, verwechselt werden.

Beschwerden	Mögliche begleitende Symptome und Besonderheiten	Mögliche Ursache	Information und Hilfe
Erbrechen mit Fieber			
Bauchkrämpfe	Übelkeit, Durchfall	Magen-Darm-Infekt	Seite 83
Hohes Fieber, starkes Unwohlsein	Schmerzen, sobald der Kopf bewegt wird; steifer Nacken, Apathie, Berührungsempfindlichkeit; evtl. Krämpfe	Hirnhautentzündung	Seite 110
Erbrechen nach Hustenanfällen	Erkältungsbeschwerden; später vor allem nachts starke, abgehackt klingende Hustenanfälle mit hörbarem Einatmen	Keuchhusten	Seite 111

Beschwerdenregister

Beschwerden	Mögliche begleitende Symptome und Besonderheiten	Mögliche Ursache	Information und Hilfe
Schmerzen erst im ganzen Bauch, dann im rechten Unterbauch	Schneller Puls, tastbarer Widerstand im Unterbauch; evtl. Durchfall; bei Babys oft nur Trinkunlust und aufgeblähter Bauch	**Blinddarmentzündung**	Seite 84
Erbrechen ohne Fieber			
Starke Koliken, dazwischen schmerzfreie Ruhephasen	Kind wirkt plötzlich schwer krank, zieht die Beine an den Körper; evtl. Durchfall, Blut oder Schleim im Stuhl, Krämpfe, Bewußtlosigkeit oder Schock	**Darmverschlingung**	Seite 84
Erbrechen häufig nach den Mahlzeiten	Gedeihstörungen, obwohl das Kind ständig Hunger hat	**Magenausgangsverengung**	Seite 79
Krampfartige Schmerzen nach dem Essen	Durchfall, Blähungen; evtl. Schwellung der Mundschleimhaut, Hautausschläge, Schnupfen, Asthmaanfälle	**Nahrungsmittelunverträglichkeit**	Seite 59, 154
Übelkeit bis zum Erbrechen	Evtl. Bewußtlosigkeit oder Krämpfe; Kind wirkt plötzlich schwer krank; Haut evtl. auffallend feucht oder trocken	**Vergiftungen**	Seite 183
Übelkeit und Erbrechen nach Unfall	Evtl. kurze Bewußtlosigkeit, Bewußtseinstrübung oder Erinnerungslücken, Kopfschmerzen	**Stärkere Kopfverletzungen**	Seite 178

Fieber

Fieber ist eine Erhöhung der Körpertemperatur über 38°C (rektal gemessen). Es ist ein besonders häufiges Symptom, das viele Ursachen haben kann. Vor allem bei kleineren Kindern verursachen Infekte oft nur geringe Beschwerden – unter Umständen äußern sie sich sogar ausschließlich mit Fieber.

Beschwerden	Mögliche begleitende Symptome und Besonderheiten	Mögliche Ursache	Information und Hilfe
Fieber mit Hautveränderungen			
Hellroter, feinfleckiger Ausschlag	Nackenlymphknoten geschwollen; evtl. leichte Erkältungserscheinungen	**Röteln**	Seite 117
Plötzliches Fieber, dann kleinfleckige Rötung	Evtl. leichte Erkältungssymptome, meist fühlt sich das Kind trotz des Fiebers jedoch recht wohl	**Dreitagefieber**	Seite 109

Alles auf einen Blick

Beschwerdenregister

Beschwerden	Mögliche begleitende Symptome und Besonderheiten	Mögliche Ursache	Information und Hilfe
Ausschlag; gerötete, lichtempfindliche Augen	Weiße Flecken auf der Wangenschleimhaut im Mund (Koplik-Flecken); anfangs oft Husten und Schnupfen	**Masern**	Seite 113
Sehr starker Juckreiz	In Bläschen übergehender Ausschlag; Hautveränderungen treten schubweise auf	**Windpocken**	Seite 119
Plötzliches hohes Fieber, dann kleinfleckiger Ausschlag	Halsschmerzen, Rachenentzündung, starkes Krankheitsgefühl; Zunge zuerst weißlich belegt, später himbeerrot	**Scharlach**	Seite 118
Hautrötung nach Aufenthalt in der Sonne	Betroffener Hautbereich schmerzt und ist überhitzt	**Sonnenbrand**	Seite 101
Fieber ohne Hautveränderungen			
Besonders starker Speichelfluß	Das Kind ist unruhiger als sonst; evtl. erhöhte Anfälligkeit für Schnupfen oder kleinere Infekte	**Zahnen**	Seite 73
Plötzliches hohes Fieber, Atembeschwerden	Starkes Krankheitsgefühl; evtl. Schmerzen im Brustbereich oder Schnupfen	**Lungenentzündung**	Seite 74
Bauchkrämpfe	Übelkeit, Erbrechen, Durchfall	**Magen-Darm-Infekt**	Seite 83
Schmerzen erst im ganzen Bauch, dann im rechten Unterbauch	Schneller Puls, tastbarer Widerstand im Unterbauch; evtl. Durchfall; bei Babys oft nur Trinkunlust und aufgeblähter Bauch	**Blinddarmentzündung**	Seite 84
Ohrenschmerzen nach Erkältung	Geschwollene Lymphknoten am Hals, Schnupfen; evtl. Husten, Übelkeit, Erbrechen; Kind ist unruhig, faßt sich immer wieder an das Ohr	**Mittelohrentzündung**	Seite 70
Hohes Fieber, gerötete Mandeln	Evtl. eitrige Beläge auf den Mandeln, Lymphknoten am Hals geschwollen, Schluckbeschwerden	**Mandelentzündung**	Seite 66

Zum Nachschlagen

Beschwerdenregister

Beschwerden	Mögliche begleitende Symptome und Besonderheiten	Mögliche Ursache	Information und Hilfe
Hohes Fieber, starkes Unwohlsein	Schmerzen bei Kopfbewegungen; steifer Nacken, Apathie, Berührungsempfindlichkeit; evtl. Erbrechen, Krämpfe	**Hirnhautentzündung**	Seite 110
Geschwollene Speicheldrüse	Schmerzen beim Kauen, häufig auch Bauchschmerzen	**Mumps**	Seite 114
Leichtes Unwohlsein, fauliger Mundgeruch	Heiserkeit, im schlimmsten Fall Atemnot; Mandeln und Rachen graugelb belegt	**Diphtherie**	Seite 108
Bauchkrämpfe, vor allem beim Wasserlassen	Häufiges Wasserlassen, eventuell näßt das Kind wieder ein; trüber, übelriechender Urin; Schmerzen im Unterbauch, evtl. geschwollene Leistenlymphknoten	**Harnwegsinfektion**	Seite 91f.

Hautausschlag (ohne Fieber)

Unter Umständen sind die Ursachen für eine Hautveränderung nur schwer festzustellen. Wir haben hier typische Krankheitsbilder aufgezeigt, die in der Regel mit Hautveränderungen ohne Fieber einhergehen. In der vorhergehenden Tabelle finden Sie mögliche Ursachen für einen Hautausschlag mit Fieber.

Wunder Po	Bei gleichzeitiger Pilzinfektion auch Durchfälle möglich	**Windeldermatitis**	Seite 102
Plötzlicher Hautausschlag, oft ohne weitere Symptome	Hautveränderung tritt in bestimmten Situationen auf (z.B. nach dem Essen, Kontakt mit Haustieren oder Pflanzen usw.)	**Allergien**	Seite 144ff.

Husten

Husten tritt vor allem bei Erkrankungen der Luftwege auf. Je nachdem, was ihn ausgelöst hat, kann er rasselnd oder pfeifend klingen. Vielleicht beginnt er anfallsartig, oder es ist ein chronischer Husten, der immer wieder auftritt. Es gibt trockenen Husten oder solchen mit Auswurf. Starker Husten kann zu Atemnot führen.

Husten mit Schnupfen

Chronischer Husten, häufig nach schweren Atemwegsinfekten	Große Mengen übelriechender, fettiger und unverdauter Stuhl; aufgetriebener Bauch, ständige Entzündung der Nebenhöhlen, evtl. Hautausschlag	**Mukoviszidose**	Seite 85

Alles auf einen Blick

Beschwerdenregister

Beschwerden	Mögliche begleitende Symptome und Besonderheiten	Mögliche Ursache	Information und Hilfe
Hartnäckiger Reizhusten, Probleme beim Ausatmen	Hustenattacken vor allem bei Kontakt mit allergieauslösenden Stoffen (Pollen) oder nach körperlicher Anstrengung	**Asthma**	Seite 152
Plötzliches hohes Fieber, Schmerzen und Beschwerden beim Atmen	Starkes Krankheitsgefühl; evtl. Schmerzen im Brustbereich oder Schnupfen	**Lungenentzündung**	Seite 74
Starke Hustenanfälle, plötzlich auftretende Atemnot	Hustenanfälle vor allem nachts; bellender Husten, pfeifendes Geräusch beim Einatmen	**Pseudokrupp**	Seite 116
Anfangs trockener Husten, später mit Auswurf	Fieber und andere Erkältungssymptome	**Bronchitis**	Seite 74
Starke abgehackt klingende Hustenanfälle	Husten vor allem nachts; anfangs oft leichte Erkältungsbeschwerden; laut hörbares Einatmen, Erbrechen nach Hustenanfällen	**Keuchhusten**	Seite 111
Schnupfen und gerötete, lichtempfindliche Augen	Weiße Flecken auf der Wangenschleimhaut im Mund (Koplik-Flecken), zuerst hellroter, später dunkler werdender Ausschlag	**Masern**	Seite 113
Husten ohne Schnupfen			
Zunehmende Atemnot mit Hustenreiz	Vermehrter Speichelfluß; plötzlich ansteigendes Fieber; das Kind möchte nicht mehr auf dem Rücken oder seitlich liegen, nur noch abgestützt bäuchlings	**Kehldeckelentzündung**	Seite 110
Plötzlich auftretender Husten, oft mit starkem Würgereiz und zunehmender Atemnot	Nach erstem Anfall weitere Hustenattacken, evtl. verfärbt sich das Gesicht des Kindes aufgrund der Atemnot blau; Lebensgefahr!	**Verschluckter Fremdkörper**	Seite 176

Zum Nachschlagen

Beschwerdenregister

Beschwerden	Mögliche begleitende Symptome und Besonderheiten	Mögliche Ursache	Information und Hilfe
Kopfschmerzen			
Kopfschmerzen können mit oder ohne Begleitsymptome auftreten. Manche Krankheiten verursachen akute, andere chronische Kopfschmerzen. Bei jüngeren Kindern gibt es für die Schmerzen in den meisten Fällen organische Ursachen – etwa	eine Erkrankung oder einen Unfall. Psychisch bedingte Kopfschmerzen, wie sie bei Erwachsenen vorkommen, treten bei Kleinkindern äußerst selten auf.		
Kopfschmerzen mit Fieber			
Erkältungssymptome, beispielsweise Husten oder Schnupfen	Evtl. Schwellung der Lymphknoten, Atem- oder Schluckbeschwerden	**Atemwegsinfektion**	Seite 66ff., 74
Ohrenschmerzen nach Erkältung	Geschwollene Lymphknoten am Hals, Schnupfen; evtl. Husten, Übelkeit, Erbrechen; Kind ist unruhig, faßt sich immer wieder an das Ohr	**Mittelohrentzündung**	Seite 70
Hohes Fieber, Schmerzen, sobald der Kopf bewegt wird	Übelkeit und starkes Unwohlsein; steifer Nacken, Apathie, Berührungsempfindlichkeit; evtl. Erbrechen, Krämpfe	**Hirnhautentzündung**	Seite 110
Kopfschmerzen ohne Fieber			
Kopfschmerzen treten auf ohne erkennbare Ursache	Augenschmerzen; Unsicherheiten beim Gehen, häufiges Stolpern; evtl. sichtbare Augenfehlstellung (Schielen)	**Sehfehler**	Seite 65
Kopfschmerzen treten auf ohne erkennbare Ursache	Muskelverspannungen oder Schmerzen im Rücken	**Fehlhaltung der Wirbelsäule**	Seite 94f.
Kopfschmerz nach Unfall	Übelkeit, Erbrechen; evtl. Bewußtlosigkeit, Bewußtseinstrübung, Erinnerungslücken; evtl. Geh- und Sprachstörungen; Blutung aus Nase, Mund oder Ohren	**Stärkere Kopfverletzungen**	Seite 178

Zum Nachschlagen

Sachregister

ABC-Schema 185
Abkühlungsbad 165
Abstillen 41
Abszeß 101
Allergen 146
Allergien
59ff., 100, 144ff., 160, 177
–, Diagnostik von 151
–, Symptome von 150
–, Ursachen von 138ff., 148f.
–, Veranlagung zu 148
– vorbeugen 156
Allergietest 151
Allergietyp 147
Allergische Reaktion 150
Allergischer Schock 150
Antigene 146
Antikörper 146
Apgar-Index 123

Arztbesuch 28
Asthma bronchiale 152
Atemnot
108, 110, 111, 116, 152

Atemstillstand 185ff.
Atemwege freimachen
185f.
Augen 64f.
– auswischen 169
Augenentzündung 64
Augentropfen geben 168

Babymassage 24f.
Babyschwimmen 21
Badedermatitis 101
Baden 20f.
Bäder 164f.
Bauch 76
Bauchwickel 162
Beatmung 186
Beikost 38, 48ff.
– einführen 50, 59
–, Rezept für 51
– zubereiten 51
Bettruhe 27
Bewegungsstörungen 24
Bewußtlosigkeit 173
Bißwunden 184
Blähungen 39, 47, 78
Blase 86
Blasenhaut 100
Blinddarmentzündung 84
Blut 75
– im Stuhl 84
Blutschwamm 100
Blutung 184
Bronchitis 74
Brustwickel 162

Darmerkrankungen 84
Darmausgang, verengter 79

Darmverschlingung 84
Darmverschluß 84
Dauermilch 42f.
Diphtherie 108
Dreimonatskoliken 78
Dreitagefieber 109
Durchfall 82f.
–, Ernährung bei 57
–, Paradoxer 80

Einnässen 91
Elektrosmog 142
Elektrounfälle 174
Entwicklung
– im ersten Lebensjahr 25
– fördern 24

Erbrechen 79
Erfrierung 180
Ernährung 30ff.
– bei Durchfall 57
– bei Verstopfung 58
– der stillenden Mutter 35
–, Makrobiotische 56
–, Vegetarische 56
–, Schadstoffarme 141
Erste Hilfe 170ff.
Ersticken 176
Ertrinken 175

Fieber messen 169
Fischschuppenkrankheit
100
Fläschchen 42ff.
–, Probleme mit dem 47
– zubereiten 45
Fleisch 50
Fluorid 73
Flüssigkeitsbedarf 32, 49
Flüssigkeitsverlust 57, 82f.
Folgenahrung 43f.
Fortpflanzungsorgane 86
Fremdelphase 124
Fremdkörper 176
Fruktose-Intoleranz 85
Fußpilz 105
Füttern nach Bedarf 38

Galaktosämie 40, 85
Gehirnerschütterung 178
Giftnotruf 183
Gläschenkost 48, 141
Gemüse 49, 54
Grünholzfraktur 93

Haarausfall 104
Haare 104
Haarewaschen 22
Hals 66
Halswickel 163
HA-Nahrung 61
Harnwege 86, 91f.
Harnwegsinfektion 92
Hausapotheke 172
Hausmittel 158ff.
Hausstaub 149
Haustiere 149

203

Sachregister

Haut 99
Hautkrankheiten 99ff.
– angeborene 100
– erworbene 101
Herz 75
Herzfehler 75
Herzmassage 186f.
Herzstillstand 185ff.
Heuschnupfen 153
Hib 110
Hirnentzündung 113
Hirnhautentzündung 110, 112, 114
Hoden 88

Hodenhochstand 88
Hodentorsion 88
Hüftgelenksdysplasie 98
Hüftgelenksuntersuchung 123
Hygiene 16

Immunglobuline 146
Immunisierung 128
Immunsystem 34, 146
Impfpaß 128
Impfreaktion 130
Impfrisiko 130
Impfschaden 130
Impfungen 126ff.
–, empfohlene 131f.

– vor Urlaubsreisen 133
Impfversager 129
Inhalieren 165
Insektenstiche 177
–, allergische Reaktion 177

Karies 23, 55, 73
Karottenmus 49
Kehldeckelentzündung 110
Kehlkopf 68
Keuchhusten 111
Kinderkrankheiten 101, 106ff.
Kinderkleidung 26
– Schadstoffe in der 139
Kinderlähmung 112
Knochen 93ff.
Knochenwachstum 93
Kolostrum 34
Kopfdampfbad 165
Kopfläuse 104
Kopfverletzungen 178
Krankenhaus 29
Kratzflechte 101
Kreislauf 75
Kreislaufstörung 179
Kreuzallergien 60, 149
Kruppanfall, echter 108
Kuhmilchallergie 60, 154
Kurzsichtigkeit 65

Leistenbruch 87
– eingeklemmter 87
Lunge 74
Lungenentzündung 74

Mandelentzündung 66

Masern 113
Medikamente geben 168f.
Mikrosporie 104
Milben 149
Milch 53
Milchschorf 155
Milchstau 36
Mineralwasser 45, 137
Mittelohrentzündung 70
Mischkost, gesunde 53f.
Mukoviszidose 85
Multiple Chemische Sensibilität 143
Mumps 114
Muskellähmung 112
Muttermilch 33f.
– abpumpen 40

Nabelbruch 87
Nabelpflege 16
Nachsorgehebamme 14
Nägel 105
Nagelbettentzündung 105
Nagelpflege 22
Nagelpilz 105

Nährstoffbedarf
– des Kindes 32f., 44, 54
– der stillenden Frau 35

Nahrungsmittelallergien 59, 149, 154
Nase 68f.
Nasenbluten 69, 184
Nasentropfen geben 168
Near SIDS 115
Nebenhöhlen 68f.
Neugeborenen-Gelbsucht 122
Neurodermitis 100, 155
Nieren 86, 91f.
Nierenentzündung 92
Nikotin 40, 138
Nitrat 45, 137, 141
Nitrit 137, 141

Obst 55, 141
Ohren 70
Ohrentropfen geben 168
Ohrkompresse 163
Operation, ambulante 28
Oxytocin 34, 36

Paraphimose 89
Parasiten 101
Paukenröhrchen 70
Pendelhoden 88
Pestizide 139ff.
Pflege 10ff.
– im Krankenbett 27
Pflegemittel 15
Pigmentveränderungen 100
Pilzinfektion
– der Haut 101
– der Kopfhaut 104
– im Darm 103

Zum Nachschlagen

Sachregister

Platzwunde am Kopf 178
Plötzlicher Kindstod 115
Pollen 149, 153, 156
Pollenflugkalender 153
Polypen 67
Pre-Nahrung 42f.
Prolactin 34
Pseudokrupp 116
Puls 75

Rachenmandel 67
Rachitis 96
Radiuskopf-Verrenkung 97
Reiseapotheke 172
Risse (Rhagaden) 19, 80, 102
Röteln 117

Sauberkeitserziehung 91, 125

Sauger 46
Säuglingsnahrung 42ff.
– auf Soja-Isolat-Basis 56, 60
Saugreflex 32, 36
Schädelbasisbruch 178
Schädel-Hirn-Trauma 178
Schadstoffe 134ff.
– im Trinkwasser 137
– in der Kleidung 139

– in der Luft 138
– in der Muttermilch 35, 141
– in der Nahrung 140f.
Scharlach 118
Scherpilzflechte 104
Schielen 65
Schlafplatz 12f.
Schnuller 39
Schnupfen 69
–, Allergisch bedingter 153
Schock 179
–, Allergischer 150
Schuppenflechte 100
Schwerhörigkeit 70
Sehen 65
Sehstörungen 65
Skoliose 95
SIDS 115
Sitzbad 165
Sonnenbrand 101
Soor 19, 103
Sprachstörung 71
Sprechen 71
Spucken 79
Stabile Seitenlage 173
Stillen 34ff.
Stillprobleme 39f.
Storchenbiß 100
Stoffwechselerkrankungen 85
Streptokokken 66, 92, 118
Stuhlgang 77, 80
Süßigkeiten 55

Tee 166f.
Tetanus 131f., 184
Trinkwasser 45, 137
Toddlers Diarrhöe 82

Umweltbelastungen 134ff.
Umwelterkrankungen 143
Unterbauch 86
Unterkühlung 180
Urin 86, 91f.

Verbände 181
Verbrennung 182
Verbrühung 182
Verdauung 77
Vergiftung 183
Verletzung 184
– Ernährung bei 57
Verstopfung 80f.
Vitamin D 96
Vitamine 49
Vollbad 165
Vollkorngetreide 56
Vorhaut 89
Vorhautentzündung 89
Vorhautverengung 89
Vorsorgeuntersuchungen 120ff.

Wachstumsschmerzen 98
Wachstumsschub 39
Wadenwickel 161
Wärmflasche 169
Warzen 101
Waschen 17, 22
Wasseranwendungen 164f.
Weitsichtigkeit 65
Wickel 161ff.
–, feucht-kühle 161ff.
–, feucht-warme 161ff.
– mit Kamille 162
– mit Kartoffeln 162f.

– mit Quark 162f.
– mit Schweineschmalz 162
–, trocken-warme 161ff.
–, Zubehör für 161
Wickeln 17
Wickelplatz 14
Wiederbelebung 185ff.
Windeldermatitis 19, 102
Windeln 15
Windelsoor 19, 103

Windpocken 119
Wirbelsäule 94ff.
–, Fehlhaltungen der 94f.
Wunder Po 19
Würmer 103

Zähne 23, 55, 73
Zahnen 73
Zahnpflege 23
Zäpfchen geben 168
Zeckenbiß 99, 133
Ziegenpeter 114
Zöliakie 154
Zwischenmahlzeiten 50
Zucker 55
Zufüttern 38

205

Alles auf einen Blick

Adressen

Deutschland

Pflege und Ernährung

Aktionskomitee Kind im Krankenhaus e.V. (AKIK)
Kirchstraße 34
61440 Oberursel

Arbeitsgemeinschaft freier Stillgruppen (AFS)
Postfach 31 11 12
76141 Karlsruhe

Deutsche Gesellschaft für Ernährung
Im Vogelsgesang 40
60488 Frankfurt am Main

La Leche Liga Deutschland Stillberatung
Postfach 96
81214 München

Krankheiten

Arbeitsgemeinschaft allergiekrankes Kind
Nassaustraße 32
35745 Herborn

Bund diabetischer Kinder und Jugendlicher
Hahnbrunner Straße 46
67659 Kaiserslautern

Bundesgeschäftsstelle Skoliose e.V.
Im Mühlweg 12
74838 Limbach-Heidersbach

Mukoviszidose e.V.
Bendenweg 101
53121 Bonn

Deutsche Zöliakie-Gesellschaft e.V.
Filderhauptstraße 61
70599 Stuttgart

Deutscher Allergie- und Asthmabund e.V.
Hindenburgstraße 110
41061 Mönchengladbach

Deutscher Neurodermitiker-Bund e.V.
Spaldingstraße 210
20097 Hamburg

Kinderherzstiftung in der Deutschen Herzstiftung e.V.
Vogtstraße 50
60322 Frankfurt am Main

Telefonische Pollenflugvorhersage
0190 / 11 54 80

Kind und Umwelt

Infonetz für Kind und Umwelt
Finkenstraße 27
47929 Grefrath

Internationaler Verband für Naturtextilwirtschaft
Haußmannstraße 1
70188 Stuttgart

Katalyse Institut für angewandte Umweltforschung e.V.
Marsiliusstraße 11
50937 Köln

Selbsthilfeverein für Elektrosensible
Dachauer Straße 90
80335 München

Impfungen

Schutzverband für Impfgeschädigte e.V.
In den Gärten 3
35625 Hüttenberg

Erste Hilfe

Rettungsdienst: 112

Feuerwehr: 112

Polizei: 110

Giftnotruf: 1 92 40
(jeweils mit der entsprechenden Vorwahl in den Städten **Berlin**, **Freiburg**, **Göttingen**, **Homburg/Saar**, **Mainz**, **München**) außerdem:
Berlin: 030 / 45 05 35 55 und 030 / 45 05 35 65
Bonn (speziell für Kinder): 0228 / 287 32 11 und 0228 / 287 33 33
Erfurt: 03 61 / 73 07 30
Göttingen: 0551 / 38 31 80
Mainz (für Anfragen, kein Notruf)**:** 06131 / 23 24 68
Nürnberg: 0911 / 398 24 52

Weitere Informationen bei:

Bundeszentrale für gesundheitliche Aufklärung
Ostmerheimerstraße 200
51109 Köln

Deutscher Kinderschutzbund Bundesverband e.V.
Schiffgraben 29
30159 Hannover

Kindernetzwerk
Hanauer Straße 15
63739 Aschaffenburg

Verband für unabhängige Gesundheitsberatung
Keplerstraße 1
35390 Gießen

Österreich

Notrufe

Rettungsdienst: 144

Feuerwehr: 122

Polizei: 110

Giftnotruf Wien
01 / 406 43 43

Ambulatorium für Allergie
Rennweg 28
1030 Wien

Zum Nachschlagen

Adressen und Literatur

**La Leche Liga Österreich
Stillberatung**
Flurweg 3
2602 Blumau/ Neurißhof

**Österreichische Arbeits-
gemeinschaft Zöliakie**
Meiselstraße 36
1150 Wien

**Österreichische Gesell-
schaft für Ernährung**
Zaunergasse 1-3
1030 Wien

**Österreichischer
Kinderschutzbund**
Obere Augartenstraße 26-28
1020 Wien

**Selbsthilfegruppe Allergie-
Neurodermitis-Asthma**
Augartenstraße 26-28
1020 Wien

**Telefonische
Pollenflugvorhersage**
0222 / 40 400-33 09

Verein Kind im Krankenhaus
Pilzgasse 22
1150 Wien

Schweiz

Notrufe
Rettungsdienst: 144
(gilt nicht für alle Bezirke)

Feuerwehr: 118

Polizei: 117

Giftnotruf Zürich
01 / 251 51 51 (Notruf)
01 / 251 66 66 (Anfragen)

**La Leche Liga Schweiz
Stillberatung**
Postfach 1097
8053 Zürich

**Neurodermitis,
atopisches Ekzem und
Asthma (ATOPS)**
Postfach 833
4153 Reinach

**Schweizerische Eltern-
vereinigung für
asthma- und allergie-
kranke Kinder**
Finkenweg 12
3427 Utzenstorf

**Schweizerischer
Kinderschutzbund**
Brunnmattstraße 38
3000 Bern 14

**Schweizerischer Verband
Kind und Spital**
Landvogt-Waser-Straße 70
8400 Winterthur

**Telefonische
Pollenflugvorhersage**
1 57 12 62 15

Bücher, die weiterhelfen

Pflege und Ernährung:
- Castermann, Carola: Die sanfte Pflege für Ihr Kind; Urania-Verlag
- Cramm, D. von: Kochen für Babys; Kochen für Kleinkinder; Für die Stillzeit; alle Bücher Gräfe und Unzer Verlag
- Voormann, C.; Dandekar, Dr. G.: Babymassage. Berührung, Wärme, Zärtlichkeit; Gräfe und Unzer Verlag

Krankheiten:
- Brehmer, G.: Aus der Praxis einer Kinderärztin; rororo
- Keudel, Dr. H.: Kinderkrankheiten; Gräfe und Unzer Verlag
- Schmelz, Dr. A.: Allergien bei Kindern; Gräfe und Unzer Verlag
- Schmidt, S.: Bach-Blüten für Kinder; Gräfe und Unzer Verlag
- Stellmann, Dr. H. M.: Kinderkrankheiten natürlich behandeln; Gräfe und Unzer Verlag
- Stumpf, W.: Homöopathie für Kinder; Gräfe und Unzer Verlag
- Wenzel, Dr. P.: Hausapotheke; Gräfe und Unzer Verlag
- Uhlemayr, U.: Wickel & Co. Bewährte Hausmittel neu entdeckt; Gräfe und Unzer Verlag
- Ullmann, Dr. M.: Naturapotheke (GU Kompaß); Gräfe und Unzer Verlag

Leben mit Babys und Kleinkindern:
- Cramm, D. von; Schmidt, Prof. Dr. med. E.: Unser Baby; Gräfe und Unzer Verlag
- Ernst, A. u. a.: Kursbuch Kinder; Kiepenheuer & Witsch
- Seßler, S.: Unser Baby (Babykalender für die ersten 12 Monate); Gräfe und Unzer Verlag

Ergänzende Themen
(aus dem Gräfe und Unzer Verlag)
- Koneberg, L.; Förder, G.: Kinesiologie für Kinder.
- Lehmann, G.: Rückenschule für Kinder.
- Schmidt, S.: Gut drauf in der Schule mit Bach-Blüten & Homöopathie.

Alles auf einen Blick

Impressum

Die Autorinnen:
Dr. med. Ingke Andreae ist niedergelassene Ärztin für Hals-, Nasen- und Ohrenheilkunde, Stimm- und Sprachstörungen sowie Akupunktur. Sie hat zwei Kinder: Zoë und Octavia.
Dr. med. Bettina Flint arbeitet als Ärztin in einer internistischen Praxis. Sie hat eine zusätzliche Ausbildung in Naturheilverfahren. Frau Dr. Flint ist die Mutter von Lena, Kim und Kelly.
Dr. med. Christine Heins ist Ärztin mit Ausbildung in Naturheilverfahren und als Ärztin im Rettungsdienst. Nachdem sie zuerst als chirurgische Assistenzärztin tätig war, ist sie jetzt freiberufliche Ärztin. Ihre drei Kinder heißen Anna, Johann und Sophie.
Madeleine Wittgenstein ist Fotografin und die Mutter von Benedict und Maria.

Umwelthinweis:
Dieses Buch wurde auf chlorfrei gebleichtem Papier gedruckt. Um Rohstoffe zu sparen, haben wir auf Folienverpackung verzichtet.

Konzeption und Redaktion:
Manfred Schwarz

Art-Direction und Titelgestaltung:
Johannes Groht

Fotos:
Madeleine Wittgenstein; hintere Umschlagseite: Johannes Groht

Illustrationen:
Corry Kittner

Wir danken:
Prof. Dr. med. Christine Bender-Götze für die fachliche Begutachtung.
Dr. oec. troph. Antje Griesch für ihre fachliche Unterstützung zu Fragen der Ernährung.
Nora von Schulz, Hebamme, für die sachkundige Beratung zum Thema Pflege.
Peter von Vopelius-Gehling für seine Ideen bei der Gestaltung dieses Buches.

Unser besonderer Dank gilt allen Kindern und ihren Eltern, die für unsere Fotoaufnahmen Modell standen, saßen und lagen.

Projektleitung:
Reinhard Brendli

Lektorat:
Ina Raki

Herstellung:
Ina Hochbach

Satz:
Johannes Groht
Lithos:
Repro Schmidt, Dornbirn
Druck:
Appl, Wemding
Bindung: Großbuchbinderei Monheim

© 1999 Gräfe und Unzer Verlag GmbH, München
Alle Rechte vorbehalten. Nachdruck, auch auszugsweise, sowie Verbreitung durch Film, Funk und Fernsehen, durch fotomechanische Wiedergabe, Tonträger und Datenverarbeitungssysteme jeder Art nur mit schriftlicher Genehmigung des Verlages.

ISBN 3-7742-3761-1

Auflage: 5. 4. 3. 2. 1.
Jahr: 03 02 01 00 99

Wichtiger Hinweis
Dieser GU-Ratgeber stellt die häufigsten Beschwerden und Krankheiten von Säuglingen und Kleinkindern dar. Er beschreibt deren ärztliche Behandlung und gibt Ratschläge, was Sie als Eltern im Krankheitsfall für Ihr Kind tun können. Bitte beachten Sie dabei unbedingt: Naturheilmittel ersetzen grundsätzlich nicht eine schulmedizinische Behandlung. Wägen Sie deshalb gewissenhaft ab, ob und inwieweit Sie die in diesem Buch dargestellten Naturheilverfahren einsetzen möchten. Gleiches gilt für die Anleitungen zur Pflege und zur Vorsorge. Wenn Sie Ihr Kind bei leichten Erkrankungen selbst behandeln möchten, halten Sie sich bitte immer genau an die angegebenen Rezepte und Anleitungen. Falls Sie sich bei der Behandlung nicht sicher sind, unklare Begleiterscheinungen auftreten oder die Krankheitssymptome von den in diesem Buch beschriebenen abweichen, suchen Sie bitte unbedingt sofort einen Arzt auf!

Adressen und Literatur

La Leche Liga Österreich Stillberatung
Flurweg 3
2602 Blumau/ Neurißhof

Österreichische Arbeitsgemeinschaft Zöliakie
Meiselstraße 36
1150 Wien

Österreichische Gesellschaft für Ernährung
Zaunergasse 1-3
1030 Wien

Österreichischer Kinderschutzbund
Obere Augartenstraße 26-28
1020 Wien

Selbsthilfegruppe Allergie-Neurodermitis-Asthma
Augartenstraße 26-28
1020 Wien

Telefonische Pollenflugvorhersage
0222 / 40 400-33 09

Verein Kind im Krankenhaus
Pilzgasse 22
1150 Wien

Schweiz

Notrufe
Rettungsdienst: 144
(gilt nicht für alle Bezirke)

Feuerwehr: 118

Polizei: 117

Giftnotruf Zürich
01 / 251 51 51 (Notruf)
01 / 251 66 66 (Anfragen)

La Leche Liga Schweiz Stillberatung
Postfach 1097
8053 Zürich

Neurodermitis, atopisches Ekzem und Asthma (ATOPS)
Postfach 833
4153 Reinach

Schweizerische Elternvereinigung für asthma- und allergiekranke Kinder
Finkenweg 12
3427 Utzenstorf

Schweizerischer Kinderschutzbund
Brunnmattstraße 38
3000 Bern 14

Schweizerischer Verband Kind und Spital
Landvogt-Waser-Straße 70
8400 Winterthur

Telefonische Pollenflugvorhersage
1 57 12 62 15

Bücher, die weiterhelfen

Pflege und Ernährung:
- Castermann, Carola: Die sanfte Pflege für Ihr Kind; Urania-Verlag
- Cramm, D. von: Kochen für Babys; Kochen für Kleinkinder; Für die Stillzeit; alle Bücher Gräfe und Unzer Verlag
- Voormann, C.; Dandekar, Dr. G.: Babymassage. Berührung, Wärme, Zärtlichkeit; Gräfe und Unzer Verlag

Krankheiten:
- Brehmer, G.: Aus der Praxis einer Kinderärztin; rororo
- Keudel, Dr. H.: Kinderkrankheiten; Gräfe und Unzer Verlag
- Schmelz, Dr. A.: Allergien bei Kindern; Gräfe und Unzer Verlag
- Schmidt, S.: Bach-Blüten für Kinder; Gräfe und Unzer Verlag
- Stellmann, Dr. H. M.: Kinderkrankheiten natürlich behandeln; Gräfe und Unzer Verlag
- Stumpf, W.: Homöopathie für Kinder; Gräfe und Unzer Verlag
- Wenzel, Dr. P.: Hausapotheke; Gräfe und Unzer Verlag
- Uhlemayr, U.: Wickel & Co. Bewährte Hausmittel neu entdeckt; Gräfe und Unzer Verlag
- Ullmann, Dr. M.: Naturapotheke (GU Kompaß); Gräfe und Unzer Verlag

Leben mit Babys und Kleinkindern:
- Cramm, D. von; Schmidt, Prof. Dr. med. E.: Unser Baby; Gräfe und Unzer Verlag
- Ernst, A. u. a.: Kursbuch Kinder; Kiepenheuer & Witsch
- Seßler, S.: Unser Baby (Babykalender für die ersten 12 Monate); Gräfe und Unzer Verlag

Ergänzende Themen
(aus dem Gräfe und Unzer Verlag)
- Koneberg, L.; Förder, G.: Kinesiologie für Kinder.
- Lehmann, G.: Rückenschule für Kinder.
- Schmidt, S.: Gut drauf in der Schule mit Bach-Blüten & Homöopathie.

Impressum

Die Autorinnen:

Dr. med. Ingke Andreae ist niedergelassene Ärztin für Hals-, Nasen- und Ohrenheilkunde, Stimm- und Sprachstörungen sowie Akupunktur. Sie hat zwei Kinder: Zoë und Octavia.

Dr. med. Bettina Flint arbeitet als Ärztin in einer internistischen Praxis. Sie hat eine zusätzliche Ausbildung in Naturheilverfahren. Frau Dr. Flint ist die Mutter von Lena, Kim und Kelly.

Dr. med. Christine Heins ist Ärztin mit Ausbildung in Naturheilverfahren und als Ärztin im Rettungsdienst. Nachdem sie zuerst als chirurgische Assistenzärztin tätig war, ist sie jetzt freiberufliche Ärztin. Ihre drei Kinder heißen Anna, Johann und Sophie.

Madeleine Wittgenstein ist Fotografin und die Mutter von Benedict und Maria.

Umwelthinweis:

- Dieses Buch wurde auf chlorfrei gebleichtem Papier gedruckt. Um Rohstoffe zu sparen, haben wir auf Folienverpackung verzichtet.

Konzeption und Redaktion:
Manfred Schwarz

Art-Direction und Titelgestaltung:
Johannes Groht

Fotos:
Madeleine Wittgenstein; hintere Umschlagseite: Johannes Groht

Illustrationen:
Corry Kittner

Wir danken:
Prof. Dr. med. Christine Bender-Götze für die fachliche Begutachtung.
Dr. oec. troph. Antje Griesch für ihre fachliche Unterstützung zu Fragen der Ernährung.
Nora von Schulz, Hebamme, für die sachkundige Beratung zum Thema Pflege.
Peter von Vopelius-Gehling für seine Ideen bei der Gestaltung dieses Buches.

Unser besonderer Dank gilt allen Kindern und ihren Eltern, die für unsere Fotoaufnahmen Modell standen, saßen und lagen.

Projektleitung:
Reinhard Brendli

Lektorat:
Ina Raki

Herstellung:
Ina Hochbach

Satz:
Johannes Groht
Lithos:
Repro Schmidt, Dornbirn
Druck:
Appl, Wemding
Bindung: Großbuchbinderei Monheim

© 1999 Gräfe und Unzer Verlag GmbH, München

Alle Rechte vorbehalten. Nachdruck, auch auszugsweise, sowie Verbreitung durch Film, Funk und Fernsehen, durch fotomechanische Wiedergabe, Tonträger und Datenverarbeitungssysteme jeder Art nur mit schriftlicher Genehmigung des Verlages.

ISBN 3-7742-3761-1

Auflage: 5. 4. 3. 2. 1.
Jahr: 03 02 01 00 99

Wichtiger Hinweis

- Dieser GU-Ratgeber stellt die häufigsten Beschwerden und Krankheiten von Säuglingen und Kleinkindern dar. Er beschreibt deren ärztliche Behandlung und gibt Ratschläge, was Sie als Eltern im Krankheitsfall für Ihr Kind tun können. Bitte beachten Sie dabei unbedingt: Naturheilmittel ersetzen grundsätzlich nicht eine schulmedizinische Behandlung. Wägen Sie deshalb gewissenhaft ab, ob und inwieweit Sie die in diesem Buch dargestellten Naturheilverfahren einsetzen möchten. Gleiches gilt für die Anleitungen zur Pflege und zur Vorsorge. Wenn Sie Ihr Kind bei leichten Erkrankungen selbst behandeln möchten, halten Sie sich bitte immer genau an die angegebenen Rezepte und Anleitungen. Falls Sie sich bei der Behandlung nicht sicher sind, unklare Begleiterscheinungen auftreten oder die Krankheitssymptome von den in diesem Buch beschriebenen abweichen, suchen Sie bitte unbedingt sofort einen Arzt auf!

Eltern werden ist nicht schwer. Eltern sein auch nicht mehr.

Alles, was Ihren Alltag mit Kindern sorgenloser und schöner macht. Aktuelle und bewährte Methoden, die Ihnen Sicherheit geben.

Wie Sie Ihr Kind am besten pflegen und zärtlich verwöhnen, gesund erhalten und fördern können – einfühlsam und praxisnah beschrieben. Eltern-Ratgeber von GU. Freuen Sie sich drauf.

Persönliche Daten

	Erstes Kind	Zweites Kind
Name		
Geburtsdatum		
Blutgruppe		
Krankheiten		
Allergien		
Dreitagefieber		
Keuchhusten		
Masern		
Mumps		
Pseudokrupp		
Röteln		
Scharlach		
Verletzungen		
Windpocken		

Telefonnummern

Kinderarzt	Hausarzt	Apotheke
Notarzt	**Krankenhaus**	**Giftzentrale**

Persönliche Daten

Vorsorge-termine	Erstes Kind	Zweites Kind
U1 gleich nach der Geburt	Datum: Bemerkungen:	Datum: Bemerkungen:
U2 3. bis 10. Tag	Datum: Bemerkungen:	Datum: Bemerkungen:
U3 4. bis 6. Woche	Datum: Bemerkungen:	Datum: Bemerkungen:
U4 3. bis 4. Monat	Datum: Bemerkungen:	Datum: Bemerkungen:
U5 6. bis 7. Monat	Datum: Bemerkungen:	Datum: Bemerkungen:
U6 10. bis 12. Monat	Datum: Bemerkungen:	Datum: Bemerkungen:
U7 21. bis 24. Monat	Datum: Bemerkungen:	Datum: Bemerkungen:
U8 43. bis 48. Monat	Datum: Bemerkungen:	Datum: Bemerkungen:
U9 60. bis 64. Monat	Datum: Bemerkungen:	Datum: Bemerkungen:

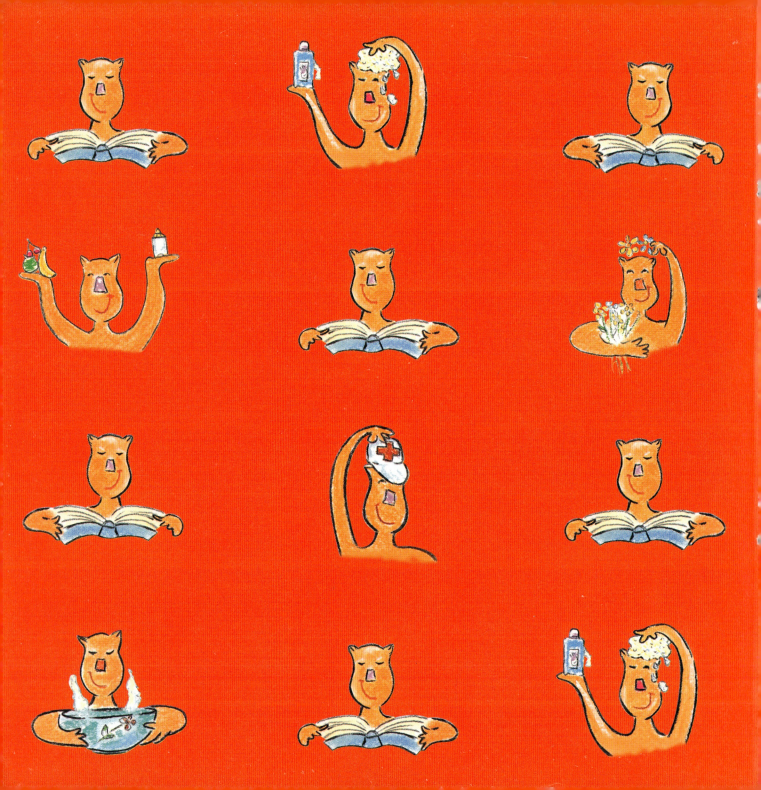